VIVIENDO THELEMA

UNA GUÍA PRÁCTICA PARA EL LOGRO EN EL SISTEMA DE MAGIA DE ALEISTER CROWLEY

DAVID SHOEMAKER

VIVIENDO THELEMA

UNA GUÍA PRÁCTICA PARA EL LOGRO EN EL SISTEMA DE MAGIA DE ALEISTER CROWLEY

DAVID SHOEMAKER

ANIMA SOLIS BOOKS

Publicado originalmente en 2013 por
Anima Solis Books
P.O. Box 215483
Sacramento, California 95821, USA

Primera reimpresión, marzo de 2017
Primera edición en español, junio de 2021

livingthelema.com

Traducción por Rubén Ruiz Marrón

Diseño de portada de Frater Julianus

Ilustraciones © Thomas Nelson Stewart IV
Solve et Coagula Design
www.solve-et-coagula.us/design.php

ISBN: 978-0-9893844-7-6

A∴A∴
Publicación en Clase B

Imprimátur:

N. Fra. A∴A∴   **PRO COLL. SUMM.**

I.   7°=4□   **PRO COLL. INT.**
V.V.   6°=5□
L.   5°=6□

I.   Praem.   **PRO COLL. EXT.**
S.L.E.   Imp.
L.L.L.   Canc.

A Ti, mi Señor S ....
¡Este beso,
esta alma,
este corazón!

"Mezclarás tu vida con la vida universal".
-*Liber Jet vel Vallum Abiegni*

Tabla de Contenido

Agradecimientos

Me gustaría agradecer a mi esposa y a mi hijo por su amor y apoyo, y por tolerar las muchas horas que estuve ausente mientras trabajaba en este material. Gracias también a mis padres, mis hermanas y mi familia extendida, por toda una vida de apoyo y aliento. Estoy seguro de que no he expresado mi agradecimiento por su presencia en mi vida lo suficiente. A mis antepasados espirituales en la A∴A∴, Soror Meral, Soror Estai, Frater Saturnus y Frater To Mega Therion: les debo mucha gratitud por haberme permitido sumergir las puntas de mis pies en la corriente de sabiduría que iniciaron y nutrieron durante muchas décadas. Un agradecimiento especial a mis alumnos, por enseñarme tanto cada vez que interactuamos. Espero que a cambio les haya dado un poco de sustento para su viaje espiritual.

Finalmente, deseo reconocer a los siguientes por su apoyo, aliento, sabiduría y amistad a lo largo de los años: Lon Milo DuQuette, Richard Kaczynski, Catherine Berry, Frater Sabazius, Soror Helena, Frater Puck, Howard y Amy Wuelfing, Kim Knight, Geoff Leibinger, James Fairman, Robert Fripp, Joseph Thiebes, Frater IAO131, Anna-Kria King, Andrew Ferrell, Frater Certus et Vigilans, Gregory Peters, Joseph Larabell, Frater Sohum, Robbi Robb, Charlotte Moore, Monika Mayer-Kielmann, Edward Mason y Lauren Gardner.

Por su soporte técnico en este proyecto, muchas gracias a: Frater Julianus, por el hermoso diseño de la portada; Thomas Stewart, por sus detalladas ilustraciones; Kelli Patton, Britta Cox, Monika Mayer-Kielmann y Thomas Stewart, por asistencia en la transcripción; John G. Bell, por todo tipo de soporte en línea; y Charlotte Moore, Frater IAO131 y Anna Tsu, por su revisión y sugerencias editoriales.

Introducción

Haz tu voluntad ha de ser el todo de la Ley.

Viendo los últimos 20 años de mi participación en thelema, a menudo he reflexionado sobre qué exactamente me atrajo a la Gran Obra. La vida es más simple (al menos superficialmente) sin toda la autodisciplina requerida de los iniciados, y uno puede encontrar fácilmente un camino espiritual con más aceptación cultural y mecanismos de apoyo social. Hay una iglesia, una mezquita, un ashram y un gurú de la nueva era en prácticamente todos los cuadrantes del mundo actual, pero yo tenía un criterio bastante alto para cualquier sistema espiritual: ¡dame asombro y misterio, pero no me hagas dejar mi cerebro en la puerta!

Este dilema espiritual e intelectual fue más o menos predestinado para mí. Mi padre era profesor de filosofía ateo, mientras que mi madre era músico y teóloga con una educación profundamente religiosa. Tuve que dar sentido a esto de alguna manera: encontrar una forma de conciliar estas cosmovisiones divergentes y apreciar las contribuciones positivas que cada perspectiva había aportado a mi vida. Afortunadamente, mis padres eran lo suficientemente abiertos como para darme espacio para encontrar mis propias respuestas.

Tras graduarme de la universidad como estudiante de psicología, partí a la escuela de posgrado para convertirme en psicoterapeuta. Aprendí todo sobre los principales enfoques cognitivo-conductuales de la terapia, pero el trabajo de Carl Jung y otros psicólogos llamados 'profundos' siempre tiraba de mi manga. Después de algunos años de exploración, me topé con el trabajo de Israel Regardie y, poco después, Aleister Crowley y thelema. Finalmente había encontrado la solución a mi dilema espiritual. Aquí había un camino de pasión, devoción, misterio y trascendencia; sin embargo, debía ejecutarse con rigor científico y una buena dosis de escepticismo. "El método de la ciencia, el objetivo de la religión". Aquí podría unificar las mejores partes de las perspectivas divergentes que mis padres me habían mostrado en un todo coherente y forjar un camino exclusivamente mío. Inmediatamente me puse en contacto con todos los grupos thelémicos que pude encontrar en esos días previos al Internet y en el otoño de 1993 comenzó formalmente mi viaje hacia la iniciación. Me uní a Ordo Templi Orientis y me comprometí con el camino de estudiante de la A∴A∴.

En poco tiempo, me encontré en la posición de ayudar en el entrenamiento de iniciados más jóvenes, revisando sus tareas, enseñándoles y probándolos en varias técnicas mágicas, y evaluando sus diarios. Me mudé a California y comencé a trabajar bajo la tutela directa de Phyllis Seckler (Soror Meral). En unos pocos meses, había avanzado a varios puestos administrativos en las órdenes con las que estaba trabajando y pasaba casi tanto tiempo con mis actividades mágicas como mi trabajo diario. He visto a varias generaciones de estudiantes tener éxito y fracasar, y a órdenes mágicas enteras ir y venir. He consultado con estudiantes sobre la mecánica del ritual, así como sobre los triunfos y tragedias de sus vidas personales. Al escribir este libro, espero poder comunicar las ideas que he adquirido en los últimos veinte años, ya que he sido testigo de los esfuerzos cotidianos de los aspirantes mágicos modernos. He aprendido por experiencia lo que funciona y lo que no funciona, y las trampas que enfrentan los buscadores en nuestra tradición.

He diseñado este libro para que sea una referencia útil en cada etapa del camino. Una vez que hayas leído los materiales fuente de Crowley y otros, deberías poder leer este libro y obtener valiosos consejos sobre la mejor manera de ejecutar esos materiales fuente, sea cual sea tu nivel de experiencia. Los estudiantes principiantes pueden aprender cómo aprovechar al máximo los rituales básicos como Liber Resh, y cómo comprender conceptos como la Verdadera Voluntad; mientras que los magos intermedios y avanzados pueden obtener consejos útiles para llevar a cabo el trabajo más profundo de A∴A∴, y descubrir formas de enriquecer su práctica existente con nuevas perspectivas sobre los materiales fundamentales.

Cómo usar este libro

Este libro no pretende ser un estudio exhaustivo de todos los conceptos y prácticas del camino de logro thelémico. Más bien, he elegido aquellos temas en los que sentí que había una mayor necesidad de comentarios prácticos y en los que podía ofrecer una perspectiva única sobre el material. Ciertamente no tengo ilusiones de que mi opinión sobre todos estos temas es la mejor o la única forma de pensar en ellos. En consecuencia, te animo a que abordes todo en este libro con tus habilidades de pensamiento crítico totalmente concentradas y con una actitud de escepticismo equilibrado.

Asumo que el lector tiene una base en los principios fundamentales y los términos comúnmente utilizados relevantes para la cosmovisión thelémica. También supongo que tendrá copias (impresas o en línea) de los textos fuente relevantes disponibles. Los rituales y otras instrucciones generalmente no se reproducirán en su totalidad. Consulta los recursos multimedia disponibles en **livingthelema.com** y el canal de **YouTube Living Thelema** para ver demostraciones e instrucciones adicionales.

He incluido notas de ejecución y otros comentarios sobre algunos de los rituales básicos que probablemente encuentres en tu camino mágico. Si bien se proporcionan algunos esquemas rituales mínimos, he optado por enfatizar los diversos aspectos experimentales del desempeño ritual en lugar de centrarme en la mecánica del ritual. Como con gran parte del resto de este libro, mi objetivo es ayudarte a profundizar tu práctica de estos rituales, dar un contexto más amplio para su uso y mejorar los patrones energéticos internos que los hacen cobrar vida en su trabajo diario. Incluso cuando profundizo en la teoría, he tratado de enfatizar cómo la teoría puede informar tu práctica y ayudarte a comprender las experiencias que probablemente te esperan en tu camino.

No hay sustituto para trabajar con un maestro personal competente dentro de un sistema de capacitación estructurado. Un curso básico de entrenamiento dentro de una orden mágica bien administrada te dará una base sólida e internamente consistente sobre la cual construir todo tu trabajo posterior. El Templo de la Estrella de Plata, Ordo Templi Orientis, y A∴A∴ están diseñados para lograr tales objetivos, y te aliento a explorar la capacitación ofrecida por estas organizaciones utilizando la información de contacto que se encuentra al final de este libro.

Si perteneces a una orden mágica que enseña sus propias versiones de los rituales y otras prácticas discutidas en este libro, te sugiero que consulte con tu maestro asignado antes de incorporar cualquiera de este material en tu práctica diaria. Uno de los beneficios de estar en una orden así es la consistencia interna de las prácticas rituales, los gestos y los conjuntos de símbolos, y no debe complicar su progreso con sistemas y prácticas en conflicto.

Echemos un vistazo a las diferentes secciones del libro, para que sepas qué esperar. Cada sección se acerca al camino de logro thelémico desde un punto de vista ligeramente diferente.

Primera parte

En la primera parte, revisaremos algunos de los principios subyacentes del logro thelémico y discutiremos una serie de herramientas prácticas que puedes utilizar a medida que avanzas en tu camino. Algunos de ustedes pueden ser relativamente nuevos en los conceptos de la qabalá, por lo que he incluido un ensayo introductorio sobre este tema como primer capítulo. Si tienes una base sólida en la teoría qabalística, puedes saltarte este capítulo con seguridad y pasar al material más avanzado más adelante.

En la primera parte se incluyen discusiones prácticas sobre muchas de las prácticas meditativas y rituales fundamentales de la magia y el misticismo thelémicos, así como una revisión de las herramientas asociadas, como la proyección astral, las prácticas devocionales y la magia sexual. Si eres nuevo en la práctica mágica, estos capítulos te darán mucho material durante meses o años de experimentación. Espero que los practicantes experimentados encuentren su trabajo renovado con nuevas perspectivas sobre estas herramientas. De acuerdo con mi objetivo para este libro, he evitado un énfasis indebido en los detalles históricos o filosóficos en favor de una guía práctica y útil experimentalmente.

Materiales audiovisuales adicionales, incluidas demostraciones de algunas de las prácticas básicas presentadas aquí, así como rituales adicionales, están disponibles en livingthelema.com y el canal de YouTube Living Thelema.

Segunda parte

En la Segunda Parte, damos un paso atrás de las herramientas específicas discutidas en la Primera Parte, y nos enfocamos en conceptualizaciones más amplias del camino mágico mismo. Aquí, discutiremos el camino del logro a la luz de las metodologías de entrenamiento de A∴A∴, los Triunfos del Tarot, los chakras y una serie de otras plantillas simbólicas que dan perspectivas únicas en el camino.

Esta sección del libro te dará la oportunidad de "retirar la cámara" un poco, para que puedas comprender mejor los procesos transformadores que tienen lugar dentro de ti a medida que avanzas en la Gran Obra. Se hace énfasis particular en las diversas formas de comprender el camino hacia el Conocimiento y la Conversación del Santo Ángel Guardián, y la prueba posterior de "cruzar el Abismo", ya que estos son los eventos críticos en la carrera mágica de cualquier buscador.

Tercera Parte

En la sección final del libro, finalizaremos nuestra discusión con una revisión de varias técnicas y herramientas para manejar los desafíos de la vida cotidiana. En gran medida, estas herramientas reflejan una integración de mis experiencias como terapeuta junguiano y cognitivo-conductual con los principios de la magia. ¡Después de veinte años de tratar pacientes y entrenar a magos, creo que tengo algunos trucos útiles bajo la manga!

El amor es la ley, el amor bajo la voluntad.

Sacramento, California
Solsticio de verano, 2013
e.v.

Primera Parte:

Herramientas para el Viaje

1

Una Introducción a la Qabalá

{Una versión diferente de este ensayo apareció originalmente en el Manual para Instructores de Fadiman y Frager, *Personality and Personal Growth,* un libro de texto de psicología de licenciatura. Como tal, fue diseñado para presentar la qabalá a una audiencia laica sin exposición previa al material, con énfasis en la aplicación práctica en un entorno psicoterapéutico. Si bien no utiliza explícitamente la terminología thelémica, describe procesos universales que forman la base de la práctica mágica y mística thelémica. Se incluye aquí como una introducción básica a los conceptos qabalísticos, particularmente a los aspectos psicológicos de qabalá que pudieras encontrar especialmente útiles a medida que avanzas. Como se escribió hace más de quince años, no refleja mi pensamiento más desarrollado sobre el tema, pero lo ofrezco aquí con la esperanza de que pueda ser útil para los principiantes.}

INTRODUCCIÓN

Las últimas décadas han visto la creciente aceptación de las filosofías orientales en la corriente principal del pensamiento y la cultura occidentales. La importancia de esta tendencia en el campo de la psicología se ha argumentado con pasión y eficacia en este libro de texto y en otros lugares. Si bien el texto se enfoca específicamente en los aspectos psicológicos de las tradiciones sufíes, budistas y de yoga, la última parte del siglo XX vio a otro sistema místico entrar en la conciencia general: la qabalá. La qabalá expone una psicología transpersonal notablemente rica y compleja; una psicología que tiene mucho que ofrecer a esta sociedad moderna en busca de profundidad, significado y propósito en la vida.

Qabalá es el nombre de la rama mística de la tradición judía. La palabra misma se deriva de la raíz lingüística hebrea *kabal*, que literalmente significa "recibir" (Kaplan, 1991). El objetivo qabalístico era, por lo tanto, recibir iluminación y sabiduría de lo divino. Gran parte de las enseñanzas y la metodología qabalísticas involucraban comprender este proceso de transmisión divina y desarrollar la capacidad espiritual para retener e integrar el influjo divino. Esto se logró a través de varias prácticas diseñadas para ayudar a crear y fortalecer un "receptáculo" espiritual, a menudo referido en la literatura qabalística como un *keli*, un recipiente espiritual.

PRINCIPALES CONCEPTOS, ESTRUCTURA Y DINÁMICA

La qabalá describe simultáneamente (a) el proceso de la creación divina del universo y la Mente de Dios, (b) la estructura y función de la psique humana, y (c) el "Camino del Retorno" que reúne a la psique y alma humanas con su fuente divina.

La creación del universo

Las tradiciones qabalísticas describen la creación del universo como una serie de emanaciones progresivas de la deidad. Se originan en la gran nada, *ain*, y gradualmente toman la forma de diez *sefirás* (esferas), y los veintidós caminos que las conectan. Juntos, las *sefirás* y los caminos de conexión forman el *etz jayim*, o Árbol de la Vida, un mapa de todas las posibilidades universales. Este no solo representa el proceso de creación, sino que también es una representación de la "mente de Dios", y al comprender sus variados aspectos, los qabalistas creen que se acercan a la divinidad misma.

4

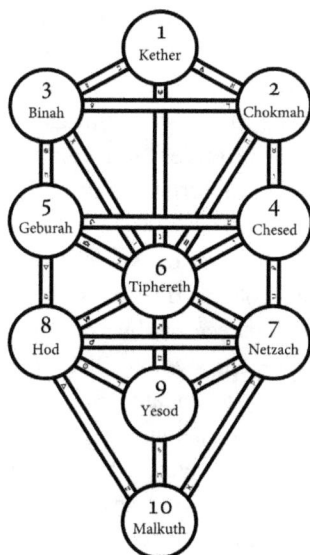

El Árbol de la Vida

Las diez *sefirás* describen el proceso de creación universal a través de formas cada vez más complejas y diversificadas. Simbolizan todos los estados posibles del ser, y forman un catálogo todo-inclusivo de las ideas y manifestaciones de la Mente divina. Los caminos, mientras tanto, muestran los estados de cambio y flujo entre estos estados del ser. El proceso de creación se mueve hacia abajo en el árbol correspondiente al orden numérico de las *sefirás*. Aunque las ideas asociadas con las esferas y los caminos son extremadamente complejas y de gran alcance, los nombres de las *sefirás* dan una buena indicación de los conceptos básicos involucrados. Estos nombres y sus traducciones al español se dan a continuación.

1	Kéter	Corona
2	Jojmá	Sabiduría
3	Biná	Entendimiento
4	Jesed	Misericordia
5	Guevurá	Fuerza
6	Tiféret	Belleza
7	Netsaj	Victoria
8	Hod	Esplendor
9	Yesod	Fundación
10	Maljut	Reino

Esencialmente, la progresión de Kéter a Maljut implica el descenso de lo divino desde el punto primario y singular de Kéter, a través de las realidades arquetípicas asociadas con las esferas de Jojmá a Yesod, y culminando en el universo físico y manifiesto en Maljut. Con cada paso hacia abajo, lo divino se vuelve cada vez más denso y polifacético, a medida que adquiere las características de cada sefirá sucesiva.

> ... Imagina un rayo de sol brillando a través de una vidriera de diez colores diferentes. La luz solar no posee ningún color, pero parece cambiar de matiz a medida que pasa a través de los diferentes colores del vidrio. La luz coloreada irradia a través de la ventana. Sin embargo, la luz no ha cambiado en esencia, aunque lo parezca al espectador. De igual manera con las sefirás. La luz que se viste en los recipientes de las sefirás es la esencia, como el rayo de sol. Esa esencia no cambia de color en absoluto, ni juicio ni compasión, ni derecha ni izquierda. Sin embargo, al emanar a través de las sefirás, el vitral abigarrado, prevalece el juicio o la compasión (Matt, 1994, p.38).

La psique humana

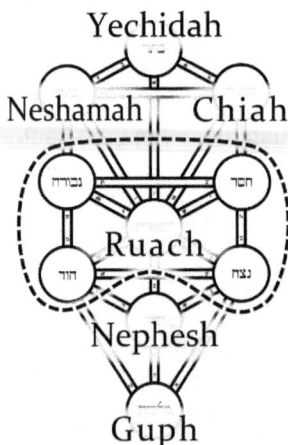

Las 'partes del alma' qabalísticas en el árbol de la vida

El aspecto más elevado y espiritual de la psique se conoce como *yejidá*. Esta es la esencia del Espíritu, y es nuestro vínculo principal con la conciencia colectiva y las energías universales. Como tal, es similar al concepto junguiano del Ser. Gran parte del trabajo psicoespiritual en la psicología qabalística se dirige hacia una unión consciente de los aspectos "inferiores" de nosotros mismos con esta chispa interna del Espíritu. En el Árbol de la Vida, *yejidá* reside en Kéter, el punto desde el cual emana toda la creación. Este paralelo entre la Fuente de la creación universal y la Fuente de la conciencia individual es de suma importancia, como veremos en la discusión del Camino del Retorno a continuación.

Los principios complementarios de *jiá*, la fuerza vital y la voluntad espiritual, y *neshamá*, la facultad receptiva e intuitiva que da forma y significado a esta fuerza vital, emergen del *yejidá*. *Jiá* es asignada a la *sefirá* de Jojmá, y *neshamá* a Biná. La *neshamá* es la intuición espiritual, la energía de iluminación y despertar que desciende del espíritu puro a aquellos que están listos para recibirla. Dicho en términos psicológicos más convencionales: para promover el crecimiento psicoespiritual, debemos aprovechar la sabiduría divina e intuitiva del Ser al forjar un vínculo entre este y nuestro ego consciente.

La mente consciente está formada por una serie de energías conocidas colectivamente como el *ruáj*, que literalmente significa "aliento", pero también implica la idea de la fuerza vital de la vida. Compara esto con el *spiritus* latino, el *pneuma* griego, el *chi* chino y el *prana* sánscrito, que equiparan la respiración con la fuerza vital. La implicación es que la mente, el *ruáj*, está siempre fluyendo y llena de energía vital, como el aire que respiramos. El *ruáj* es análogo al ego junguiano en su sentido más completo: la totalidad de la conciencia de sí mismo. Formar el *ruáj* en un recipiente adecuado para la afluencia de la visión espiritual desde "arriba" es el trabajo característico de una serie de sistemas de psicología transpersonal, así como muchas tradiciones místicas. Esto es similar al vínculo ego-Yo descrito anteriormente. Como otro ejemplo metafórico de este proceso, considera el concepto sufí de estar lleno del "vino" de Dios.

El *ruáj* se compone de cinco sefirás en el Árbol de la Vida, cada una de los cuales representa un componente específico de la conciencia del ego humano. Estos componentes se resumen en la siguiente tabla, junto con la sefirá a la que se atribuyen.

Memoria	Jesed
Voluntad	Guevurá
Imaginación	Tiféret
Deseo/Emoción	Netsaj
Intelecto	Hod

La qabalá enseña que nuestros impulsos y energías subconscientes e instintivos residen en el *nefésh*. El *nefésh* está asociado con la sefirá *Yesod*, y se parece mucho al inconsciente personal junguiano o al ello freudiano. Es una fuente de energía poderosa, que debe ser examinada, explorada y utilizada de manera constructiva para evitar el bloqueo, la represión, la obsesión y la enfermedad. Es decir, el *ruáj* debe ser el dueño de estas energías y no al revés. Las fuerzas vitales e instintivas del *nefésh* deben ser aprovechadas por la dirección constructiva y consciente del *ruáj*, para que puedan ser aplicadas al trabajo del crecimiento y equilibrio psicoespiritual. Este proceso no es distinto al descrito en algunas tradiciones de yoga, con su énfasis en utilizar la kundalini para la transformación personal.

Finalmente, el propio cuerpo humano a menudo se llama *guf* en las tradiciones qabalísticas. En el Árbol de la Vida, el *guf* se coloca en *Maljut*. No accidentalmente, el *guf* y el *nefésh* son adyacentes, lo que sugiere sus funciones íntimamente entrelazadas. Es decir, hay conexiones cercanas entre el sistema nervioso autónomo, los instintos, la mente inconsciente y todo el cuerpo humano. Para el ser humano en su estado natural, estos aspectos corporales e instintivos de sí mismo, y no el *ruáj*, son los más directamente receptivos a las percepciones intuitivas informadas espiritualmente. Por consiguiente, en algunas tradiciones qabalísticas se enseña que nuestro espíritu está más vinculado de manera inmediata y estrecha a nuestros cuerpos, nuestros instintos y nuestras mentes inconscientes que a nuestras mentes conscientes. Es solo cuando hemos progresado en el Camino del Retorno que el vínculo entre el *ruáj* consciente y la *neshamá* superconsciente se solidifica.

El Camino del Retorno

El Camino del Retorno es el término qabalístico que describe el proceso de reunir a la personalidad humana encarnada con su Fuente divina. Así como el universo (y cada ser humano) fue creado en un proceso "desde arriba hacia abajo" descendiendo de Kéter, así también cada humano debe buscar regresar a Dios en un camino ascendente desde Maljut. Esta es una repetición elegante y singularmente qabalística del camino místico común a todas las tradiciones esotéricas. Es decir, al volver sobre el proceso a través del cual surgimos, podemos descubrir la naturaleza divina dentro de nosotros y trascender las limitaciones de la existencia física.

Los comienzos del Camino del Retorno pueden visualizarse como la construcción de una copa o recipiente similar. La materia prima de esta copa es, por supuesto, la personalidad humana en su estado inerte, no exaltado: la lámina metálica a partir de la cual se formará la copa, por decirlo de alguna manera. Así como el propósito de cualquier copa es contener un líquido, el propósito de la personalidad humana es convertirse en un recipiente para el "líquido" de la inspiración divina, lo que los sufíes describirían como el vino de Dios. Sin embargo, debemos moldearnos como una copa equilibrada y estable, sin agujeros y con una base sólida, si queremos tener éxito. Por lo tanto, gran parte del trabajo psicoespiritual de los primeros pasos en el Camino del Retorno consiste en equilibrar nuestra personalidad y eliminar esos defectos en la "construcción" que obstaculizarían nuestra receptividad a lo divino.

Carl Jung creía que deberíamos luchar por el equilibrio de las cuatro funciones de la personalidad: pensamiento, sentimiento, sensación e intuición. Del mismo modo, los primeros cuatro pasos en el Camino del Retorno, es decir, el paso por las esferas de Maljut, Yesod, Hod y Netsaj, pueden verse como un equilibrio de los aspectos de la existencia humana a los que corresponden. En la qabalá hermética, estas esferas se atribuyen a la Tierra, el Aire, el Agua y el Fuego, respectivamente. Psicológicamente, representan las facultades de sensación, intuición común, intelecto, y emoción o deseo, paralelas a las funciones de Jung mencionadas anteriormente. Es solo cuando estos aspectos de la personalidad humana inferior se equilibran que el recipiente está preparado para el influjo *consciente* de la luz divina.

El quinto paso en el Camino del Retorno lleva al qabalista a la esfera de Tiféret, en el centro del Árbol de la Vida. Esta etapa marca el amanecer de la luz espiritual, porque Tiféret es la esfera atribuida al sol en la Qabalá hermética. Habiendo creado un recipiente adecuado, el qabalista ha realizado esencialmente una invocación de las fuerzas más altas dentro de sí mismo, invitando a esa luz divina a establecerse en la vida humana antes mundana. Otra metáfora apropiada para este proceso es la del pararrayos. Si se construye correctamente, *su propia naturaleza* es provocar la oleada de electricidad desde arriba. Del mismo modo, la psique humana equilibrada es un pararrayos para la presencia divina. Si se forma correctamente, no puede dejar de producir la iluminación espiritual.

El Camino del Retorno más allá de Tiféret está marcado por una relación progresivamente más íntima entre la personalidad humana inferior y la divina. Si los pasos previos a Tiféret fueron algo así como un cortejo, y el logro de Tiféret una boda, entonces el Camino del Retorno restante puede compararse con la relación matrimonial en curso. El objetivo final es estar totalmente reunido con Dios en la esfera de Kéter.

En la qabalá hermética, la tradición sostiene que esta relación continua entre la personalidad y lo divino trae todos los beneficios asociados con el crecimiento psicológico y espiritual: un sentido de propósito y significado, paz interior, armonía entre el yo y el mundo, y la capacidad de movilizar más plenamente nuestros recursos internos al servicio de nuestros objetivos de vida, en beneficio de nosotros mismos y la humanidad

Gematría y la interpretación esotérica de las Escrituras

Una práctica importante dentro de las tradiciones qabalísticas es la interpretación esotérica de las escrituras a través del uso de *gematría*, un medio de traducir cualquier palabra o frase hebrea a un valor numérico. Esta práctica se basa en el hecho de que la antigua cultura hebrea no poseía un sistema numérico separado; cada letra del alfabeto hebreo representaba un número particular y, por lo tanto, cualquier representación numérica implicaba una expresión alfabética. De la misma manera, cualquier palabra o frase tenía un valor numérico implícito. Al examinar los valores numéricos de las palabras y frases clave en las Escrituras, los cabalistas pueden extraer relaciones entre conceptos que de otra manera permanecerían invisibles. Para dar un ejemplo simple, las palabras hebreas para "amor" (*ehebá*) y "unidad" (*ajad*) tienen el valor numérico de 13. Por lo tanto, un qabalista podría concluir que existe una relación esotérica particular entre estos conceptos, y esta idea podría permitir que ciertos textos se interpreten de maneras mucho más profundas de lo que su significado superficial podría sugerir.

APLICACIONES PRÁCTICAS

Incluso en un contexto puramente secular, la qabalá se presta fácilmente a una variedad de aplicaciones, incluidas las intervenciones terapéuticas y de "autoayuda". Examinemos primero las aplicaciones en entornos de psicoterapia. Como habrás notado en la discusión anterior, la teoría qabalística se superpone muy bien con enfoques psicológicos profundos como los de Freud y Jung. Además, la perspectiva psicoespiritual integradora de la qabalá resuena bien con los enfoques transpersonales modernos, como los de Roberto Assagioli y otros. Un terapeuta bien versado en la teoría y práctica qabalística podrá usar su comprensión del Camino del Retorno, en lo que se refiere al equilibrio de la personalidad y la búsqueda de significado y propósito, para ayudar a los clientes que necesitan orientación.

Además, el modelo sefirótico de la conciencia humana, así como la naturaleza de los caminos entre las esferas, pueden guiar al terapeuta a comprender las transiciones, desafíos y obstáculos particulares de la vida que enfrenta el cliente en un momento dado. Por ejemplo, hemos visto que la esfera de Hod está asociada con el intelecto humano, y la esfera de Netsaj con la emoción. Un terapeuta que trabaja con un cliente que parece ser demasiado intelectual podría diagnosticar la necesidad de aumentar el enfoque emocional de Netsaj en la vida del cliente. Esto podría lograrse utilizando las muchas características tradicionales de Netsaj, como las ideas de amor, deseo y devoción, en el diseño de un programa de meditación o ritual. Se puede alentar al cliente a meditar sobre las ideas anteriores que se aplican a sus relaciones, o realizar una meditación caminando a través de un lugar de belleza como un jardín u otro entorno natural. Las posibilidades de aplicaciones de este tipo solo están limitadas por la creatividad y la experiencia del terapeuta.

Es importante tener en cuenta que, aunque parezca lo contrario, la qabalá no es un modelo rígido y lineal. La tradición sostiene que, en el curso de la vida humana, un individuo se encontrará en varios "lugares" en el Árbol de la Vida en muchas ocasiones diferentes. Por ejemplo, no experimentamos la esfera de Hod solo una vez mientras ascendemos al Árbol, sino cada vez que se activa el aspecto intelectual de nuestra personalidad. Además, los procesos de cambio representados por los caminos entre las esferas del Árbol aparecen como los diversos desafíos, obstáculos y oportunidades de crecimiento que enfrentamos de muchas maneras a lo largo de nuestras vidas. Para dar otro ejemplo, el camino que conecta las esferas de Hod y Netsaj se considera un símbolo del desafío de equilibrar el intelecto y la emoción. Es fácil ver cómo tal desafío se presenta una y otra vez en nuestras vidas, y "atravesar" este camino es, por lo tanto, un proceso repetido y de por vida. La tarea del terapeuta en tal caso es ser sensible a este flujo continuo en el proceso de crecimiento del cliente y guiarlo hacia el equilibrio y la comprensión en cada paso del camino. El terapeuta es un guía y entrenador, pero no se hace responsable de las propias decisiones y acciones del cliente. Más bien, el terapeuta lo alienta a asumir la responsabilidad total de su propio destino. Es su tarea tomar decisiones y crear las realidades deseadas a medida que su camino de vida se desarrolla, trayendo consigo un sentido de mayor significado y propósito.

Otra aplicación de la qabalá es en un contexto de autoayuda. Como se muestra arriba, el modelo del Árbol de la Vida, con todos sus caminos y esferas, es un sistema simbólico complejo y flexible. Dado que cada camino y esfera encarna una determinada calidad o proceso, es posible desarrollar un sistema personal de clasificación de las experiencias de vida basado en el Árbol. Por ejemplo, un estudiante de la qabalá podría desear obtener una mayor comprensión del funcionamiento de su personalidad. Para lograr esto, él/la podría comenzar un diario en el que monitoree sus experiencias diarias y las clasifique de acuerdo con las cuatro sefirás más bajas del Árbol, que anteriormente se mostró corresponden aproximadamente a las cuatro funciones jungianas. Entonces, para cada entrada diaria, se registraría el grado en que las naturalezas de Maljut, Yesod, Hod y Netsaj fueron prominentes en su experiencia ese día. Después de unos días o semanas de este monitoreo, es probable que los patrones, sesgos, tendencias excesivas se vuelvan aparentes y se puedan tomar medidas correctivas.

Otro estudiante podría desear obtener una idea de los principios superiores de la misericordia (Jesed) y la severidad (Guevurá) operativas en su vida. Ella o él monitorearía las experiencias externas e internas y clasificarían cada una como expansiva, pacífica y promotora del crecimiento (Jesed), o como enérgica, severa y aparentemente restrictiva (Guevurá). Por lo tanto, él/la podría obtener una mayor apreciación por el flujo y reflujo de estas fuerzas opuestas, no solo en su propia personalidad, sino también en los eventos de la vida que moldean su experiencia cada día. Este tipo de práctica, cuando se persigue con brutal honestidad e intención consciente, puede conducir a niveles aún más elevados de conciencia: conciencia directa del ser espiritual interno, de la naturaleza de la vida y de la interconexión del universo en su conjunto. En otras palabras, lo que comienza como una exploración psicológica puede abrir la puerta a la experiencia mística misma.

Lecturas recomendadas:

Epstein, P. (1988). Qabalah: *The Way of the Jewish Mystic*. Boston, MA: Shambhala Publishing.

Fortune, D. (1999). *The Mystical Qabalah*. York Beach, ME: Samuel Weiser, Inc.

Halevi, Z.B.S. (1994). *Psychology and Kabbalah*. York Beach, ME: Samuel Weiser, Inc.

Idel, M. (1990). *Kabbalah: New Perspectives*. New Haven, CT: Yale University Press.

Kaplan, A. (1985). *Meditation and Kabbalah*. York Beach, ME: Samuel Weiser, Inc.

Kaplan, A. (Ed.) (1990). *Sefer Yetzirah*. York Beach, ME: Samuel Weiser, Inc.

Kaplan, A. (1991). *Inner Space*. Abraham Sutton (Ed.) Brooklyn, NY: Moznaim Publishing.

Matt, D. (1994). *The Essential Kabbalah*. New York, NY: Harper Collins.

Regardie, I. (1992). *A Garden of Pomegranates*. St. Paul, MN: Llewellyn Publications.

Regardie, I. (1970). *The Middle Pillar*. St. Paul, MN: Llewellyn Publications.

Scholem, G. (1974). *Major Trends in Jewish Mysticism*. New York, NY: Schocken Books, Inc.

Seckler, P. (2020). *The Kabbalah, Magick, and Thelema*. Selected Writings Volume II. D. Shoemaker, G. Peters & R. Johnson (Eds.) Sacramento: Temple of the Silver Star.

Seckler, P. (2016). *The Thoth Tarot, Astrology, & Other Selected Writings*. D. Shoemaker, G. Peters & R. Johnson (Eds.) Sacramento: Temple of the Silver Star.

2

EL SANTO ÁNGEL GUARDIÁN

El Santo Ángel Guardián es el término de Crowley para esa fuerza o aspecto de la conciencia, o entidad externa que muchas otras tradiciones han mencionado como el Ser Superior, Augoeides, el Genio Superior e innumerables otros nombres. Crowley discutió el Santo Ángel Guardián de diferentes maneras en varias etapas de su vida, y con una variación considerable dependiendo de su audiencia y su intención. En algunos momentos, describió al Santo Ángel Guardián como si fuera sinónimo del Ser Superior, un aspecto de nuestra propia existencia consciente o inconsciente. En otras ocasiones, él caracterizó definitivamente al Santo Ángel Guardián como una entidad externa de algún tipo. Por ejemplo, su experiencia con su propio Santo Ángel Guardián, Aiwass, fue de tal calidad durante el dictado del *Libro de la Ley*, que lo percibió como una voz externa que le dictaba. Dado todo esto, el SAG es una de las cosas más difíciles de explicar o discutir para un mago, así que por favor tenme un poco de paciencia mientras intento usar un lenguaje inevitablemente inadecuado para profundizar en estos asuntos.

En el sistema de la A∴A∴, desde el principio, el camino hacia el Conocimiento y la Conversación es de singular importancia. Todas las tareas en el plan de estudios de la A∴A∴ hasta el grado Adeptus Minor están diseñadas para ser peldaños hacia el Conocimiento y la Conversación. Estas herramientas vienen en varias variedades: rituales mágicos, meditación, la elevación gradual de la kundalini a través de diversas prácticas, prácticas devocionales, etc. pero lo que es importante tener en cuenta aquí es que todas estas son simplemente herramientas para alcanzar el Conocimiento y Conversación. Después del C & C, cuando el conocimiento de la Verdadera Voluntad está arraigado consciente y profundamente en nuestra vida cotidiana, podemos elegir hacer un ritual mágico y estar seguros de que está en línea con nuestra Verdadera Voluntad. Esto rara vez es el caso antes del Conocimiento y Conversación.

Desafortunadamente, este hecho a menudo ha hecho que las personas ignoren el entrenamiento básico en rituales y otras prácticas porque creen que no van a "hacerlo bien" hasta que hayan tenido Conocimiento y Conversación. Es esencial recordar que la única forma en que aprendemos a hacer las cosas es a través de la experimentación. Nadie al comienzo del camino tendrá el nivel de conocimiento de sus herramientas, sus métodos o su Verdadera Voluntad que traerá más logros. Así que comienza donde sea que estés, practica, comete errores, aprende de ellos... ¡y escríbelo en tu diario!

Veamos la experiencia de desarrollo del Santo Ángel Guardián como suele manifestarse en la vida de los aspirantes. Una de las ideas erróneas más comunes sobre la forma en que esto ocurre típicamente es que no se tiene conocimiento del Santo Ángel Guardián (no hay conexión consciente), luego se alcanza el grado Adeptus Minor de la A∴A∴ y en un solo destello de luz, de repente ya está. Para la mayoría de las personas que he supervisado, así como en mi propio camino, esa no es la forma en que se desarrolla. En general, hay una intimidad de comunicación y comprensión que crece gradualmente y comienza mucho antes en el camino que Adeptus Minor. Sentimos los impulsos y la insistencia sutil del Ángel en sueños, destellos intuitivos y eventos sincrónicos. En esos momentos, cuando parece que estamos recibiendo impulsos desde un nivel profundo de conciencia o tenemos un sentido permanente de lo *correcto* de una determinada elección, estamos viendo un destello del SAG. Del mismo modo, nuestros esfuerzos por la belleza en nuestras vidas, nuestro deseo de estar embelesados en las cosas y en las personas que amamos, todo esto también es un atisbo del Ángel.

Hay comunicación con el SAG mucho antes del Adeptus Minor, sin duda, pero tiende a venir a través de nuestra propia mente inconsciente y en el lenguaje de los símbolos. Nuestra experiencia con esto es tal que puede que no percibamos una comunicación consciente en absoluto durante bastante tiempo, pero mejoramos gradualmente nuestra capacidad de hablar en el lenguaje de los símbolos. Por esto, es requisito en la A∴A∴ y otras órdenes memorizar diversas correspondencias, porque tales símbolos son, en cierto sentido, la "lengua nativa" del Ángel.

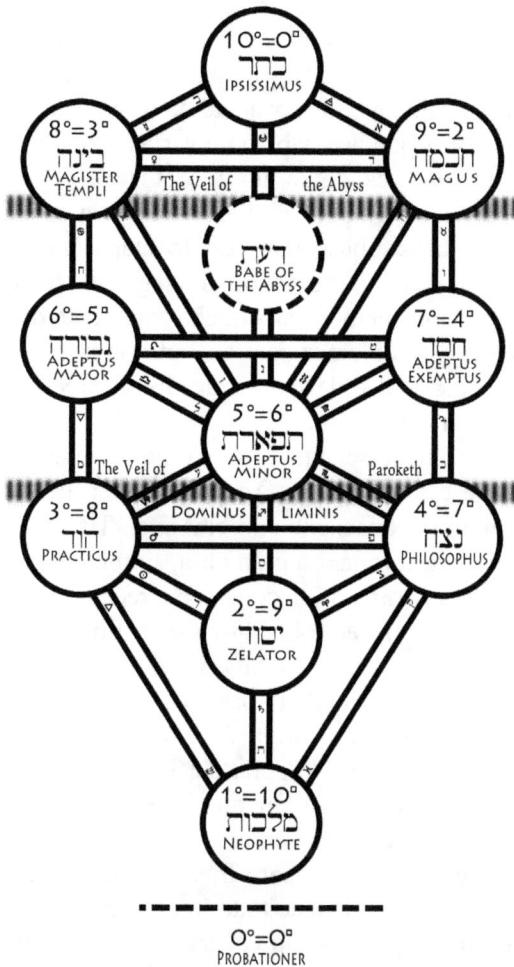

El árbol de la vida y los grados de la A∴A∴

Finalmente, comenzamos a percibir estas comunicaciones de una manera mucho más directa y consciente. En el sistema de la A∴A∴, la llamada Visión del Santo Ángel Guardián se atribuye a Maljut, que es la sefirá del grado Neófito (1=10). A menudo, en el grado Neófito, los aspirantes comienzan a tener más de estas comunicaciones conscientes, a veces incluso el nombre del Ángel. Es un cortejo: una intimidad que se incrementa e intensifica gradualmente, una mejora paulatina de nuestra capacidad de percibir el lenguaje del SAG en nuestras vidas. Finalmente, en el grado Adeptus Minor (5=6), el avance de la conciencia briática en nuestra mente previamente unida a Yetzirá forja un vínculo consciente.

La característica definitoria del adepto es que él o ella pueden comunicarse con el Ángel conscientemente y a voluntad. ¿Cómo es este proceso? Es esencialmente la capacidad de diferenciar la voz del SAG de todas las otras voces que nos hablan de varias maneras en nuestras vidas. En muchos sentidos, es como un receptor de radio. Nuestra mente consciente es la radio; giramos el dial tratando de encontrar esa estación *específica* que estamos buscando. En la etapa preadepto del trabajo, barremos el sintonizador, buscando a ciegas la estación. De vez en cuando pasamos y obtenemos un pequeño fragmento de la voz del Ángel, pero luego tenemos problemas para encontrarla nuevamente. El objetivo es desarrollar la capacidad de sintonizar rápida, precisa y confiablemente esa estación, y mantenerla allí.

Otra metáfora puede ser útil aquí. Como se muestra arriba, la esfera de Tiféret representa el grado Adeptus Minor de A∴A∴ donde se alcanza la comunión consciente con el Ángel. Tiféret es como la cabeza del rey y Kéter es la corona. La gran obra, simplemente, se trata de poner la cabeza en el lugar correcto, la conciencia receptiva de Tiféret, para que la corona se pueda colocar sobre la cabeza. En otras palabras, se trata menos de "ir a algún lado" en busca del Ángel y más de refinar su conciencia de modo que esté lista para recibir *lo que está esperando allí por ti*. Quizás esta sea una forma de entender el significado de *Liber LXV*, Cap. II, donde leemos, "esperarte a Ti es el fin, no el principio".

Muchos aspirantes encuentran que el proceso de avanzar hacia el Conocimiento y la Conversación consiste en capas sucesivas de instrucción sobre los *métodos* para invocar adecuadamente al ángel. Es muy probable que descubras que todo lo que eres, todo lo que has sido y todo lo que amas y encuentras hermoso, se utilizará como una herramienta en la invocación de tu SAG. A medida que avanzas por los grados de A∴A∴ debajo de Tiféret, es probable que recibas capas sucesivas de instrucciones sobre cómo perfeccionar y ajustar tu capacidad para embarcarte en el proceso de invocación final.

Mientras sigas adelante con las grandes tareas, mientras te hagas arder en oración, invoques con frecuencia, dedicándote a avanzar en el camino hacia el Conocimiento y la Conversación, recibirás estas sucesivas capas de instrucción del SAG. Obtendrás un nombre, un impulso para seguir una línea particular de trabajo, un modo de meditación u otras herramientas similares. Puedes descubrir que más adelante, recibes instrucciones adicionales que reemplazan o anulan por completo lo que se te dio anteriormente. Esa es la naturaleza de este trabajo: a medida que refinas tus herramientas de recepción, a medida que mejoras en la sintonización de ese radio y encuentras esa voz, naturalmente dejarás de lado algunas de las cosas que te han dado anteriormente. Si persistes, refinarás tus propias herramientas para permitirte escuchar y reconocer la voz del Ángel con claridad y en el momento exacto. De hecho, tal progreso es inevitable si sigues el camino según las instrucciones.

Si bien nadie puede decirte exactamente qué puede aportar tu camino y cómo te puedes desarrollar, es útil reflexionar sobre la experiencia de los adeptos que han recorrido caminos similares. Me gustaría que consideraras algo que mi maestra Phyllis Seckler (Soror Meral) escribió al final de su vida sobre su propia experiencia con el Santo Ángel Guardián:

> Los primeros movimientos de la voz angelical pueden llegar a nosotros a través de la intuición. Si una persona no está dispuesta a confiar en esta intuición profunda, puede que no sea evidente que el Santo Ángel Guardián puede hablar con la misma voz. Es completamente posible darle la espalda a tales susurros e inspiraciones, especialmente cuando las preocupaciones son principalmente materiales, emocionales o intelectuales. Pero las lecciones del Santo Ángel Guardián persisten. Si uno se enoja, se siente infeliz o se siente miserable debido a algún comportamiento, es sin duda el Santo Ángel Guardián el que trata con amor duro para que puedas hacer cambios. Todo esto lo he observado en mí misma y al tratar de entender a los demás. Proporciona un preámbulo mientras trato de escribir sobre mis propias experiencias con el Santo Ángel Guardián.
>
> Fue el 1 de julio de 1952 cuando ocurrió mi primer contacto con el Santo Ángel Guardián. Estaba criando a mis tres hijos sola. Cuando estaban en la escuela, yo también estaba en la universidad, estudiando para ser maestra de arte. También había estado transcribiendo manuscritos de Crowley para Karl Germer, para que no se perdieran. Fui despertada por una luz en mi columna vertebral. Podía entender vagamente que me habían dado instrucciones durante algún

tiempo antes de mi despertar. Lo que podía recordar de esto era el nombre del Santo Ángel Guardián y sus instrucciones para enumerar este nombre con la ayuda del alfabeto hebreo. Entender este nombre tomó varios años, pero la voz nunca me dejó después de este incidente. Ha habido muchas ocasiones en las que he recibido ayuda de la voz cuando obviamente era necesaria. Uno sigue viviendo una vida normal, trabajando y haciendo todas las cosas para mantenerse a sí mismo y a sus hijos. La voz del Santo Ángel Guardián no es necesaria en las circunstancias cotidianas. Uno debe continuar refinándose a sí mismo y sus reacciones. Uno debe estudiar y aprender sobre procesos mágicos y místicos. Dios no morará en un vehículo mal preparado, como dice el consejo final. Cuando se necesitaban lecciones o pruebas importantes, se suministraban para continuar con este crecimiento y refinamiento.

Antes de este primer despertar, había estado escribiendo poesía inspirada en varios tipos de amor, sombreada por la dirección principal de mi alma. Karl Germer pensaba que el Conocimiento y la Conversación del Santo Ángel Guardián ocurrieron en mi caso porque tenía una aspiración pura. El evento de la noche, que describí claramente antes, me dejó tan asombrada que apenas podía hablar de ello sin un temblor interno. Pasaron seis meses antes de que pudiera escribirle a Karl. Sin embargo, él sabía por el tenor de mis cartas que este evento seguramente debía haber sucedido.[1]

En una carta fechada el 7 de julio de 1952, Karl Germer (quien en ese momento era el jefe de A∴A∴ y, con Jane Wolfe, una de las maestras mágicas principales de Seckler) le escribió a Seckler:

Querida niña, tus preguntas llegan al fondo de uno de los problemas más profundos que ha intrigado y preocupado a todos los hombres y mujeres iniciados en memoria, como puedes descubrir al leer los registros de los Santos (hombres o mujeres) los grandes hombres de genio. etcétera. Supongo que es el conflicto del ser humano con el cuerpo de carne y el hecho de que has subido a Tiféret o más arriba, donde la voz

---

[1] Seckler, P. (2017). *The Thoth Tarot, Astrology, & Other Selected Writings*. D. Shoemaker, G. Peters & R. Johnson (Eds.) Sacramento: Temple of the Silver Star

del guía secreto se está apoderando gradualmente y comienza a hablarle a tu alma.

El Vigésimo Éter, creo, inicia con esta fase. Soy un profesor muy pobre en este sentido. Tuve esta experiencia en 1927 pero soy tan aburrido y tonto. ¿Has visto mi horóscopo? Si no es así, te enviaré los datos principales, con tanta carga de tierra, pero no presté atención a la guía y su voz hasta, déjame decir 1947 o 1948. Esto puede sonar increíble para ti, pero mi caso puede ser diferente. Mi conexión con A.C. el hombre era tan cercana e íntima que siempre pensé que los impulsos provenían del hombre A.C. y pensando eso, lo obstruí. En el momento en que el hombre murió, la interpretación cambió. No me imites. La obstrucción de los impulsos y la voz se ha convertido en una segunda naturaleza para mí a través de tantos años y es posible que haya sufrido esta obstrucción gravemente y me haya hecho la vida imposible sin necesidad. Aprende a seguir la voz al instante sin hacer preguntas indebidas. Cito ese viejo dicho de místicos, "*perinde ac cadaver*".

[...] la idea es que una vez que uno has escuchado la voz del Santo Ángel Guardián, uno debe aprender a seguirla al instante, incluso hasta la muerte del cadáver, que es el mero cuerpo y la mente racional que razona en contra de él. Creo que esta es la lección más difícil de aprender. Seré feliz si puedo hacer la vida de otra persona más feliz al enseñar la lección, que tanto no he podido aprender. A medida que avanzas en la escritura de Liber 418, descubrirás que el Santo Ángel Guardián crece cada vez más. En otras palabras, el camino es interminable. Tus puntos de vista y tu comprensión en este momento no serán los mismos que en años posteriores. No pienses ni por un momento que las concepciones de A.C. sobre este problema eran las mismas cuando tenía 50 años y 70. Lucha siempre por más, y si eres verdaderamente mío, etc.

Todo lo que puedes hacer es permanecer en la intimidad de tu Santo Ángel Guardián. Entrena tus sentidos más finos y tu alma para recibir impulsos cada vez más finos y sutiles. A veces, parecen o pueden parecer atroces a medida que creces. No importa, tu Santo Ángel Guardián mira más adelante que los mortales. El único peligro es que hay otros seres en este universo invisible que son enviados a probar o frustrar tu verdadero camino. Ahí es donde arder constantemente en oración es tan importante, por el método que tu Santo Ángel Guardián te indicará. Sí, parece que uno está solo en esta tarea, siempre que no te des cuenta plenamente de la intimidad con sus compañeros constantes. Ve Liber 65, Capítulo 1. "Había una doncella y allí olvidó sus suspiros y soledad". Ese versículo particular en esa forma puede aplicarse a un caso específico, pero es universal en general.[2]

Como señalé anteriormente, nadie puede decirte los detalles de tu camino, o predecir los giros y vueltas que encontrarás al caminar. Pero el sistema de A∴A∴ existe para que aquellos a unos pasos de nosotros puedan encender faros para los que lo siguen, como ha ocurrido a lo largo de toda la historia de la humanidad. Espero que las palabras de este capítulo sirvan como uno de esos faros. ¡Que puedas alcanzar el Conocimiento y la Conversación del Santo Ángel Guardián!

---

[2] Seckler, P. (2017). *The Thoth Tarot, Astrology, & Other Selected Writings*. D. Shoemaker, G. Peters & R. Johnson (Eds.) Sacramento: Temple of the Silver Star

3

LA VERDADERA VOLUNTAD

En este capítulo, exploraremos lo que significa la Verdadera Voluntad en la vida diaria, en la práctica mágica y en el avance espiritual. Al hacerlo, revelaremos algunos de los misterios de la forma en que la Verdadera Voluntad se desarrolla en la vida humana, especialmente, para alguien que intenta construir su *comprensión* consciente de la Verdadera Voluntad, como muchos de ustedes que leen este libro.

Estoy seguro de que muchos de ustedes tienen alguna familiaridad básica con el término "Verdadera Voluntad", pero por si acaso, quiero definirlo aquí brevemente. En primer lugar, la "Voluntad" en cuestión es la misma que la implícita en la palabra *thelema*, que es la palabra griega para voluntad. Esta no es la simple voluntad del ego o el capricho de la personalidad. No es simplemente "querer algo". Es un nivel más profundo de propósito de vida y el vivir ese propósito en una vida individual y en múltiples encarnaciones.

La Verdadera Voluntad es la voluntad del Ser más íntimo, el núcleo de lo que realmente eres como ente espiritual. Además, y lo que es más importante, es una expresión de la voluntad universal, particularizada y expresada en tu vida *individual*. Por eso, cuando vivimos de acuerdo con nuestra Verdadera Voluntad, encontramos que gran parte del tiempo el universo parece abrir un camino justo frente a nosotros, como si simpatizara con nuestros objetivos. De la misma manera, cuando sentimos que estamos nadando contra el flujo la vida, es muy frecuente que nos hayamos desviado un poco del camino de nuestra Verdadera Voluntad; o quizás estemos recibiendo una lección del SAG y/o del propio universo que nos está ayudando a empujarnos de regreso al camino.

La comprensión de la Verdadera Voluntad se mejora dramáticamente con el Conocimiento y la Conversación del Santo Ángel Guardián; pero al igual que la intimidad en curso del cortejo entre el adepto y el ángel, a medida que el adepto avanza a través de los grados de primer orden de A∴A∴, el conocimiento de la Verdadera Voluntad se desarrolla de manera progresiva a medida que retiramos las capas de nuestra personalidad para descubrir cuál es su esencia.

Con demasiada frecuencia, la Verdadera Voluntad se conceptualiza erróneamente como una elección singular de una carrera o una única tarea a realizar en la vida. Esto es demasiado restrictivo. La Verdadera Voluntad es la esencia de tu Ser. Te abarca a ti, a tus acciones, a tus pensamientos, a tus sentimientos y a tus comportamientos; y se refiere a la forma en que vives, momento a momento, así como a todo el trayecto de tu vida misma, incluso más allá de una vida a otras encarnaciones. Como puedes ver, es mucho, mucho más que una elección de carrera o una sola tarea para completar. Sin embargo, a menudo existe una gran superposición entre la Verdadera Voluntad y lo que uno elige dedicar su tiempo a hacer en la vida: su ocupación o sus pasatiempos favoritos, por ejemplo.

Es muy probable que la Verdadera Voluntad se superponga con tus pasiones, tus intereses y tus preferencias, pero no siempre. Por otro lado, hemos establecido que esta no es la simple voluntad de la personalidad del ego (o, en términos de la psicología qabalística, el *ruáj*). A veces encontramos que nuestra Verdadera Voluntad —que idealmente nuestro ego está aquí para facilitar— no es necesariamente algo que va a ser cómodo y perfectamente armonioso con las concepciones que el ego tiene de sí mismo. Es posible que, en ocasiones, te sientas sorprendido por lo que descubras acerca de tu Verdadera Voluntad. Pero incluso con más frecuencia, es posible que el descubrimiento de la Verdadera Voluntad te obligue a tomar decisiones dolorosas sobre tu estilo de vida, tus prioridades, tu carrera, tus relaciones y muchas otras cosas. Dichos procesos de crecimiento son dolorosos precisamente porque nos hacen estirarnos fuera de nuestra zona de confort; pero en este caso, todo está al servicio de hacer que estas elecciones egoicas en nuestra vida cotidiana armonicen con las necesidades más profundas de nuestra alma y los mandamientos del SAG. Sí, estirar duele, pero si podemos llegar a experimentar este dolor como un indicador de un crecimiento profundo, podemos llegar a una mayor sensación de paz sobre el proceso. Así como el dolor físico nos indica el área que necesita curarse, este dolor psicológico nos informa sobre las áreas que necesitan crecimiento.

Como dije antes, la Verdadera Voluntad debe explicar igualmente tus elecciones en cualquier momento y situación dados, así como explicar el camino general que tomas en tu vida. Cuando contemples tu Verdadera Voluntad, debes tratar de dar un paso atrás con respecto a tus circunstancias cotidianas, tu carrera y tus elecciones de vida y pensar en ello de esta manera: la Verdadera Voluntad te explicará la forma en que afectas al universo, las decisiones que tomas y los caminos que sueles tomar, ya sea que seas un corredor de bolsa en la ciudad de Nueva York, un pescador en Malasia o cualquier otra cosa. En otras palabras, esta verdad central de quién eres se expresará de manera independientemente de la situación mundana en la que te encuentres: tu lugar de nacimiento, ocupación, situación familiar, etc.

La mayor parte del tiempo, el descubrimiento de la Verdadera Voluntad es un proceso lento y gradual, ocasionalmente acentuado por avances súbitos en la percepción. Por ejemplo, es posible que hayas estado reflexionando sobre tus elecciones de vida durante los últimos años y descubras que ha habido una cierta tendencia que había pasado desapercibida en ese momento; pero luego, al mirar hacia atrás, obtienes una idea de la Verdadera Voluntad. Por el contrario, existen esos momentos en los que simplemente te detendrás en seco cuando una realización aparezca como un destello instantáneo, haciéndote reír o llorar (o ambos) con la claridad de la percepción.

El proceso es increíblemente individualizado y no hay dos buscadores que experimenten sus picos y valles de la misma manera. Para decirlo de manera un tanto poética: piensa en ti mismo como el profeta de tu propio ángel, como el sumo sacerdote o sacerdotisa de una religión que estás desarrollando y que es sólo tuya. El objetivo de esa religión es profundizar, intensificar y delinear con una claridad cada vez mayor los procedimientos místicos y mágicos que invocan de manera efectiva a tu Santo Ángel Guardián.

El desarrollo de esta religión es esencialmente el trabajo del aspirante en la etapa anterior al Adeptus Minor del trabajo de A∴A∴. Tu cuerpo y tu mente son el recipiente en el que mora tu ángel. El propósito de este recipiente es vivir la Verdadera Voluntad, que es la voz de tu Ángel en tu vida diaria. Muchos encuentran que el nombre del ángel en sí mismo revela cierta fórmula que es una clave muy importante para la Verdadera Voluntad. Este nombre, tal vez por la disposición de las letras, tal vez por algunas otras asociaciones que desarrolle con el tiempo, es una especie de mapa para la correcta vida de su vida.

Como mencioné anteriormente, la comprensión de la Verdadera Voluntad da un gran salto adelante con el Conocimiento y la Conversación del Santo Ángel Guardián, que ocurre en el grado Adeptus Minor de la A∴A∴, que corresponde a la esfera de Tiféret. Esta etapa representa el avance de la conciencia briática en la mente-ego yetzirática. Con este logro, el reino superno de la *neshamá*, la intuición espiritual y la voz del ángel mismo, se vuelve aprehensible para el *ruáj* por primera vez. La conciencia del adepto de la voz del ángel ya no se limita al lenguaje simbólico del subconsciente nefésico; más bien, él o ella pueden recibir la instrucción del Ángel directamente en la mente consciente.

Repasemos algunas herramientas prácticas que puedes utilizar para mejorar tu comprensión de la Verdadera Voluntad. De alguna manera, estos son casi como juegos mentales para jugar contigo mismo mientras examinas tu vida e intentas comprender la Voluntad. Hazte estas preguntas: ¿Cómo cambia una habitación cuando entras a ella? ¿Qué efecto tienes en el mundo que te rodea y en las personas de tu mundo? Hay algo único en ti que tenderá a afectar al mundo de formas bastante predecibles. A lo largo de tu vida, encarnado en tus elecciones de momento a momento, hay algo de "túidad" por excelencia que impacta el mundo que te rodea, una *firma* energética que dejas dondequiera que vas. Por ejemplo, cuando entras en una fiesta, las personas en la sala se ven afectadas de cierta manera porque fuiste *tú* específicamente quien entró. ¿Cuál es la naturaleza específica de ese impacto? Alternativamente, piensa en ti mismo como una fuerza de la naturaleza: el viento sopla, el agua fluye, el fuego quema y el ácido corroe. ¿Qué es lo que le haces al mundo?

Pregunta a las personas que te conocen bastante bien acerca de tus fortalezas y debilidades. ¿Cuáles son tus talentos en su opinión? Pregúntale a un amigo. Pregúntale a un enemigo. En última instancia, la opinión de cualquier otra persona sobre ti o tu Verdadera Voluntad no importa ni un poco tanto como la tuya propia, pero de esta manera obtendrás una retroalimentación realmente interesante; y si nada más, ¡sin duda es un ejercicio entretenido!

Otra de mis técnicas favoritas consiste en mirar tu vida retrospectivamente como una historia o un mito. ¿Qué mito estás viviendo? Una de las formas de examinar esto es dividir tu vida en, digamos, segmentos de cinco años a partir de los cinco años. Después, reflexiona sobre cuáles fueron sus pasiones durante cada fase particular de la vida. Digamos que estás mirando desde los cinco hasta los diez años. ¿Cuáles fueron tus libros, películas, héroes o canciones favoritos? Repite este proceso para cada período de cinco años y luego intenta abstraer los temas más amplios. ¿Qué tipo de historias han tendido a cautivarte? ¿Matar dragones? ¿O quizás resolver misterios? ¿Cuál era la *naturaleza* de los héroes que te cautivó cuando eras más joven? ¿Te identificaste con el mago o el guerrero? ¿El hijo pródigo o el ermitaño errante?

Mirando a lo largo de toda tu vida, es posible que veas cómo se desarrollan estos temas. Considera la siguiente lista de las "36 situaciones dramáticas" de Georges Polti. Polti desarrolló esta lista para ayudar a los escritores, pero puede resultarte interesante revisar las diferentes historias que identificas y ver si puedes detectar algunas que sean relevantes para tu vida. Esto no será necesariamente sinónimo de la Verdadera Voluntad de ninguna manera, pero puede darte algunas pistas poderosas. En algunos casos, la "historia" que mejor se adapte al curso de su vida reflejará aquellos obstáculos en su personalidad que en realidad han *limitado* su capacidad para aprovechar la Verdadera Voluntad. ¡Esta información no es menos útil! Cuando comprendes las formas en que tu ego te atrapa o te ciega, tienes una herramienta poderosa para ver más allá de esos bloqueos y percibir la realidad de la Voluntad.

Las 36 situaciones dramáticas[3]

1. Súplica (en la que el Suplicante debe suplicar algo al Poder en autoridad)
2. Liberación
3. Crimen perseguido por la venganza
4. Venganza tomada por parientes sobre parientes
5. Búsqueda
6. Desastre
7. Caer presa de la crueldad de la desgracia
8. Revuelta
9. Empresa atrevida

---

[3] Polti, G. (1921). *The Thirty-Six Dramatic Situations*. Franklin, OH: James Knapp Reeve., p. 3.

10. Secuestro
11. El enigma (tentación o acertijo)
12. Obtención
13. Enemistad entre parientes
14. Rivalidad entre parientes
15. Adulterio asesino
16. Locura
17. Imprudencia fatal
18. Delitos de amor involuntarios (ejemplo: descubrimiento de que uno se ha casado con su madre, hermana, etc.)
19. Asesinato de un pariente no reconocido
20. Auto-sacrificio por un ideal
21. Autosacrificio por la familia
22. Todo sacrificado por la pasión
23. Necesidad de sacrificar a los seres queridos
24. Rivalidad de superior y subordinado
25. Adulterio
26. Crímenes de amor
27. Descubrimiento del deshonor de un ser querido
28. Obstáculos para amar
29. Un enemigo amado
30. Ambición
31. Conflicto con Dios
32. Celos equivocados
33. Juicio erróneo
34. Remordimiento
35. Recuperación de un perdido
36. Pérdida de seres queridos

Muchos aspirantes llegarán a un lugar de certeza acerca de su Verdadera Voluntad, pero cuando proclaman este descubrimiento a un amigo o familiar, les golpea con un ruido sordo. ¿Por qué? ¡Porque es algo que les ha parecido perfectamente obvio a todos menos a ellos! Naturalmente, tu propia percepción de su Verdadera Voluntad será mucho más compleja e intrincada de lo que otra persona podrá decirte; ¡pero no te sorprendas si llegas a tener un sentido de claridad acerca de tu Verdadera Voluntad y es mucho menos impresionante para los demás que para ti!

Independientemente de los giros y vueltas particulares de tu camino, estoy seguro de que encontrarás que el viaje hacia la comprensión de la

Verdadera Voluntad es una de las tareas más seductoras, fascinantes, frustrantes y, en última instancia, satisfactorias que jamás emprenderás.

Lecturas recomendadas:

Hillman, J. (1996). *The Soul's Code: In Search of Character and Calling.* New York, NY: Random House.

Palmer, P. (2000). *Let Your Life Speak: Listening for the Voice of Vocation.* San Francisco, CA: Jossey-Bass, Inc.

4

COMENZANDO CON
UN RÉGIMEN MÁGICO BÁSICO

Me doy cuenta de que muchos de ustedes probablemente comenzaron su propia práctica mágica diaria hace mucho tiempo. Sin embargo, es útil dar una descripción general de las prácticas disponibles para el principiante y discutir las razones por las que podrías elegir una práctica sobre otra. En otras palabras, ¿cuáles son sus objetivos de entrenamiento? ¿Qué habilidades específicas estás tratando de desarrollar como mago principiante y cómo podrían estos objetivos guiar tu elección de prácticas a emprender? Para muchos aspirantes a magos, el objetivo se puede resumir de la siguiente manera: "¡Ser un mago increíblemente poderoso!" Desafortunadamente, un objetivo tan vago puede no ser la forma más útil de comenzar con cualquier esfuerzo. El consejo que doy en este capítulo asume que aún no estás trabajando en una orden mágica que ha asignado (no meramente recomendado) tareas y prácticas específicas. Si estás trabajando en esa orden, debes consultar con tu maestro antes de modificar tu programa de capacitación en las formas que sugiero aquí.

Aquí están los objetivos de entrenamiento que creo que son más esenciales para el mago principiante e intermedio.

1. Necesitas un conjunto de prácticas que garanticen una "higiene" mágica, el equivalente mágico de cepillarse los dientes. Necesitas poder limpiar y fortalecer tu sistema energético; para emprender lo que tradicionalmente podríamos llamar fortalecer el aura o cargar el cuerpo de luz.

2. Necesitas desarrollar tu capacidad para invocar la fuerza mágica y tolerar saludablemente esta fuerza en niveles de intensidad cada vez mayores. Además, necesitas fortalecer tu capacidad para *dirigir* la fuerza mágica hacia cualquier objetivo deseado.

3. Necesitas tener los conceptos básicos del yoga en tu práctica; específicamente asana (postura) y dharana (concentración). Estas prácticas ayudarán a enfocar la mente. Si no has desarrollado el nivel requerido de control mental fuera de un contexto ritual, ciertamente no obtendrás de repente la capacidad de enfocar tu mente apropiadamente cuando estés en un ritual mágico; y es poco probable que puedas dirigir la fuerza hacia el objetivo deseado.

4. Necesitas comenzar a internalizar los sistemas de símbolos, como el Árbol de la Vida qabalístico como modelo para tu psique. Para hacer esto, debes comenzar a memorizar las correspondencias relacionadas con las sefirás y los caminos en el Árbol de la Vida, como se encuentran en *777* y en otros lugares (ver *Liber O* para una lista de correspondencias para comenzar). En última instancia, el objetivo es incorporar estos sistemas de símbolos en tu trabajo diario para que realmente los vivas y respires, y puedas invocarlos con precisión y fuerza al construir y ejecutar un ritual mágico.

5. Necesitas desarrollar la disciplina del diario mágico. Francamente, esto es solo una extensión de la autodisciplina que se requiere para todas las tareas anteriores; pero el diario en particular es tan fundamental e importante en términos de tu trabajo futuro que simplemente debes ser diligente en su práctica desde el comienzo de tu carrera mágica. ¡Entra en el ritmo diario de escribir en tu diario, pase lo que pase!

6. Por último, pero ciertamente no menos importante, tu entrenamiento básico en magia debería comenzar a forjar un vínculo

consciente con el Santo Ángel Guardián al haciéndote arder en oración, como quiera que lo definas. La forma exacta no es importante. El propio SAG revelará gradualmente todos los detalles que necesita. La verdadera clave está en arder. Con este fin, todo mago debe incluir algún tipo de prácticas devocionales y aspiracionales en su régimen diario.

Ahora, echemos un vistazo a cómo vas a lograr estos objetivos, recorriendo las diferentes fases de tu entrenamiento y revisando cómo podrían desarrollarse estos objetivos. Para los propósitos de esta discusión, he dividido la formación básica en cuatro fases. Algunos de estos pueden ser tan breves como unas pocas semanas o menos, y otros pueden tardar meses o mucho más; pero incluso en la fase cuatro, esto sigue siendo un trabajo básico. Estos pasos te ayudarán a comenzar, ¡pero hay toda una vida de trabajo por explorar!

Fase uno

En la Fase Uno, eres nuevo en la práctica mágica. La práctica más fundamental e importante de todas es tu capacidad para dejar de lado las distracciones externas y relajar su cuerpo. Es cierto que no es muy emocionante para los aspirantes a magos cuando se les dice que su primer curso de entrenamiento es simplemente para relajarse; pero créeme, si no puedes controlar tu nivel de excitación corporal, ¿cómo puede esperar controlar los componentes mucho más sutiles de tu naturaleza? No puedo enfatizar este punto lo suficiente.

Entonces, en la Fase Uno, comenzarás cada sesión de práctica simplemente sentándote en silencio durante unos minutos y dejando de lado las preocupaciones y preocupaciones del mundo exterior. Simplemente estar en tu cuerpo y en tu templo. Una vez que te hayas adaptado a una postura cómoda, tal vez una de las asanas ilustradas en *Liber E* o en otro lugar, comenzarás a trabajar con alguna forma de práctica de respiración. Esto se hace no solo para profundizar la relajación, sino también para formar los fundamentos básicos de la práctica de pranayama que puede surgir más adelante.

Israel Regardie sugiere un patrón de respiración "cuádruple", en el que tienes un patrón espaciado uniformemente de adentro, aguanta, afuera, aguanta, solo durante unos segundos en cada dirección. Simplemente observa la respiración, haciéndola regular y rítmica. En esta etapa, no te preocupes por respirar lenta o profundamente. Simplemente respira a un ritmo y profundidad naturales, y concéntrate en llevar ese aire al diafragma y lograr un patrón regular. Aprender a regularizar la respiración de esta manera mejora tu capacidad para controlar la energía que reside en la respiración, una habilidad esencial para cualquier éxito en la magia (leerás mucho más sobre esto en el capítulo sobre asana y pranayama).

También en la Fase Uno, te sugiero que memorices y comiences a trabajar con *Liber Resh vel Helios* (ver Capítulo 7) y comienza la práctica de decir Voluntad en las comidas. Y eso es todo para la Fase Uno. Sin rituales del pentagrama, sin evocaciones de demonios goéticos de aspecto interesante, nada de lujos. Solo relajación, respiración cuádruple, *Liber Resh* y Voluntad, durante al menos varias semanas. Realiza tus prácticas al menos seis días a la semana y anota todo meticulosamente en tu diario mágico.

Una vez más, reconozco que esto probablemente será un anticlímax para alguien que esté emocionado de comenzar con la magia; pero te aseguro que lo que estás haciendo en este momento, psicológica, mágica y físicamente, formará la base de todo lo que harás en tu carrera mágica, ¡así que no intentes atajos! (Además, si avanzas hacia prácticas más avanzadas sin formar una base sólida en los conceptos básicos, al final, simplemente disminuirás tu velocidad, porque tendrá que volver más tarde para corregir las brechas y los desequilibrios. ¡Difícilmente un "atajo"!) Después de al menos algunas semanas de la Fase Uno, estás listo para pasar a la Fase Dos.

Fase dos

En este punto, sugiero que agregues el Ritual Menor del Pentagrama en sus formas de Destierro e Invocación (ve el Capítulo 5). También es posible que desees experimentar con el ritual del Rubí Estrella.

La razón por la que deberías trabajar tanto con las formas de invocación como de destierro del RMeP es que la forma de destierro te ayudará con la limpieza mágica, mientras que la forma de invocación es muy efectiva para desarrollar tu tolerancia a la fuerza mágica y tu capacidad para invocarla y controlarla. Ambas formas del ritual te ayudan a desarrollar la habilidad de la visualización: las visualizaciones de los arcángeles y el dibujo de los pentagramas, por ejemplo.

Todas las prácticas rituales discutidas hasta ahora te ayudarán a comenzar a internalizar los sistemas de símbolos más relevantes para el mago thelémico, como el panteón de Nuit, Hadit y Ra-Hoor-Khuit, las jerarquías hebreas, los arcángeles elementales, etc. Por ejemplo, aprenderás a asociar los cuadrantes elementales con la experiencia subjetiva de esos tipos específicos de energía, construyendo así tu propio "lenguaje" energético interno, una herramienta esencial para cualquier mago.

También en la Fase Dos, es posible que desees agregar algunas prácticas formales de *asana* (postura) y *dharana* (concentración) (ver Capítulo 9). Elije cualquier postura y siéntate quieto en esa postura mientras comienzas las prácticas básicas de dharana. En esta etapa, sugiero un enfoque visual simple, como *tejas* (un triángulo equilátero rojo que apunta hacia arriba). Simplemente mantén la visualización lo mejor que puedas y cuente las interrupciones en la concentración. Como siempre, lleva un buen registro en tu diario de las condiciones y los resultados de estos experimentos.

Permanece en la Fase Dos durante al menos un mes. Como antes, siempre debes sentirte libre de extender este período. Cuando estés listo, pasa a la Fase Tres.

Fase tres

En esta etapa, sugiero que agregues alguna forma del ejercicio del Pilar Medio como lo describe Regardie, incluidas las circulaciones. En mi experiencia, prácticas como el Pilar Medio aumentan la capacidad de invocar, contener y tolerar la fuerza mágica. Además, dado que esta práctica utiliza los nombres divinos asociados con ciertas sefirás (vistas en los diversos centros de energía del cuerpo), reforzarás estas importantes correspondencias. Finalmente, y lo más importante, la práctica del Pilar Medio te brinda otra oportunidad para hacerte arder en la aspiración a lo divino.

Si bien el ritual del pentagrama ciertamente ofrece oportunidades para hacerte arder en oración, como experimentar el asombro de un encuentro con un arcángel o la sensación y visualización del pentagrama ardiendo a tu alrededor y el hexagrama en tu corazón, el Pilar Medio te brinda una importante nueva clave: la visualización del centro de la corona como una esfera sobre su cabeza. Puedes aspirar con fuerza a ese centro como símbolo de Kéter —la luz de tu Santo Ángel Guardián mismo— fortaleciendo así los músculos de la aspiración a las energías más sublimes que puedas concebir. La práctica se convierte así en un verdadero ejercicio devocional y aspiracional, idealmente realizado a diario, fortaleciendo todo lo demás que haces. Más tarde, habiéndote entrenado a ti mismo de esta manera, podrás utilizar el ritual del Pilar Medio *dentro* de una estructura de un trabajo más grande como una invocación general, en cualquier momento que necesites un influjo de poder para avivar tu ritual (ver Capítulo 8).

También en la Fase Tres, te sugiero que comiences varias meditaciones sobre las sefirás y los caminos debajo de Tiféret. Consulta el material hacia el final de *El libro de Thoth* para encontrar temas y frases sugerentes asociados con los 22 caminos. El punto aquí es intensificar tu trabajo con las correspondencias, más relevantes para el trabajo que tienes por delante mientras 'trepas al árbol' a lo largo de estos caminos. Cuanto mejor te familiarices con el terreno, más eficaz y enriquecedora será tu exploración. Pasa al menos seis meses en la Fase Tres y luego pasa a la Fase Cuatro.

Fase cuatro

Aquí, sugiero que agregues el Ritual Menor del Hexagrama (ver el Capítulo 6). En muchos sistemas derivados de la Aurora Dorada, el ritual del hexagrama se lleva a cabo en el nivel de la Segunda Orden, *después* de que el iniciado ha atravesado simbólicamente las sefirás y los caminos por debajo de Tiféret. Por eso sugerí en la Fase Tres que centraras tus meditaciones en estas sefirás y caminos, para que puedas aportar un mayor sentido de significado y relevancia al ritual del hexagrama cuando realmente comiences a practicarlo. Aquellos de ustedes que están trabajando en una orden modelada tras la Aurora Dorada (como el Templo de la Estrella de Plata) estarán en ventaja aquí; pero si no, puedes replicar eso por ti mismo hasta cierto punto alineándote con las regiones subtiferét antes de pasar a trabajar con el ritual del hexagrama.

Es posible que desees experimentar con el ritual del Zafiro Estrella como una forma alternativa de ritual de hexagrama, pero recuerda que el Zafiro Estrella no tiene forma de destierro y, en mi experiencia, aporta un nivel de fuerza mucho más exaltado que el "clásico" ritual menor del hexagrama. Por lo tanto, debe usarse de manera consciente y juiciosa cuando se requiera un grado más intenso de fuerza mágica.

Prácticas adicionales recomendadas

<u>La Eucaristía</u>

En *Magia en Teoría y Práctica*, Cap. 20, Crowley escribe:

> De la Eucaristía y del Arte de la Alquimia. Una de las ceremonias mágicas más simples y completas es la Eucaristía. Consiste en tomar cosas comunes, transmutarlas en divinas y consumirlas. Hasta ahora, es un tipo de toda ceremonia mágica pues la reabsorción de la fuerza es un tipo de consumo pero

tiene una aplicación más restringida de la siguiente manera: tomar una sustancia, simbólica de todo el curso de la naturaleza, convertirla en Dios y consumirla. […]

El círculo y otros muebles del templo deben recibir el beneficio habitual de los destierros y consagraciones. Se debe prestar juramento y hacer las invocaciones. Cuando la fuerza divina se manifiesta en los elementos, deben consumirse solemnemente. […]

Una Eucaristía de algún tipo seguramente debería ser consumida diariamente por cada mago y debería considerarla como el principal sustento de su vida mágica. Tiene más importancia que cualquier otra ceremonia mágica porque es un círculo completo. Toda la fuerza gastada se reabsorbe por completo. Si la virtud es esa gran ganancia representada por el abismo entre el hombre y Dios, el mago se llena de Dios, se alimenta de Dios, se embriaga de Dios. Poco a poco su cuerpo se irá purificando por la depuración interna de Dios. Día a día, su cuerpo mortal, que se deshace de sus elementos terrenales, se convertirá en verdad en el templo del espíritu santo. Día a día la materia es reemplazada por espíritu, lo humano por lo divino. Al final, el cambio será completo. Dios manifiesto en carne será su nombre. Este es el más importante de todos los secretos mágicos que alguna vez fueron, son o pueden ser. Para un mago así renovado, el logro del Conocimiento y la Conversación del Santo Ángel Guardián (SAG), se convierte en una tarea inevitable. Cada fuerza de su naturaleza, sin obstáculos, tiende a ese fin y meta de cuya naturaleza ni el hombre ni Dios pueden hablar, que está infinitamente más allá del habla, el pensamiento, el éxtasis o el silencio. Samadhi y Guna no son más que sus sombras proyectadas sobre el universo.[4]

Realmente no hay límites para las formas en que puedes integrar las eucaristías en tu trabajo mágico diario, pero déjame darte un par de ejemplos. Un enfoque consiste en extraer un "ritual de dos elementos" personal del Liber XV, la Misa Gnóstica. Si consideras la estructura de la

---

[4] Crowley, A. (1997). *Magick: Liber ABA*. Hymenaeus Beta (Ed.). York Beach, ME: Samuel Weiser, Inc.

misa, no es difícil ver cómo podrías convertir esto en un ritual que podrías usar solo, o quizás con un compañero. Comienza con la Sección VI, la consagración de los elementos. Con el vino y la hostia a la mano, sigue los procedimientos de consagración de los elementos, invocando la fuerza divina, encerrándola en los elementos, combinándolos y consumiéndolos (ver Secciones VI-VIII).

Al igual que en la misa gnóstica en sí, hay una oportunidad aquí para usar la visualización y otro trabajo interno para amplificar el beneficio mágico de realizar esta ceremonia u otros ritos personales similares. Mantén en mente un objetivo mágico específico a lo largo del proceso ritual: la construcción de intensidad, la consagración de los elementos, la invocación de la fuerza y finalmente la unión climática de los elementos y su consumo. Cuando consumas la Eucaristía, ten en cuenta el hecho de que ahora *encarnas* la meta mágica. Eres como una computadora que está lista para ser programada con el software adecuado. El software que has creado es la forma mental del objetivo mágico deseado; es el programa que le estás dando a tu 'nuevo yo' para que lo ejecute. Cuanto más intensa y vívidamente puedas visualizar el resultado deseado, más efectivo será. Hazlo lo más vívido posible en términos de las realidades psicológicas del resultado deseado: la forma en que se sentirá y pensará sobre usted mismo, y la forma en que su vida misma tomará forma cuando haya alcanzado el resultado. Cuanto más hagas que ese objetivo 'cobre vida' dentro de ti, más impulso mágico traerás al ritual.

Prácticas de atención plena

Algunas prácticas de atención plena aparecen en el plan de estudios básico de A∴A∴, como *Liber Jugorum* y *Liber Resh* (que es una práctica de atención plena en la medida en que uno debe recordar realizar las cuatro adoraciones diarias). La práctica de Voluntad en las comidas es otro ejemplo común. Aquí, estás llamando tu atención sobre el hecho de que el consumo de alimentos fortalece tu cuerpo para la realización de la Gran Obra. Este tipo de atención no se limita a la hora de comer; puede extender este concepto a cualquier tarea. Todo lo que estés haciendo durante el día puede y debe ser reconocido como una contribución a la ejecución de tu Gran Obra y tu Verdadera Voluntad. Para tomar un ejemplo cotidiano: "Es mi voluntad subir al automóvil y conducir hasta el trabajo, para poder ganar dinero, para tener refugio y tiempo libre para realizar la Gran Obra".

Si, para cualquier comportamiento específico, encuentras que tienes dificultades para explicarte a ti mismo por qué el comportamiento está al servicio de tu voluntad, es posible que debas reconsiderar tus prioridades y administración del tiempo en este respecto. Naturalmente, no todos los comportamientos individuales en tu vida diaria serán experimentados como importantes, voluntariosos y mágicos. Sin embargo, en la medida en que puedas mantener la atención plena de toda tu vida como una estructura dentro de la cual te esfuerzas por alcanzar esa meta universal de todos los que comienzan el camino de la Gran Obra —el C & C del SAG—cultivarás una habilidad sentir la voluntad en acción, incluso en las elecciones y comportamientos más pequeños.

Otra práctica útil es mantener la atención plena de uno mismo como un microcosmos equilibrado, y un método para hacerlo es esforzarse por *encarnar el pentagrama* todos los días; es decir, vivir cada día, en la medida de lo posible, como una expresión equilibrada de los cuatro elementos y el espíritu. Haz una entrada diaria en tu diario donde registres tu éxito al vivir cada uno de los elementos de tu vida por completo. Puedes usar un código para simplificar esto: S es espíritu, F es fuego, W es agua, A es aire y E es tierra. Al final de cada día, simplemente escribe esas cinco letras y luego un número del 1 al 10 para indicar cuán exitosamente encarnaste ese aspecto de ti mismo. Estoy usando las atribuciones sefiróticas de los elementos aquí, pero puedes definirlos y organizarlos como quieras. Para la tierra, ¿qué tan bien cuidaste tu cuerpo ese día? Para el aire, ¿qué tan bien prestaste atención a los aspectos de tu subconsciente a través de los sueños y la conciencia de los impulsos intuitivos y el seguimiento de tus proyecciones psicológicas? Para el agua, ¿qué tan bien funcionaste intelectualmente? Para el fuego, ¿cómo te fue en términos de devoción a tus objetivos mágicos y aspiración al SAG? Para el espíritu, ¿cuán receptivo fuiste a la luz del espíritu que se manifestaba en tu vida? Como sucede con muchas de estas prácticas de autocontrol, el mero hecho de observar estos aspectos de nuestra vida tenderá a impulsarnos hacia opciones más saludables y una vida más equilibrada en este sentido.

Conciencia de la respiración

Varias técnicas de pranayama también pueden adoptar elementos de atención plena. Por ejemplo, el simple proceso de tomar conciencia de la respiración es muy poderoso cuando se realiza con atención y diligencia. La práctica llamada *mahasatipatthana* comienza con una observancia simple, silenciosa, similar a un mantra mientras respira: "La respiración se mueve hacia adentro; el aliento sale ". Con la práctica repetida, encontrarás que tu conciencia realmente ha cambiado; te darás cuenta de que es más exacto decir que eres consciente de una sensación del paso del aire, y entonces ajustas tu mantra en consecuencia, es decir, "Hay una sensación de que la respiración se está moviendo ..." Con más práctica te das cuenta de que en realidad es la *percepción* de una sensación de que la respiración entra y sale, luego una tendencia a percibir una sensación, etc. El propósito más profundo de esta práctica es desidentificarse con el ego como el centro de la conciencia, reenfocando gradualmente tu experiencia diaria en el verdadero centro de lo que eres: la estrella divina interior, el khabs. Al retroceder, paso a paso, del habitual centro de conciencia basado en el ego, te vuelves consciente de puntos de vista completamente nuevos desde los que ver tu realidad.

Recomendaciones generales

Entonces esas son las cuatro frases de nuestro "entrenamiento básico". Ahora, repasemos algunas recomendaciones generales que serán muy útiles independientemente de tu etapa de entrenamiento. En primer lugar, el *ritmo* y la *regularidad* son muy importantes en el trabajo diario. Como he señalado en otra parte, el ritmo es uno de los lenguajes naturales del inconsciente. Si puedes comenzar a demostrarle a tu inconsciente que estás comprometido a 'sintonizar' con su lenguaje de manera constante todos los días, todo tu sistema espiritual tenderá a 'sincronizarse'. Esto es mucho más difícil si realizas prácticas en momentos aleatorios, te salta días y te involucra en otros comportamientos igualmente descuidados.

En segundo lugar, sugiero seis días a la semana de práctica, poniendo atención a tu diario. Tómate el séptimo día libre. No te prepares para el fracaso estableciendo metas poco realistas al principio, como hacer cuatro horas de ritual, siete días a la semana, etc. Eso sería demasiado agotador y poco realista para un principiante. Planifica seis días a la semana de práctica, siguiendo el plan de estudios de construcción gradual que he descrito aquí. Dicho esto, todo el mundo se equivoca y tendrás días en los que simplemente no harás nada. En tales casos, es mucho mejor tener una entrada en el diario para ese día que simplemente diga: "No hice mi trabajo hoy", "Me distraje" o "Mi cabra se comió mi pentáculo" en lugar de nada en todas. No te disculpes ni te castigues por ello, ¡pero mantén registro!

Es posible que desees revisar los diarios de la tradición thelémica para tener una idea de qué incluir en tus registros. Algunos de los mejores incluyen *John St. John* (Crowley) y *A Master of the Temple* (Frater Achad), así como los diarios de Jane Wolfe de la Abadía de Thelema en

Céfalu, Sicilia. Todos estos proporcionan información interesante sobre el contenido, el tono y el alcance de un diario mágico bien hecho.

En tercer lugar, es posible que desees considerar la posibilidad de llevar tu diario de forma electrónica. Por supuesto, hay una gran belleza en un diario bien encuadernado. Por otro lado, un diario electrónico facilita la búsqueda de determinados pasajes y palabras clave. Puede haber ocasiones en las que uno desee recuperar y cotejar todas las entradas del diario relacionadas con una serie de prácticas que se extienden de forma intermitente a lo largo de muchas semanas o meses. Por ejemplo, hace algunos años realicé una serie de escrutinios de los treinta Éteres Enoquianos y quería extraerlos en un documento separado. Mi diario electrónico hizo este trabajo muy rápido.

En cuarto lugar, te sugiero que hagas la anotación en tu diario lo antes posible después de concluir tu trabajo, y preferiblemente en el mismo espacio donde ocurrió el trabajo. Seguramente retendrás detalles más vívidos de tus resultados mágicos o meditativos si los registras inmediatamente, antes de que hayas tenido la oportunidad de ir a comer pizza, acariciar al gato y hablar con tu compañero de cuarto.

Finalmente, y lo que es más importante, recuerda (¡especialmente en esta etapa temprana!) que el miedo nunca ayuda; tampoco te castigues por lo que hiciste o no hiciste. No tengas miedo de experimentar, de aprender de ensayo y error. Cuando te caigas, levántate y continúa. El único fracaso real es no perseverar.

Lecturas recomendadas:

Crowley, A. (2006). John St. John. En J. Wasserman (Ed.), *Aleister Crowley and the Practice of the Magical Diary*. York Beach, ME: Red Wheel Weiser.

Crowley, A. (1992). Liber E. En I. Regardie (Ed.), *Gems from the Equinox*. Scottsdale, AZ: New Falcon Publications.

Crowley, A. (1992). Liber O. En I. Regardie (Ed.), *Gems from the Equinox*. Scottsdale, AZ: New Falcon Publications.

Crowley, A. (1997). *Magick: Liber ABA*. Hymenaeus Beta (Ed.). York Beach, ME: Samuel Weiser, Inc.

Crowley, A. (1993). *The Book of Lies*. York Beach, ME: Samuel Weiser, Inc. [Particularmente los capítulos sobre los rituales de Rubí Estrella y Zafiro Estrella]

Frater Achad. (2006). A Master of the Temple. En J. Wasserman (Ed.), *Aleister Crowley and the Practice of the Magical Diary*. York Beach, ME: Red Wheel Weiser.

Wolfe, J. (2008). *Jane Wolfe: The Cefalu Diaries: 1920-1923*. D. Shoemaker (Ed.). Sacramento, CA: Temple of the Silver Star

5

EL RITUAL MENOR DEL PENTAGRAMA

El Ritual Menor del Pentagrama (RMeP) debe ser la base de la práctica ritual de cualquier mago. A pesar de sus orígenes previos al Eón de Horus, Crowley recomendaba su realización dos veces al día hasta el final de su vida. Asimismo, muchos profesores y órdenes mágicas lo incluyen en sus planes de estudios básicos.

¿Cuál es el efecto del ritual? En última instancia, tendrás que responder esta pregunta por ti mismo mediante la práctica diaria, tomando nota cuidadosamente de otros factores que pueden estar influyendo en el efecto del ritual. Dicho esto, los efectos generalmente se dividen en algunas categorías básicas. El RMeP tiende a despejar el "espacio" físico, psicológico y mágico del mago. También es una invocación de los cuatro arcángeles tradicionalmente atribuidos a los cuatro elementos y los cuatro cuadrantes. Muchas personas usan el RMeP como su práctica 'higiénica' diaria, ya que incluye el efecto limpiador de la forma de destierro del ritual, así como el efecto energizante y santificante de la forma de invocación. Además de esta función higiénica, la forma de destierro se usa a menudo para preparar el templo para invocaciones elementales, o como un destierro general antes de otro trabajo (ver Capítulo 8 para más información sobre métodos de construcción ritual).

Es importante señalar que, si bien el RMeP usa la forma "tierra" del pentagrama, el propósito del ritual básico no es específicamente desterrar o invocar la tierra como elemento. Más bien, como se señaló anteriormente, se utiliza como una preparación genérica de limpieza y espacio. Habría diferencias en la intención y en algunos detalles de rendimiento si estuvieras haciendo una invocación específica o desterrando la tierra (o cualquier otro elemento específico). El Ritual Mayor del Pentagrama (ver *Liber O*) también puede adaptarse para tales propósitos. El Templo de la Estrella de Plata tiene su propio método distintivo de abordar invocaciones y destierros elementales específicos, y otras órdenes mágicas han construido técnicas en líneas similares en los muchos años desde que se desarrolló originalmente este material.

Como se explicará a continuación, la versión del ritual que se presenta aquí varía ligeramente de lo que encontrará en *Liber O* u otras fuentes publicadas. Como ocurre con muchos rituales, comienza por relajar y regularizar la respiración. Cuando estés listo para comenzar el ritual, debes moverte al centro de la habitación donde puedes tener un altar instalado. En el altar debe haber, como mínimo, tu implemento mágico de elección. Puede ser una daga o espada en clave de Guevurá, o cualquier otra daga o varita; o simplemente puede usar su dedo como un "implemento" ritual.

El ritual comienza con un conjunto de gestos y palabras llamados la *Cruz Qabalística*:

1. Tocando tu frente con tu dedo índice derecho, entona: **ATÁ**.
2. Tocando tu corazón, entona: **AIWASS**.
3. Tocando tus genitales, entona: **MALJUT**.
4. Tocando tu hombro derecho, entona: **VE-GUEVURÁ**.
5. Tocando tu hombro izquierdo, entone: **VE-GUEDULÁ**.
6. Junta tus manos sobre tu pecho, luego entona: **LE-OLAHM. AMÉN**.

Cuando aprendas el nombre de tu propio SAG, debes reemplazar "Aiwass" con ese nombre. Algunos magos han objetado que, dado que Aiwass era el SAG de Crowley, no deberíamos usar ese nombre en nuestra propia práctica. Si bien esa sería una objeción razonable en la mayoría de las circunstancias, ten en cuenta que Aiwass no solo era el SAG de Crowley, sino también la inteligencia que inauguró el Eón de

Horus. En consecuencia, al entonar "Aiwass" en el corazón, te vinculas a las energías del Eón mismo.

La clave para el desempeño exitoso de la Cruz Qabalística es una intensidad silenciosa de vibración y flujo de energía en cada una de las áreas del cuerpo tocadas. Debes sentir la fuerza moviéndose con tu mano mientras te mueves físicamente de un punto a otro. Cada vez que vibras una palabra o frase, debes sentir que la energía se intensifica en el punto del cuerpo donde estás tocando. Además, como con cualquier vibración de este tipo, debes concebir que la palabra resuena en los confines del universo, y que el universo mismo resuena en simpatía con tu voluntad. Cada una de las palabras debe vibrarse con una exhalación completa; es decir, inhala completamente y luego, en la exhalación, la palabra se vibra con aproximadamente el mismo tiempo y énfasis en cada letra de la palabra. La última sílaba a veces se alargará un poco (ver *Liber O* y los recursos audiovisuales adicionales para obtener más información sobre la vibración de los nombres divinos).

Después de realizar la Cruz Qabalística en el centro del templo, te mueves hacia el este y dibujas el primer pentagrama.

LOS PENTAGRAMAS Y LOS NOMBRES DIVINOS

La forma de invocación del pentagrama comienza con un trazo hacia abajo que comienza en el punto superior y avanza hacia el punto inferior izquierdo. La forma de destierro comienza en el punto inferior izquierdo con un trazo hacia arriba, moviéndose hacia el punto superior. **Asegúrate de cerrar cada pentagrama en su punto de partida.**

1. Mirando hacia el este, traza el pentagrama en el aire frente a ti. Ve el pentagrama en llamas en una brillante luz azul-blanca. Apunta tu implemento de elección hacia el centro del pentagrama y entona: YOD HE VAV HE.

2. Extiende tu brazo y gira hacia el sur, trazando una línea de conexión de luz azul-blanca hasta el punto que será el centro del siguiente pentagrama. Mirando hacia el sur, dibuja el pentagrama y entona: **ADONAI.**

3. Repite lo anterior, moviéndote hacia el oeste y entona: **EHEIEH.**

4. Repite como arriba, moviéndote hacia el norte, y entona: **ATÁ GIBBOR LE-OLAHM ADONAI.**[5]

5. Regresa al este, completando la línea de conexión con el pentagrama original y sellando así el círculo.

Al dibujar los pentagramas, te sugiero que apuntes aproximadamente al nivel de la cadera para los puntos inferiores y al nivel de los hombros para los puntos superiores (excepto el punto superior, que debe estar por encima de la altura de su cabeza). Esta es probablemente una de las formas menos incómodas de marcarlos, ya que los movimientos están naturalmente al alcance de su brazo.

LA INVOCACIÓN DE LOS ARCÁNGELES

Mira al este. Extiende los brazos a los costados para que tu cuerpo forme una cruz. Di:

Ante mi, RAFÆL.
Detrás de mí, GABRIEL.
A mi derecha, MIKHÆL.
A mi izquierda, URIEL.[6]
Porque a mi alrededor arde el pentagrama,
Y en la Columna brilla la estrella de seis rayos.

Los arcángeles son vistos como enormes figuras aladas de gran majestad, vestidas y armadas de la siguiente manera:

Rafael: Túnica amarilla con ribete violeta. Lleva una espada o una daga.
Gabriel: Túnica azul con ribete naranja. Lleva una copa.
Mikhael: Túnica roja con ribete verde. Lleva una varita.
Uriel: Túnica negra con ribete blanco. Lleva un disco (pentáculo).

---

[5] Muchas fuentes publicadas utilizan "*AGLA*" en este momento. *AGLA* es simplemente una palabra compuesta por las iniciales de la frase "Atá Gibbor Le-Olám Adonai".

[6] Los nombres de los arcángeles deben entonarse, no simplemente pronunciarse.

46

Repite la fórmula de la Cruz Qabalística, que cierra el ritual.

La invocación de los arcángeles es definitivamente uno de esos momentos en los que puedes amplificar el efecto del ritual a través de visualizaciones y otros trabajos internos. Con cada uno de estos arcángeles, tienes la oportunidad de enfatizar el elemento correspondiente dentro de tu ser. Por ejemplo, cuando invocas a Rafael, no estás simplemente viendo a un gran arcángel vestido de amarillo; estás experimentando el elemento del aire mismo que se manifiesta en ti. Puedes amplificar esto sintiendo un gran viento purificador del este. De manera similar, cuando invocas a Gabriel en el oeste, puedes sentir una ola de agua azul purificándote; un fuego de consagración de Miguel en el sur; y una solidez y arraigo de Uriel en el norte. Amplifica, elabora o personaliza esta parte como quieras. Tu propia experiencia será la mejor maestra.

Mientras dices las palabras, "porque a mi alrededor arde el pentagrama" visualiza un gran pentagrama que rodea tu cuerpo, afirmándote como un microcosmo perfeccionado; pero también comprende y experimenta este punto del ritual como una declaración de la verdad de que la totalidad de tu experiencia terrenal —el universo material en sí— realmente está ardiendo a tu alrededor como un pentagrama. Cuando dices, "y en la columna brilla la estrella de seis rayos", es deseable visualizar un hexagrama en el corazón, que simboliza la luz del SAG ardiendo allí, la verdadera semilla espiritual en tu mismo centro.

Recomiendo la realización del RMeP dos veces al día en las primeras etapas de la práctica mágica: una invocación y otra desterrando. Dado que la forma de invocación puede ser lo suficientemente energizante como para causar insomnio en algunas personas, te sugiero que intentes invocar por la mañana y desterrar por la noche. También puedes experimentar con el destierro y la invocación en días alternos, o probar los efectos de usar solo uno u otro durante varios días seguidos (si pruebas esto, te sugiero que no pase más de tres o cuatro días sin desterrar, para asegurar una adecuada higiene mágica).

Si, en ocasiones, necesitas estar callado cuando realizas el ritual, es aceptable susurrar o realizarlo completamente en silencio. Incluso puedes encontrar que tales variaciones adquieren una intensidad única y silenciosa que difiere en efecto de una actuación a pleno pulmón. Además, puedes experimentar con la ejecución astral (o al menos puramente mental), lo que fortalecerá tus "músculos" de visualización y, en teoría, la capacidad de tu cuerpo astral para realizar este ritual en su propio plano.

Los secretos más profundos de este ritual, muchos de los cuales son exclusivamente tuyos, se revelarán durante los meses y años de su práctica posterior, a medida que integras y armonizas los símbolos del ritual con el paisaje interior de su mente, cuerpo y espíritu.

6

LOS RITUALES MENORES Y MAYORES DEL HEXAGRAMA

El Ritual Menor del Hexagrama (RMeH) debe aprenderse y usarse después de que el Ritual Menor del Pentagrama se haya dominado y practicado regularmente durante algún tiempo. La combinación de RMeP y RMeH es muy recomendable como práctica diaria para mantener la higiene mágica del aspirante. Al igual que con el ritual del pentagrama, algunos aspirantes han descubierto que el uso de la forma de invocación del ritual del hexagrama al final del día puede provocar insomnio. Por lo tanto, sugiero usar la forma de invocación más temprano en el día y la forma de destierro en la noche.

El Ritual Menor de Destierro del Hexagrama (RMeDH) se usa para limpiar el aura del mago y el templo de la influencia macrocósmica no deseada (es decir, las fuerzas pertenecientes a las sefirás sobre Tiféret) y para afirmar el señorío del mago sobre estos reinos. Aparte de su función higiénica, la RMeDH normalmente se utiliza antes de invocar cualquier fuerza planetaria, sefirótica o zodiacal específica.

El Ritual Menor de Invocación del Hexagrama (RMeIH) se puede utilizar para invocar fuerzas macrocósmicas y para crear un espacio de trabajo mágico que se aproxime a las energías de un Templo de la Segunda Orden. De hecho, la RMeH ha sido practicado tradicionalmente por iniciados de la Segunda Orden de las escuelas de misterios derivadas de la Aurora Dorada. Desafortunadamente, es en parte por esta razón que la mayoría de las versiones publicadas del ritual son incorrectas. Las versiones publicadas, incluida la dada por Crowley en *Liber O*, usan las atribuciones elementales a los cuadrantes que se habrían usado solo *dentro de la Bóveda de la Segunda Orden*, es decir, fuego, agua, aire y tierra, en sentido antihorario comenzando desde el este. (Notarás este arreglo en las representaciones del altar circular dentro de la Bóveda de A.D., por ejemplo.) Para la mayor parte del uso diario, las atribuciones elementales son exactamente las que se usan en el RMeP: aire en el este, fuego en el sur, agua en el oeste y tierra en el norte. Las diversas formas de los hexagramas que se dan en las versiones publicadas del RMeH *son* correctas; simplemente deben trasladarse a los cuadrantes correctos cuando se realiza el ritual fuera de la Bóveda.

Una nota sobre la pronunciación de "ARARITA": La frase completa, que ahora se ha publicado abiertamente en varios lugares, es *ajad rosh, ajudotho rosh yekudotho, temuratho ajad*. Si desea entonar esta frase en lugar de "ARARITA", puede hacerlo. Un método tradicional de entonar la frase completa se enseña en la Segunda Orden del Templo de la Estrella de Plata.

El llamado "Análisis de la palabra clave" presentado en la mayoría de las versiones publicadas de la RMeH se basa en ciertas fórmulas tradicionales que algunos practicantes thelémicos pueden encontrar inadecuadas (es decir, fórmulas que se enfocan en el simbolismo del Dios moribundo). El análisis dado aquí es una posible variante thelémica. [7]Otras versiones distintivas del Análisis se enseñan de forma privada dentro de la Segunda Orden del Templo de la Estrella de Plata y en otros lugares.

---

[7] Ver Capítulo V de *Magia en Teoría y Práctica*, donde Crowley comenta en una nota al pie: "Hay una fórmula muy diferente en la que I es el padre, O la madre, A el niño, y otra más, en la que I.A.O. son todos padres de diferentes clases equilibrados por H.H.H., 3 Madres, para completar el Universo. En una tercera, la verdadera fórmula de la Bestia 666, I y O son los opuestos que forman el campo para la operación de A. Pero este es un asunto superior inadecuado para este manual elemental. Ver, sin embargo, *Liber Sámej*, Punto II, Sección J."

Esquema ritual

1.Ponte de pie en el centro del templo, mirando hacia el este. La varita se sostiene en la mano derecha en la línea central del cuerpo.

2.Realiza el "Análisis de la palabra clave", diciendo:

> **I.N.R.I.**
> **Yod, Nun, Resh, Yod.**
> **Virgo, Isis, Santa Madre.**
> **Escorpio, Apofis, Destructor.**
> **Sol, Osiris, Santo Padre.**
> **Isis, Apofis, Osiris, IAO.**[8]

3. Da el signo adecuado, manteniendo la punta de la varita en posición vertical, y di: **"El Signo de Osiris"**.

4.Da el signo adecuado, el arma apuntando hacia arriba, y di: **"El Signo de la Danza de Isis"**.

5.Da el signo adecuado y di: **"El Signo del Éxtasis de Apofis"**.

6.Da el signo adecuado y di: **"La señal de la Estrella Brillante"**.

7.Extiende los brazos nuevamente como en el paso 3 anterior, y luego crúzalos nuevamente como en el paso 6, diciendo: **"L.V.X., Lux,[9] la Luz de la Verdadera Cruz"**.

Osiris   Danza de Isis   Éxtasis de Apofis   Estrella Brillante

La fórmula de L.V.X. Signos (con nombres modificados)

---

[8] El nombre IAO se entona, no se dice. La pronunciación correcta es "i-a-o".

[9] Se pronuncia "lux".

8. Con la varita, traza el hexagrama de aire en el este con luz dorada. Apunta la varita al centro de la línea donde se unen los dos triángulos y entona **"ARARITA"**.

9. Gira o muévete hacia el sur, trazando una línea de conexión con luz dorada. Traza el hexagrama de fuego. Apunta la varita al centro de la base del triángulo superior y entona **"ARARITA"**.

10. Continúa hacia el oeste y traza el hexagrama de agua. Apunta con la varita al lugar donde se unen los dos triángulos y entona **"ARARITA"**.

11. Continúa hacia el este, conectando y completando así el círculo, y repite los signos y palabras de los pasos 1-7.

El Ritual de Destierro es idéntico, pero la dirección de los hexagramas se invierte.

Aire (Este)   Fuego (Sur)   Agua (Oeste)   Tierra (Norte)

Los hexagramas

El Ritual Mayor del Hexagrama (RMaH), que se usa para invocar o desterrar fuerzas planetarias o zodiacales específicas, puede adaptarse del material que se da en *Liber O* como mejor te parezca, pero aquí daré algunas sugerencias básicas.

Comienza con el Análisis de la Palabra Clave, exactamente como en el RMeH. Todos los hexagramas se dibujan utilizando la forma de "tierra"; es decir, entrelazando triángulos orientados hacia arriba y hacia abajo, como se muestra arriba. En cada cuadrante dibujarás el hexagrama con un patrón diferente, dependiendo del planeta o región zodiacal que desees invocar o desterrar (ver *Liber O*). El hexagrama unicursal puede usarse en lugar del hexagrama solar excesivamente complejo, si se desea. Los hexagramas de invocación consisten en triángulos dibujados en el sentido de las agujas del reloj; las formas de destierro se dibujan en sentido antihorario. El hexagrama unicursal, si se usa, siempre se dibuja comenzando desde el punto superior. La misma forma del hexagrama se dibuja en cada cuadrante.

Dibuja el hexagrama, luego dibuja el sigilo planetario o zodiacal en el centro del hexagrama. Señala el centro y vibra el nombre divino del planeta o planeta regente (en el caso de la región zodiacal); luego el arcángel del planeta (o planeta regente); luego ARARITA. Puedes dibujar las figuras en los colores específicos correspondientes a las fuerzas deseadas, para realzar el poder del ritual.

Algunas tradiciones recomiendan concluir esta parte del ritual dibujando un quinto hexagrama en la dirección de la ubicación astronómica real del planeta o región zodiacal en el momento del trabajo. Para hacer esto, necesitarás una carta astrológica sideral precisa o algún otro método para calcular la ubicación exacta. Hay una serie de excelentes aplicaciones de software, incluidas versiones móviles muy útiles, para realizar esta tarea.

Cierra con el *Análisis de la Palabra Clave*, como en el RMeH.

7

LIBER RESH VEL HELIOS

Liber Resh vel Helios, un ritual de Clase D de la A∴A∴, es una de las prácticas fundamentales de la magia thelémica. Junto con el RMeP y RMeH, es probable que sea una de las prácticas básicas de higiene, devoción y sintonía de conciencia que utilices a diario a lo largo de tu vida. La ejecución diaria de *Liber Resh* tiene una serie de beneficios mágicos y psicológicos. Al identificarse con el sol en sus cuatro "estaciones" a lo largo del día, forjas un vínculo consciente con las energías representadas por el sol. Algunos afirman que esto se manifiesta como un efecto energético directo sobre el iniciado; otros sienten que el beneficio es principalmente simbólico y psicológico, es decir, nos beneficiamos de la alineación simbólica de nuestra conciencia con el ciclo eterno del sol y la atención plena de esta alineación a lo largo del día. Te animo a experimentar con el ritual y llegar a tus propias conclusiones. Además de los beneficios de la atención plena y la identificación mágica con el sol, obtienes una práctica regular en la asunción de formas divinas, fortaleciendo el llamado "aura" con múltiples instancias del Signo del Silencio (correspondiente a Harpócrates) y un oportunidad de construir una sensación general de conexión con la corriente thelémica.

Es común que los iniciados A∴A∴ comiencen a trabajar con esta práctica durante su fase de Probacionistas, y varios otros sistemas de entrenamiento thelémico asignan una u otra versión de la práctica a sus iniciados en las primeras etapas del trabajo. Si bien el texto básico del ritual, tal como lo escribió Crowley, ha sido publicado y discutido en muchos lugares, hay una serie de detalles de ejecución que se enseñan en A∴A∴ que parecen apropiados para presentarlos aquí.

Los estudiantes a menudo preguntan sobre la importancia del momento del ritual a lo largo del día. Como se señaló anteriormente, algunos maestros creen que cuanto más cerca esté de la hora exacta de la estación del sol, más efectivo será el ritual. Esto puede muy bien ser cierto, pero te animo a que no permitas que tus intentos de lograr el momento perfecto te distraigan de simplemente realizar el ritual. Si duermes después del amanecer, como muchos de nosotros hacemos a menudo, realiza la adoración del amanecer al levantarte. Si te vas a la cama antes de la medianoche, haz la adoración de medianoche antes de acostarte. Si pierdes el momento exacto de una adoración planificada, hazlo siempre que te des cuenta de que se te olvidó. Sin embargo, sugiero que te esfuerces por ser lo más exacto posible con tu tiempo. Consulta los muchos sitios web que proporcionan horas exactas para el amanecer, el mediodía, etc. en un día y lugar determinados, y no olvides tener en cuenta la compensación de una hora debido al horario de verano.

Otra pregunta común es la privacidad durante el ritual. ¿Qué haces si estás en tu cubículo en el trabajo y es hora de una adoración? ¿Y si estás en una reunión? Crowley claramente pretendía que el ritual se realizara en público o en privado, dependiendo de dónde te encuentres a la hora determinada. Mi postura sobre este tema es simple: es mejor hacerlo internamente, a través de la visualización y la recitación en silencio, o hacerlo más tarde de lo planeado, que saltártelo. Si estás en el trabajo y necesitas privacidad, discúlpate para ir al baño y haz la adoración en un cubículo, en silencio si es necesario. Si no puedes excusarte de tu escritorio u otro lugar de trabajo, realiza el ritual mental y silenciosamente, visualizándote en las posturas físicas y formas divinas adecuadas. Al menos, estas situaciones te brindan una práctica valiosa en el yoga del control mental y la oportunidad de sentirte más cómodo en el llamado cuerpo astral.

El ritual comienza mirando hacia el cuadrante apropiado: Este al amanecer, Sur al mediodía, Oeste al anochecer y Norte a la medianoche. Imagina que estás parado en el cruce de los caminos de *pei* y *sámej* en el Árbol de la Vida. Desde este punto de vista, tendrás las sefirás de Tiféret, Netsaj, Yesod y Hod rodeándote, en el este, sur, oeste y norte, respectivamente. Coloca tu cuerpo físico de acuerdo con los signos de grado A∴A∴ correspondientes. [Nota: si eres un iniciado de A∴A∴, también puedes simplemente dar el signo de tu grado en cada cuadrante]. Estos son:

Alba: Osiris Asesinado (un sustituto de todos los llamados "Signos de L.V.X." que corresponden al grado de Adeptus Minor de Tiféret.)

Mediodía: Thoum-aesh-neith (un signo de fuego correspondiente al grado Philosophus de Netsaj)

Anochecer: Shu (un signo de aire correspondiente al grado Zelator de Yesod)

Medianoche: Jepra (un signo de agua correspondiente al grado Practicus de Hod)

| Amanecer | Mediodía | Atardecer | Medianoche |

Los signos del *Liber Resh*

A continuación, visualízate en la forma divina adecuada. La técnica básica y las formas divinas que se utilizarán son las siguientes:

1. Para cada forma divina, cubre tu forma física con la de las formas visualizadas que se describen a continuación. (Imagina que, si miraras en un espejo, no verías tu cuerpo físico, sino sólo la forma divina).

2. RA (Amanecer): cuerpo masculino humanoide con atuendo egipcio. Cabeza de halcón. Disco solar rojo sobre la cabeza. Serpiente Ureo (cabeza de cobra) alzándose en la frente. Pie izquierdo colocado ligeramente hacia adelante. Brazo izquierdo extendido hacia adelante, con una varita de Fénix. Mano derecha ligeramente hacia adelante, con un anj dorado.

3.AHATHOOR (Mediodía): Cuerpo femenino humanoide con atuendo egipcio. Cabeza de vaca (o cabeza humana femenina con cuernos de vaca). Disco solar rojo sobre la cabeza. Pie izquierdo colocado ligeramente hacia adelante. Brazo izquierdo extendido hacia adelante, con una varita de Fénix. Mano derecha ligeramente hacia adelante, con un anj dorado.

4.TUM (Anochecer): Cuerpo humano masculino con atuendo egipcio. Barba egipcia estilizada. Nemes en la cabeza. Pie izquierdo colocado ligeramente hacia adelante. Brazo izquierdo extendido hacia adelante, con una varita de Fénix. Mano derecha ligeramente hacia adelante, con un anj dorado.

5. JEPRA (Medianoche): Cuerpo completo de escarabajo. Alas que se extienden hacia afuera y se curvan hacia arriba. Las patas delanteras se doblaron hacia arriba, llevando el disco del sol.

6.Mantén estas formas divinas sólo durante la primera adoración "elemental" del cuadrante. Es decir, abandona la visualización antes de pasar a la Adoración de la "Unidad".

Entonces, en este punto, estás de pie frente al cuadrante apropiado, con tu cuerpo físico en el signo de grado elegido y una "superposición" astral de la forma divina apropiada. Luego recitas la adoración particular que está sincronizada con la hora del día, como se indica en el texto del *Liber Resh* mismo, seguida por el Signo del Silencio (el dedo índice derecho toca los labios cerrados). Te sugiero que combines el Signo del Silencio con una visualización de la forma divina de Harpócrates, como se muestra en el Atu del Eón de la baraja de tarot de Thoth. Mientras realizas la adoración, intenta entrar de lleno en una comunión espiritual extática con las fuerzas representadas. Por ejemplo, al amanecer, puedes sentirte como un ser solar, levantándote del letargo para comenzar a iluminar conscientemente tu mundo a lo largo del día; y a medianoche, puedes identificarte con esa fuente solar secreta en tu interior, que siempre arde incluso cuando no es visible (como ocurre con el sol durante la noche). Al dar el Signo del Silencio, busca fortalecer y agudizar la visualización del aura energética alrededor del cuerpo físico. Como ocurre con todos estos signos mágicos, la práctica repetida de este signo, con esta intención particular, ayuda a convertirlo en un gesto verdaderamente eficaz y no meramente en una formalidad ritual.

A continuación, se te indica que "realice la adoración que le enseñó su Superior". La siguiente adoración es una forma tradicional utilizada en las etapas iniciales de A∴A∴. Se agrega material adicional en una etapa posterior.

Después de realizar la invocación solar y dar la Signo del Silencio, párate en la Señal de Osiris Resucitado o la Estrella Brillante (con los brazos cruzados sobre la parte superior del torso, derecha sobre izquierda, yemas de los dedos tocando las clavículas), recite lo siguiente del Capítulo III del *Libro de la Ley*.

> ¡Unidad mostrada por completo!
>   Adoro el poder de Tu aliento,
> Dios supremo y terrible,
>   quien hace a los dioses y la muerte
> temblar ante Ti—
>   ¡Yo, yo te adoro!
>
> ¡Aparece en el trono de Ra!
> ¡Abre los caminos del Khu!
> ¡Aligera los caminos del Ka!
>   ¡Los caminos del Khabs se mueven
> para agitarme o aquietarme!
>   ¡Aum! ¡Deja que me llene![10]
>
> La luz es mía; sus rayos me consumen:
>   he hecho una puerta secreta
> a la casa de Ra y Tum,
>   de Jepra y de Ahathoor.
> ¡Yo soy tu Tebano, oh Mentu,
>   el profeta Ankh-af-na-khonsu!
>
> Por Bes-na-Maut mi pecho golpeo;
> por el sabio Ta-Nech hilo mi hechizo.
> ¡Muestra tu esplendor de estrellas, O Nuit!
>   ¡Pídeme que more dentro de tu casa,
> oh, serpiente de luz alada, Hadit!
>   ¡Permanece conmigo, Ra-Hoor-Khuit!

---

[10] Esta línea de texto ha aparecido en varios lugares como 'deja que me llene' o 'deja que me mate'. Te animo a que utilices cualquiera de estas lecturas según tus preferencias personales.

Después de esto haz, de nuevo, el Signo del Silencio.

Hay algunas técnicas adicionales que pueden permitirte maximizar los beneficios mágicos de esta Adoración.

Primero, reconoce que al realizar esta Adoración estás rindiendo homenaje a esa unidad que está más allá de las cuatro manifestaciones separadas de la energía solar a las que se dio culto en las adoraciones preliminares de los cuadrantes. Junto con otras posibles interpretaciones, esto simboliza la unidad espiritual de cada iniciado (Tiféret) que se encuentra más allá de las aparentes divisiones elementales del ser psicoespiritual (Maljut-tierra, Yesod-aire, Hod-agua, Netsaj-fuego). Como está escrito en *El Libro de la Ley* (I: 51): "Hay cuatro puertas a un palacio ..."

Posteriormente, entona el "¡Aum!" en la última línea de la segunda estrofa de manera completa, lenta y contundente. Después de terminar la línea, respira profundamente, sintiendo la luz del centro de la coronilla fluyendo hacia el aura. Una vez hecho esto, probablemente encontrarás que tu recitación de la siguiente línea ("La luz es mía ...") reflejará una verdadera realidad mágica: un cambio real en la energía disponible que se produce en virtud de su ejecución consciente de estas líneas rituales.

Finalmente, mientras pronuncias las últimas líneas de la Adoración, visualízate como Ankh-af-na-khonsu dentro de la Estela de la Revelación, de la siguiente manera: Con la línea, "¡Muestra tu esplendor de estrellas, Oh Nuit!" mira el cuerpo de la diosa-estrella arqueado sobre ti; sus pies delante de ti y sus manos detrás. Con la línea: "¡Pídeme que more dentro de tu casa, oh serpiente de luz alada, Hadit!" ve el globo alado en el centro superior de la escena. Con la línea, "¡Permanece conmigo, Ra-Hoor-Khuit!" mira al Señor con cabeza de halcón sentado en el trono frente a ti. Al final de estas líneas, haz una pausa por un momento para permitir que la totalidad de la escena se fije en tu conciencia. Al colocarte en medio de estos poderosos arquetipos, fortaleces tu vínculo con la corriente thelémica misma.

Como se indica en el texto del liber, es posible que desees seguir la Adoración final con un período de meditación. Muchos estudiantes aprovechan esta oportunidad para realizar cualquier tarea de meditación en la que estén trabajando en ese momento. Sin embargo, no se requiere un estilo o enfoque particular de meditación.

8

MÉTODOS DE CONSTRUCCIÓN RITUAL

Este capítulo te dará una idea de los componentes básicos de un ritual bien construido, utilizando los comentarios de Crowley en *Magia en Teoría y Práctica*[11] como fuente principal. Después de leer este capítulo, deberías poder elegir una meta ritual y armar un ritual poderoso y bien diseñado para lograr tu objetivo. Naturalmente, como muchas de las cosas que se analizan en este libro, la práctica repetida aporta mayor fuerza, claridad, enfoque y eficacia a tu trabajo. Con suerte, estarás construyendo y ejecutando rituales por el resto de tu vida y mejorando en cada paso del camino.

Antes de hablar sobre los componentes y las etapas de un ritual efectivo, quiero revisar la teoría de la magia en sí y considerar la pregunta: ¿Por qué te molestarías en hacer un ritual? Es probable que conozcas la definición de magia de Crowley como "la ciencia y el arte de hacer que el cambio ocurra de conformidad con la voluntad". Considera también estas otras palabras del Liber Libræ:

1. Para obtener Poder Mágico, aprende a controlar el pensamiento; Admite sólo aquellas ideas que estén en

---

[11] Crowley, A. (1997). *Magick: Liber ABA*. Hymenaeus Beta (Ed.). York Beach, ME: Samuel Weiser, Inc.

armonía con el fin deseado, y no todas las Ideas extraviadas y contradictorias que se presenten.

2. El pensamiento fijo es un medio para lograr un fin. Por lo tanto, presta atención al poder del pensamiento silencioso y la meditación. El acto material no es más que la expresión externa de tu pensamiento, y por eso se ha dicho que "el pensamiento de locura es pecado". El pensamiento es el comienzo de la acción y si un pensamiento casual puede producir mucho efecto, ¿qué no puede hacer el pensamiento fijo?[12]

Entonces, con estas palabras en mente, consideremos primero el ritual como una técnica para *enfocar la atención*. Esta perspectiva explica parcialmente la importancia del entrenamiento de la mente a través del raja yoga que es tan prominente en el sistema de A∴A∴ y en otras partes del cuerpo de trabajo de Crowley. Cuando ritualizamos nuestra intención —enfocando nuestro pensamiento en palabra y nuestra palabra en acción— creamos una forma que se adapta a nuestro objetivo ritual. Es una ley de la naturaleza que la fuerza sigue a la forma. La fuerza solo se manifestará donde exista una forma adecuada para contenerla. Si construyes los componentes físicos de un circuito eléctrico (es decir, una red de cables conectados) y lo conectas a una fuente de energía, la energía fluye. Si la forma de los cables no es correcta, es decir, si no "invocas" la fuerza deseada, esa fuerza simplemente no se manifestará.

En consecuencia, debemos configurar nuestro ritual para que sea una forma que invite a cierta fuerza. La eficacia con la que podamos hacer esto dependerá de nuestra capacidad para enfocar nuestra atención e *intención*, a través de símbolos, acciones ritualizadas y todas las demás correspondencias y asociaciones que podamos tener con una idea en particular. Estos pueden tomar la forma de incienso, colores, implementos mágicos, sigilos y talismanes, etc. El uso inteligente y practicado de estas formas rituales creará cambios muy precisos en la conciencia que coinciden con nuestro objetivo ritual. A través del ritual, construimos un entorno psicológico para desarrollar estas asociaciones, y luego encontramos una manera de aprovechar la fuerza extática necesaria que puede cargar esa forma. Aquí nuevamente está esa unión de pensamiento, palabra y acción que completa la acción ritual.

---

[12] Crowley, A. (1992). Liber Librae. En I. Regardie (Ed.), *Gems from the Equinox*. Scottsdale, AZ: New Falcon Publications.

Hay diferentes tipos de rituales, por supuesto. Tenemos el ritual dramático, como los Ritos de Eleusis, donde el efecto energético del ritual se logra a través de la narrativa dramática y la encarnación de las energías particulares en los personajes y su interacción. También tenemos lo que yo llamaría 'ritual inconsciente' incrustado en nuestra cultura, donde nos involucramos colectivamente en comportamientos ritualizados que tienden a tener un efecto psicológico o energético. Esto incluye la construcción y participación de la mitología moderna plasmada en películas, música y otras formas culturales, así como nuestra celebración colectiva de diversas fiestas y sus costumbres asociadas.

Sin embargo, en lo que nos centraremos en este capítulo es en el enfoque ceremonial clásico del ritual. Este es un método bastante estructurado que Crowley habría aprendido en su primera asociación con la Orden Hermética de la Aurora Dorada, y que muchas órdenes mágicas han adoptado y elaborado desde finales del siglo XIX.

Consideraciones preliminares

El primer paso es echar un vistazo a la razón por la que estás haciendo el ritual. Explora los bloqueos conscientes o inconscientes para el éxito del ritual. Puede haber influencias basadas en el ego en la meta deseada, incluida la temida "codicia de resultado", que pueden interferir con la ejecución adecuada del ritual. Si eres ambivalente sobre el resultado de alguna manera, incluso inconscientemente, si hay alguna parte de ti que en realidad no *quiere* que el ritual tenga éxito, puedes encontrar que le quita poder al ritual. No importa cuán perfectamente lo ejecutes, si tu mente trabaja en tu contra y en contra de sí misma, será mucho menos probable que tengas éxito.

A continuación, toma medidas prácticas para lograr el objetivo. Si necesitas apagar un fuego, busca un extintor antes de invocar a los elementales de fuego en busca de ayuda. Si quieres un trabajo, presenta algunas solicitudes antes de realizar un ritual formal. Estos pasos prácticos se convierten en parte del ritual general, cuando se entienden de manera amplia. Una forma de entender este proceso es verlo en términos de los 'Cuatro Mundos' qabalísticos (ve el Capítulo 17 si no estás familiarizado con este modelo conceptual). Lo que estás haciendo aquí, en esencia, es dar forma a tus objetivos mágicos en el mundo de Yetzirá (pensamiento y palabra) a través de tu concepción del objetivo ritual, y luego vincular ese objetivo con el mundo de Assiá (hecho). Y ese hecho, como presentar las solicitudes de empleo, se convierte en un vínculo mágico concreto con el objetivo deseado.

Una vez que hayas decidido hacer el ritual, te recomiendo que hagas una breve ceremonia o meditación para purificar y consagrar tu objetivo. Puedes recordar que en *Liber CL*, Crowley define la pureza como un estado en el que "ningún elemento ajeno" se entromete: la cosa es "puramente" ella misma. Con la purificación de tu intención, simplemente estás eliminando cualquier acumulación indeseable del objetivo central y puro de la Voluntad. Una de las formas de hacerlo es a través del proceso de buscar contraimpulsos y ambivalencia sobre el resultado, como se discutió anteriormente. Otro enfoque sería realizar un ejercicio en el que visualices mentalmente el objetivo mágico como un objeto simbólico de tu propia invención, luego vea que el objeto se limpia y se purifica. La consagración del objetivo ritual simplemente implica darle un sentido de sacralidad. Realiza una meditación en la que vincules el objetivo del ritual con tu Verdadera Voluntad, viéndolo como una extensión de la voluntad de tu Santo Ángel Guardián y como un paso en su camino hacia la unión con el SAG.

Habiendo completado estos preliminares, ahora estás listo para construir el ritual formal. Elige el sefirá o camino en el Árbol de la Vida que mejor se adapte a tu objetivo ritual y busca las correspondencias de *777* u otras fuentes.[13] Estas pueden incluir inciensos, colores, sigilos, deidades asociadas con la meta, así como las jerarquías qabalísticas de los nombres divinos, arcángeles, ángeles y los "Palacios de Assiá", correspondientes a los Cuatro Mundos, o cualquier otra correspondencia que estés inspirado a incorporar.

Después, considera el momento del ritual. Digamos que has decidido que Marte es un planeta apropiado para la intención ritual. Consulta tus referencias astronómicas (o elabora una carta astrológica sideral) y elige un día y una hora en los que Marte se ubique de manera prominente en los cielos. Por ejemplo, puedes elegir un momento en el que Marte esté en el horizonte; o simplemente puedes elegir un martes, el día de la semana atribuido a Marte. También puedes basar el momento preciso del ritual en las mareas tradicionales Tattva (ver más abajo), que son ciclos de cinco períodos de veinticuatro minutos que comienzan al amanecer y corresponden a los cuatro elementos y el espíritu. Nuestro ritual de Marte puede ser adecuado para el Tattva del fuego. Algunas personas optan por utilizar las tradicionales "horas mágicas" en las que determinados momentos del día corresponden a determinados planetas, objetivos mágicos, etc. pero he encontrado poco uso para estas en mi propio trabajo mágico.

---

[13] Crowley, A. (1986). *777*. York Beach, ME: Red Wheel/Weiser.

Akasha	Espíritu
Vayu	Aire
Tejas	Fuego
Apas	Agua
Prithivi	Tierra

Los Tattvas

Repasemos la estructura general de un ritual eficaz y los componentes básicos que lo hacen funcionar. Como dije anteriormente, *Magia en Teoría y Práctica* es nuestra fuente principal de material, pero he complementado las ideas de Crowley con conclusiones extraídas de mi propia experiencia haciendo rituales, así como la de los estudiantes que he supervisado.

Destierro, Purificación y Consagración

Primero, tenemos el destierro, la purificación y la consagración del espacio y de la conciencia del mago. Algunas de las opciones para desterrar son bastante obvias, como los clásicos rituales menores del pentagrama y hexagrama, el Rubí Estrella y similares. Alternativamente, puedes desterrar 'por decreto', donde simplemente declaras que el templo está apropiadamente desterrado. También hay formas tradicionales de destierro, como hacer ruido con las espadas, golpear gongs, círculos en levógiro, etc. La purificación y consagración discutidas aquí son levemente diferentes de lo que describí anteriormente; aquí ritualizamos estos pasos con una purificación del espacio con agua y una consagración del espacio con fuego (típicamente incienso). Sin embargo, la teoría subyacente es la misma: limpiamos el espacio de todas las influencias externas y luego lo imbuimos de sacralidad.

Invocación general

Luego viene la Invocación General. Comparo esto con conectar un televisor en la toma de corriente y encendiéndolo. Más adelante, te ocuparás de sintonizar una estación en particular, pero por ahora simplemente deseas asegurarte de que esté encendida. En consecuencia, la invocación general debe ser poderosa, pero no específica. Algunos ejemplos serían la invocación preliminar de la Goecia, también vista en una forma diferente en *Liber Sámej*, la primera llamada enoquiana, algún tipo de variación del pilar medio, la invocación de Nuit de la Misa Gnóstica y así sucesivamente. Cualquier cosa que haga fluir el poder *para ti* es un buen candidato.

El juramento o proclamación

Después de la Invocación General, haz el Juramento o Proclamación; es decir, declara el propósito del rito. Has formulado la intención del ritual (pensamiento), y ahora formulas conscientemente esta intención a través de la palabra. Es un microcosmos de la idea del Logos y el efecto del Logos en el mundo; la palabra que encarna la fuerza de voluntad primordial y la lleva al mundo. El Juramento o Proclamación podría ser tan simple como una oración o dos, como, "Soy Frater o Soror fulano de tal, y es mi voluntad crear un talismán de Marte para que pueda obtener poder mágico para ejecutar mi Verdadera voluntad". No es necesario ser demasiado prolijo ni insistir en el tema.

Invocación específica

Después de esto, pasamos a la Invocación Específica. Aquí es donde sintonizamos esa televisión al canal particular que queremos ver y, por supuesto, este será el "canal" que corresponda al objetivo de nuestro ritual y las correspondencias simbólicas que hemos elegido. Un excelente ejemplo de una invocación específica en forma poética es *Liber Israfel*, que está diseñado para ser una invocación de Tahuti.[14] Otras opciones para una invocación específica serían los rituales Mayores del Pentagrama o Hexagrama del elemento, planeta en particular o región zodiacal que desea invocar (ve los Capítulos 5 y 6 para más detalles).

Atrayendo la fuerza mágica

Ahora que has activado el poder primario con la Invocación General, declarado el objetivo del rito con el Juramento o Proclamación y realizado las Invocaciones Específicas necesarias, debes encontrar una manera de hacer que la fuerza se manifieste. Como se señaló anteriormente, este proceso refleja la doctrina de los Cuatro Mundos qabalísticos: estás intentando hacer descender una energía inefable a través de niveles de forma cada vez más concretos, para que pueda traer

---

[14] Crowley, A. (1992). Liber Israfel. En I. Regardie (Ed.), *Gems from the Equinox*. Scottsdale, AZ: New Falcon Publications.

66

resultados tangibles en tu vida externa e interna. Hay algunos trucos ingeniosos para hacer esto, como usar las cuatro escalas de colores para las visualizaciones a medida que baja la fuerza o "personificar" interacciones entre los niveles de la jerarquía. Por ejemplo, si estás utilizando una determinada jerarquía qabalística de nombres divinos, arcángeles, ángeles, etc., puedes implorar a cada "entidad" que envíe a la siguiente y utilizar las transiciones de color para acentuar cada nivel sucesivo.

En cada etapa, intenta identificarte lo más completamente posible con la naturaleza de la entidad a la que te diriges. Para cuando hayas terminado, habrás completado todos los eslabones de la cadena y traído la jerarquía a un nivel manifiesto. Este es un aspecto de la construcción ritual en el que puedes dar rienda suelta a tu creatividad y divertirte. Por ejemplo, estaba enseñando una clase de diseño ritual hace unos años y nuestro objetivo era consagrar un talismán de Júpiter/Jesed. Varios de nosotros habíamos construido un ritual con varias invocaciones específicas de Júpiter, incluido el ritual Mayor del Hexagrama correspondiente, pero no nos detuvimos allí. El clímax del ritual, y el método final para atraer la fuerza, fue dibujar un gran árbol de la vida en el suelo, y luego hacer que todos los participantes del ritual caminaran por el camino del "Rayo Luminoso" en el árbol mientras cantábamos la jerarquía de nombres divinos, arcángeles y coro angelical. Hicimos varios pases por el Árbol, concluyendo finalmente en el Oeste, donde el talismán descansaba sobre un altar que simbolizaba la manifestación en Maljut. Atraímos la energía y luego todos proyectamos simultáneamente la fuerza sobre el talismán usando el Signo del Entrante, sellándolo con el nombre de Jesed según los "Palacios de Assiá", completando el vínculo mágico. Por lo tanto, las acciones ritualizadas encarnaban físicamente el descenso de la fuerza mágica (al final de este capítulo se da un resumen de este ritual).

La finalización del vínculo mágico

La siguiente fase del ritual, y muy importante además, es encontrar una manera de *fijar* la fuerza invocada, para asegurar su acción efectiva en el plano deseado. Una de las formas más comunes de hacer esto es consagrar un talismán (como en el ejemplo anterior) o consagrar una eucaristía de algún tipo. Las opciones comunes para una eucaristía pueden ser algún tipo de alimento correspondiente a la fuerza invocada, un pastel de luz y una copa de vino y cualquier número de opciones alternas (ver el Capítulo 4 para obtener más detalles). En el caso de un talismán, entonces puedes llevar ese talismán contigo como encarnación de la fuerza; con una eucaristía, fijas la fuerza en la sustancia física y luego la consumes, llevando la fuerza directamente a su cuerpo. "... [E]n tanto que la carne y la bebida se transmutan en nosotros en sustancia espiritual todos los días, creo en el Milagro de la Misa."[15]

Una vez que hayas cargado el vínculo mágico, debes tener mucho cuidado de protegerlo para que retenga su carga. En el caso de una eucaristía, esto significa que permanezcas muy consciente de la meta mágica y que estés tomando la fuerza en ti a medida que la consumes. En el caso de un talismán, la tradición es envolverlo en seda tan pronto como se haya cargado y antes de que la fuerza invocada haya sido desterrada del templo. De lo contrario, corres el riesgo de desterrar la carga del talismán que has creado con tanto esmero.

Cierre y licencia para partir

Antes de cerrar el templo, debes desterrar cualquier fuerza específica invocada. Generalmente, esta sería la forma complementaria de destierro de cualquier ritual de pentagrama o hexagrama que se hiciera, pero un destierro por decreto es otra opción. Alguna versión de la clásica "licencia para partir" funciona bien aquí, por ejemplo, "En el nombre de Heru-Ra-Ha, ahora dejo en libertad a los espíritus que puedan haber sido aprisionados por esta ceremonia. Partan en paz a sus moradas y habitaciones, no hagan daño a nadie en su marcha, que haya paz entre nosotros y estén preparados para venir cuando les llame". Una vez que el templo haya sido cerrado ceremonialmente, y preferiblemente antes de hacer cualquier otra cosa, incluso antes de salir de la habitación, escribe los resultados del ritual en tu diario mágico.

Sé que este capítulo ha sido una especie de recorrido relámpago, pero creo que encontrarás que el material aquí es un marco útil que puedes expandir infinitamente a medida que aumenta tu experiencia. La experimentación continua te enseñará qué opciones y enfoques funcionan mejor para ti y en el proceso te habrás convertido en un mago mucho más poderoso.

A continuación, se presentan varios ejemplos de rituales sencillos que ejemplifican la estructura descrita en este capítulo. He optado por incluir tres rituales bastante similares —todos ellos consagraciones de talismán— para que sea más fácil ver cómo la estructura básica puede adaptarse a varios objetivos rituales, por ejemplo, utilizando diferentes

---

[15] *Liber XV, La Misa Gnóstica.*

correspondencias y jerarquías divinas y angélicas. Observa cómo se pueden intercambiar los diversos componentes del marco ritual general (usando invocaciones poéticas versus rituales específicos de pentagramas o hexagramas, etc.) y cómo fórmulas idénticas, como las invocaciones sefiróticas diez veces, se pueden usar de diferentes maneras.

Todos los nombres divinos en mayúscula, etc., se vibran, no simplemente se dicen (consulta los recursos audiovisuales para ver ejemplos de la vibración de los nombres divinos).

Rituales de muestra

Un ritual de Jesed

El templo está vacío a excepción de un altar cúbico doble negro en el Este (Kéter-de-Jesed), envuelto en tela azul. Los caminos y sefirás de la Espada Flamígera, descendiendo desde el altar, están marcados con cinta en el piso. Las luces son tenues. Los tambores de mano se colocan dondequiera que se sienten los bateristas. En el extremo oeste (Maljut-de-Jesed) hay un altar más pequeño en el que se colocan elementos individuales para la consagración y una tela de seda negra lo suficientemente grande como para cubrir toda la superficie superior del altar. Las sillas para los asistentes se alinean en las paredes norte y sur.

El Altar en el Oriente: Copa de agua, incensario, incienso y carbón, una vela blanca encendida; talismán con sigilos creado a partir del Kamea de Júpiter; *El Libro de la Ley*.

Incienso: Cedro u otra madera resinosa

Los oficiantes y **asistentes** van vestidos con túnicas blancas con fajas azules o adornos de colores similares; o, una base de ropa de calle negra o blanca con azul como color adicional principal; o se puede usar la túnica violeta de un Adeptus Exemptus, como corresponde a Jesed. De lo contrario, ropa sencilla de color negro o blanco es aceptable.

Los oficiantes están sentados en un círculo de sillas que rodean el altar. Otros asistentes se sientan fuera de este círculo, según sea conveniente.

Preliminares

Magus: Dirige a los asistentes en Respiración Rítmica durante aproximadamente 5 minutos, para que se relajen y se centren.

Destierros, Purificación y Consagración

Oficiante 2: Realiza el Ritual Menor de Destierro del Pentagrama. Regresa a la silla y se sienta.

Oficiante 3: Realiza el Ritual de Destierro Menor del Hexagrama. Regresa a la silla y se sienta.

Oficiante 4: Muévete al altar, toma la copa y, girando en tu lugar, rocía agua hacia el este, sur, oeste y norte en secuencia. Con cada rociado, visualiza una ola de agua purificadora esparciéndose por el cuadrante. Termina diciendo: **"El templo está purificado"**. Vuelve a colocar la copa en el altar, vuelve a la silla y siéntate.

Oficiante 5: Muévete al altar, toma el incensario y, girando en tu lugar, esparce incienso al este, sur, oeste y norte en secuencia. Al esparcir incienso en cada dirección, visualiza una pared de fuego consagrado extendiéndose hacia el cuadrante. Termina diciendo: **"El templo está consagrado"**. Vuelve a colocar el incensario en el altar, regresa a la silla y siéntate.

Invocación general

TODOS permanecen sentados.

Magus: Muévete al altar. Realiza la porción del Himno del Sacerdote del Liber XV, comenzando con **"Tú que eres yo, más allá de quien soy..."** y concluyendo con **"... a tu Hijo"**.

Declaración de propósito

Magus: (Todavía en el altar). Di: **"En el nombre de HERU-RA-HA, Señor del Universo, declaro que es nuestro propósito invocar los poderes y seres de Jesed, para que todos los presentes puedan encontrar prosperidad y facilidad de las circunstancias, para el desempeño de su Gran Obra! "**

"¡El templo está debidamente abierto!" Llamar al altar: **** (4)

TODOS: "¡Que así sea!"

Magus: Regresa a la silla y siéntate.

Invocaciones específicas y aterrizar la fuerza mágica

TODOS: Todos se ponen de pie, se mueven para formar una línea que comienza cerca del altar, con **Magus** al frente, y comienzan a cantar como se les enseñó: **EL, TZADKIEL, JASMALIM**, repetidamente. (Los **tambores** se tocan al ritmo del canto).

La línea se mueve por el camino de la Espada Flamígera hasta Maljut, y luego gira hacia la derecha hasta el punto Kéter. Esto a veces puede convertirse en una danza suave, según se desee.

Cuando **Magus** llega al punto Kéter, el movimiento y el canto se detienen, y se invocan los poderes de Kéter-de-Jesed:

Magus: (eleva el talismán) **"¡Que la Fuente Única brille intensamente dentro de este talismán!"**

Repite el canto y el movimiento descendiente mediante la Espada Flamígera, dando vueltas hacia Kéter. **TODOS** formulan la intención de cargar el talismán, que permanece elevado, con la energía Kéter. Esta vez, **Magus** se detiene en Jojmá para la siguiente invocación:

Magus: "¡Que la Voluntad Universal sea la fuerza de este talismán!"

El patrón se repite para cada uno de las sefirás restantes. Las invocaciones son las siguientes:

Biná: **"¡Que la Gran Madre guarde en su vientre este talismán con una Forma perfecta!"**
Jesed: **"¡Que este talismán disfrute de la generosidad de la Gobernación Recta!"**

Guevurá: "¡Que este talismán logre su objetivo con Fuerza!"

Tiféret: "¡Que la Belleza florezca en la vida de todos los que miran este talismán!"

Netsaj: "¡Que este talismán encuentre la victoria en su Objetivo Deseado!"

Hod: "¡Que este talismán sea un receptáculo perfecto de su Forma Superior!"

Yesod: "¡Que este talismán se sostenga sobre la estable Base de su Propósito"

Maljut: "¡Que toda su Fuerza encuentre la Forma perfecta, conforme este talismán manifiesta su Reino!"

La finalización del vínculo mágico
(Cargar el Talismán y otros artículos)

Después de la invocación de Maljut, comienza el canto, pero en lugar de regresar al Este, los participantes se abren en abanico para tener una vista clara del altar de Maljut. A la señal de **Magus**, **TODOS** se vuelven hacia el altar de Maljut y dan el Signo del Entrante hacia el altar, sintiendo la energía acumulada fluyendo desde las yemas de los dedos y cargando el talismán y otros artículos, mientras vibran juntos: **TZEDEQ**. Retírense en el Signo del Silencio, con el índice derecho a los labios. Permanezcan de pie en su lugar.

Magus: Tomando las manos sobre el talismán y otros artículos, realiza el sellado final con los nombres apropiados. Da golpes *** ***** *** (3-5-3) El talismán y otros artículos están cubiertos con la tela negra.

TODOS: Siéntense pacíficamente y en silencio en la atmósfera invocada. **Todos pasan de 5 a 10 minutos escrutando la atmósfera astral del Templo,** utilizando cualquier técnica que elijan (cualquiera de estas técnicas debe realizarse en silencio y sin ningún movimiento que pueda distraer a otros asistentes). **Magus** hace una señal en voz baja para poner fin al escrutinio, cuando sea apropiado.

Destierro de energías invocadas específicas

TODOS giran en sentido contrario a las agujas del reloj alrededor del templo, tres veces, mientras cantan **HERU-RA-HA**, con la intención de desterrar las energías invocadas de Jesed que se mantienen firmemente en mente. Los **tambores** se tocan al ritmo del canto.

Licencia para partir

Magus: En el Nombre de HERU-RA-HA, ahora libero a los espíritus encarcelados por esta ceremonia. Partan en paz a sus moradas y habitaciones. Que haya paz entre nosotros y estén preparados para venir cuando se les llame. Que las bendiciones de EL sean con ustedes. Golpe * (1)

Un ritual de Kéter

El templo está vacío a excepción de un altar blanco de dos cubos en el Este (Kéter). Las sillas para los asistentes se alinean en las paredes norte y sur. Las luces del templo tienen aproximadamente la mitad de intensidad.

El Altar: Copa de agua, incensario, incienso y carbón, una vela blanca encendida; *El libro de la ley*

Incienso: Ámbar gris o Jerusalén (mitad incienso, mitad mirra)

Los oficiantes y **asistentes** están vestidos con túnicas blancas; o ropa de calle blanca; o cualquier ropa acentuada con una banda blanca u otro color. Cada asistente sostiene su talismán elegido. Los oficiantes están sentados en una fila de sillas al oeste del altar. Otros asistentes se sientan a los lados del templo, según sea conveniente.

Preliminares

Magus: Dirige a los asistentes en la relajación durante aproximadamente 3-5 minutos.

Destierros, Purificación y Consagración

Oficiante 1: Realiza el Rubí Estrella. Regresa a la silla y se sienta.

Oficiante 2: Realiza el Ritual Menor de Destierro del Hexagrama. Regresa a la silla y se sienta.

Oficiante 3: Muévete al altar, toma la copa y, girando en su lugar, rocía agua hacia el este, sur, oeste y norte en secuencia. Con cada rociado, visualiza una ola de agua purificadora que se extiende al cuadrante. Termina diciendo: **"El templo está purificado"**. Vuelve a colocar la copa en el altar, vuelve a la silla y siéntate.

Oficiante 4: Muévete al altar, toma el incensario y, girando en tu lugar, esparce incienso hacia el Este, Sur, Oeste, Norte en secuencia. Al esparcir incienso en cada dirección, visualice una pared de fuego consagrado extendiéndose hacia el cuadrante. Termina diciendo: **"El templo está consagrado"**. Vuelve a colocar el incensario en el altar, regresa a la silla y siéntate.

Invocación general

TODOS permanecen sentados. Guiados por **Magus, TODOS** realizan 3-5 minutos de la respiración cuádruple, con la intención de aumentar su propio nivel de fuerza mágica accesible.

TODOS LEVÁNTENSE y reciten juntos esta versión modificada de la Invocación Preliminar del Liber Sámej:

> **A ti te invoco, el No Nato.**
> **Tú, que creaste la Tierra y los Cielos.**
> **Tú, que creaste la Noche y el Día.**
> **Tú, que creaste la oscuridad y la Luz.**
> **Tú eres ASAR UN-NEFER: A quien ningún hombre ha visto jamás.**
> **Eres IA-BESZ.**
> **Tú eres IA-APOPHRASZ.**
> **Has distinguido entre lo justo y lo injusto.**
> **Tú hiciste a la Mujer y al Hombre.**
> **Tú produjiste las Semillas y el Fruto.**
> **Formaste a los Hombres para que se amen y se odien unos a otros.**
> **Soy [lema mágico o nombre civil] tu Profeta, a Quien confiaste Tus Misterios, las Ceremonias de THELEMA.**
> **Tú produjiste lo húmedo y lo seco, y lo que nutre a todo lo creado Vida.**

Escúchame, porque soy el Ángel de HERU-RA-HA: este es Tu Nombre Verdadero, transmitido a los Profetas de THELEMA.

Los **OFICIANTES** permanecen de pie. **OTROS ASISTENTES** pueden sentarse o pararse cuando quieran.

Declaración de propósito

Magus se mueve para pararse frente al altar, mirando hacia el este, y dice: **"En el nombre de HERU-RA-HA, Señor del Universo, declaro que es nuestro propósito invocar los poderes y espíritus de Kéter para que todos los presentes puedan beneficiarse de un influjo de la Luz Divina Más Alta, para la realización de su propia Gran Obra! "**

"¡El templo está debidamente abierto!" Golpea en el altar: *

TODOS: "¡Que así sea!"

Magus: Vuelve a la silla y mira hacia el este.

Invocaciones específicas y aterrizar la fuerza mágica

TODOS sostienen sus talismanes acunados entre sus manos, al nivel del corazón. **TODOS** visualizan el área correspondiente de sus cuerpos siendo infundidos con luz y fuerza, ya que cada sefirá es nombrada e invocada por **Magus,** de la siguiente manera:

Kéter (centrado sobre la corona de la cabeza): **"¡Que la Fuente Única brille intensamente dentro de este talismán!"**
Jojmá (hemisferio izquierdo del cerebro): **"¡Que la Voluntad Universal sea la Fuerza de este talismán!"**
Biná (hemisferio derecho del cerebro): **"¡Que la Gran Madre guarde en su vientre este talismán con una Forma perfecta!"**
Jesed (hombro izquierdo): **"¡Que este talismán disfrute de la generosidad de la Gobernación Recta!"**
Guevurá (hombro derecho): **"¡Que este talismán logre su objetivo con Fuerza!"**
Tiféret (Corazón): **"¡Que la Belleza florezca en la vida de todos los que miran este talismán!"**

Netsaj (parte inferior izquierda del torso): **"¡Que este talismán encuentre la victoria en su objetivo designado!"**

Hod (parte inferior derecha del torso): **"¡Que este talismán sea un receptáculo perfecto de su Forma Superior!"**

Yesod (Genitales): **"¡Que este talismán se sostenga sobre la base estable de su Propósito!"**

Maljut (centrado entre los pies): **"¡Que toda su Fuerza encuentre la Forma perfecta, conforme este talismán manifiesta su Reino!"**

La finalización del vínculo mágico y la carga del talismán

TODOS, todavía sosteniendo talismanes acunados en sus manos, visualicen toda su aura infundida con los colores de los Cuatro Mundos, mientras vibran juntos los nombres divinos y angelicales apropiados, como se indica a continuación. **El proceso debe llegar a un clímax completo con la vibración del Nombre en Assiá, ya que cada asistente siente que la fuerza se encierra finalmente en su talismán.**

Atziluth (Brillantez): **"EHEIEH"**
Briá (Brillantez Blanca): **"METATRON"**
Yetzirá (Brillante Blanca): **"SERAFIM"**
Assiá (Blanco, moteado de oro): **"RASHITH HA-GILGALIM"**

Magus: Realiza el sellado final con una repetición final de los nombres. Golpea *** ***** *** (3-5-3).

TODOS: Siéntense pacíficamente y en silencio en la atmósfera invocada durante aproximadamente 5 minutos, sintiéndose ustedes mismos y sus talismanes infundidos por la esencia de Kéter.

Licencia para partir y cierre

TODOS mantienen sosteniendo su talismán con fuerza, para aislarlo del destierro que está a punto de ocurrir.

Magus: "En el Nombre de HERU-RA-HA, ahora libero a los espíritus encarcelados por esta ceremonia. Partan en paz a sus moradas y habitaciones. Que haya paz entre nosotros y estén preparados para venir cuando se les llame. Que las bendiciones de EHEIEH sean con ustedes. (Pausa.)

Prescindiendo de toda ceremonia adicional, declaro cerrado este templo ".

Golpe * (1)

Un ritual de Tiféret

El templo está vacío, excepto por un altar cúbico doble negro en el centro, cubierto con tela de color amarillo / dorado. Las luces están tenues o apagadas. Si lo desean, pueden tocar música suave de naturaleza gentil pero empoderadora. Los tambores de mano se colocan donde se sentará el baterista.

El Altar: Copa de agua, incensario y carbón, una vela blanca o amarilla encendida, Tabla de la Unión, vino (suficiente para que todos los presentes tengan una pequeña cantidad; esto se puede colocar en un soporte junto al altar).

Incienso: Olíbano

Los oficiantes y **asistentes** están vestidos con túnicas blancas con fajas amarillas / doradas o cargas de colores similares. Alternativamente, una base de ropa de calle blanca con amarillo/dorado como color adicional principal.

Los oficiantes están sentados en un círculo de sillas que rodean el altar. Otros asistentes se sientan fuera de este círculo, según sea conveniente.

Preliminares

Magus: Dirige a los asistentes en Respiración Rítmica durante aproximadamente 5 minutos, para que se relajen y se centren.

Destierros, Purificación y Consagración

Oficiante 1: Realiza el Ritual de Destierro Menor del Pentagrama. Regresa a la silla y se sienta.

Oficiante 2: Realiza el Ritual Menor de Destierro del Hexagrama. Regresa a la silla y se sienta.

Oficiante 3: Muévete al altar, toma la copa y, girando en su lugar, rocía agua hacia el este, sur, oeste y norte en secuencia. Con cada rociado, visualiza una ola de agua purificadora esparciéndose por el cuadrante. Termina diciendo: **"El templo está purificado"**. Vuelve a colocar la copa en el altar, vuelve a la silla y siéntate.

Oficiante 4: Muévete al altar, toma el incensario y gira en su lugar, censa hacia el este, sur, oeste, norte en secuencia. Al esparcir incienso en cada dirección, visualice una pared de fuego consagrado extendiéndose hacia el cuadrante. Termina diciendo: **"El templo está consagrado"**. Vuelve a colocar el incensario en el altar, regresa a la silla y siéntate.

Invocación general

TODOS permanecen sentados.

Magus: Muévete al altar. Realiza la Primera Llamada Enoquiana.

Declaración de propósito

Magus: "¡En el nombre de HERU-RA-HA, Señor del Universo, declaro que nuestro propósito es invocar los poderes de Tiféret, para que todos los presentes puedan ser fortalecidos y empoderados para crecer de acuerdo con su Verdadera Voluntad! 'Pues la voluntad pura, no mitigada con propósito, liberada de la codicia de resultado, es en toda forma perfecta.'"

"¡El templo está debidamente abierto!" Golpea sobre el altar: *** *** (3-3)

TODOS: "¡Que así sea!"

Magus: Regresa a la silla y siéntate.

Invocación específica

Oficiante 5: Realiza el Ritual de Invocación Mayor del Hexagrama del Sol (IAO — Rafael — Melekim — Shemesh). Se dibuja un quinto hexagrama en la dirección de la ubicación del sol en los cielos en el momento del ritual. (Los hexagramas están dibujados con luz violeta sobre un campo amarillo.) Regresa a la silla y permanece de pie.

Atrayendo la fuerza mágica

TODOS: Todos se ponen de pie, se mueven para formar un círculo fuera de las sillas y comienzan a rodear el altar en el sentido de las agujas del reloj. (**Los tambores** se tocan al ritmo del canto). Tómense de las manos, la palma derecha hacia abajo y la izquierda hacia arriba. Hagan un círculo en dextrógiro mientras canta cada uno de los nombres a continuación en secuencia. Simultáneamente, **todos** visualizan/sienten las energías cada vez más intensas de Tiféret llenando el círculo. **Todos** hacen una pausa entre los nombres siguiendo al **Magus.** (Ten en cuenta que IAO es un acrónimo de IHVH Eloah v'Da'ath (tudw hwla Hwhy), y puede usarse como el nombre divino de Tiféret, como se hace aquí).

(para Atziluth): **IAO**
(para Briá):   **RAFAEL**
(para Yetzirá): **MELEKIM**
(for Assiá): **SHEMESH**

La finalización del vínculo mágico y la carga de la Eucaristía

TODOS: En el clímax del canto de "SHEMESH", y en la señal de **Magus,** todos dejan de moverse, giran hacia adentro para mirar hacia el altar (y específicamente el vino), y todos dan la Signo del Entrante hacia el vino, sintiendo la elevación. energía que fluye de las yemas de los dedos y carga el talismán. Retírense en Signo del Silencio, con el índice derecho a los labios. Permanezcan de pie en su lugar.

Magus: Sosteniendo las manos sobre el vino, realiza la carga final de la eucaristía con los nombres apropiados. Golpea *** ***** *** (3-5-3)

TODOS: Uno por uno, pasen al altar, tomen una copa de vino, digan **"¡Hágase mi Verdadera Voluntad!"** y consuman la eucaristía. Cuando cada asistente termina, regresa a su silla y se sienta.

TODOS: Siéntense pacíficamente y en silencio en la atmósfera invocada. **Todos pasan de 5 a 10 minutos escrutando la atmósfera astral del templo,** utilizando cualquier técnica que elijan (cualquiera de estas técnicas debe realizarse en silencio y sin ningún movimiento que pueda distraer a otros asistentes). **Magus** hace una señal en voz baja para poner fin al escrutinio, cuando sea apropiado.

Destierro de energías invocadas específicas

Oficiante 5: Realiza un Ritual Mayor de Destierro del Hexagrama del Sol. Regresa a la silla y se sienta.

Licencia para partir

Magus: "En el Nombre de HERU-RA-HA, ahora libero a los espíritus encarcelados por esta ceremonia. Partan en paz a sus moradas y habitaciones. Que haya paz entre nosotros y estén preparados para venir cuando se les llame. Que las bendiciones de IAO sean con ustedes."

Golpe * (1)

9

ASANA Y PRANAYAMA

Asana y *pranayama* son dos prácticas de raja ("real") *yoga* que están profundamente arraigadas en el sistema de entrenamiento de la A∴A∴ y, por supuesto, en otras tradiciones alrededor del mundo. Asana es postura y pranayama es control de la respiración. Cuando decimos control de la respiración en este contexto, hay un entendimiento implícito de que también estamos hablando de control de la energía sutil que reside en la respiración y en el cuerpo. Como veremos, trabajar con la respiración a través del pranayama es un método potente para obtener la kundalini, una parte integral de nuestro progreso hacia C & C del SAG. Te voy a dar algunos consejos útiles, pero tanto para asana como para pranayama realmente no hay sustituto para la supervisión en persona.

Dentro de A∴A∴, el aspirante probablemente estará experimentando tanto con asana como con pranayama en el grado de Probacionista. Sin embargo, no hay pruebas formales sobre estos hasta un poco más tarde, en el grado de Zelator. Para la prueba de asana, debes poder sentarte completamente quieto en la postura elegida durante una hora completa. Para el pranayama, debe alcanzar la segunda de las cuatro etapas descritas en el *Shiva Samhita*, que se llama "temblor del cuerpo" o, como Crowley a veces lo denomina, "rigidez automática". Esto después da lugar a un "temblor espasmódico". Hay dos referencias centrales en el corpus thelémico que querrás usar para ambas prácticas, *Liber E* y *Liber RV vel Spiritus*. También encontrarás una gran cantidad de información adicional en *Ocho conferencias sobre yoga.*[16]

Asana

Dentro del sistema de A∴A∴, el propósito de asana no es requerir que el aspirante domine docenas de formas de pretzel. Más bien, el objetivo es encontrar una postura que le permita sentarse quieto el tiempo suficiente para ignorar su cuerpo. Hasta que no puedas ignorar tu cuerpo, tu mente no se aquietará; y hasta que tu mente no se aquiete, no podrás dominar las prácticas de meditación más avanzadas que se requieren para avanzar a grados posteriores.

Es una muy buena idea experimentar con las diferentes posturas dadas en *Liber E* y en otros lugares. Pasa un tiempo considerable con ellas. Ten en cuenta las diferencias en tus resultados según la postura que elijas. Definitivamente vas a encontrar algunas posturas que se adapten más naturalmente a tu cuerpo y, en contraste con lo que aconsejan algunas personas, realmente no creo que necesites elegir deliberadamente una que sea difícil. ¿Por qué frustrarte desde el principio? Puedes comenzar con posturas que sean inherentemente más fáciles para ti.

Independientemente de la postura que elijas, tendrás que superar un poco de incomodidad y pasar un buen rato practicando antes de comenzar a obtener resultados. Es mucho más probable que esto ocurra después de que hayas extendido tus sesiones de práctica más allá de la marca de media hora, y con bastante regularidad —cinco o seis sesiones de práctica por semana al menos. Hasta que llegues a ese punto, no vas a sentir que el asana "encaje". Lo sabrás cuando lo sientas.

De nuevo, el punto principal es poder olvidarse del cuerpo para que no llame tu atención. La incomodidad es inevitable, pero debes detenerte si experimentas un dolor extremo, especialmente si una postura en particular involucra un área de lesión o debilidad existente. En tal caso, puede que esa no sea la mejor postura para ti. Si tienes rodillas o tobillos débiles, por ejemplo, es probable que la postura del Dragón no sea tu mejor opción.

Si eliges la postura de Dios, un consejo es asegurarte de que la altura de la silla te permita tener las piernas más o menos en ángulo recto para que la parte superior de las piernas quede paralela al piso. Esto te

---

[16] Crowley, A. (1991). *Eight Lectures on Yoga*. Phoenix, AZ: New Falcon Publications.

ayudará de varias maneras: reducirá el temblor en las piernas y también es menos probable que corte la circulación justo detrás de las rodillas.

Por supuesto, uno de los principios subyacentes detrás de hacer una práctica de asana no es solo la quietud del cuerpo, sino forjar la autodisciplina necesaria para las prácticas posteriores, incluido simplemente sentarse y comprometerse a hacerlo durante un cierto período de tiempo y manteniendo una práctica diaria regular. El consejo general de Crowley sobre la vigilancia de la meditación se aplica aquí: es mucho mejor decidir que vas a meditar durante 20 minutos y pasar esos 20 minutos en una horrible meditación distraída que tener 19 minutos de gran meditación y luego detenerte un minuto antes.

Así que sigue adelante. Practica con regularidad. No te frustres si te toma bastante aumentar el tiempo que pasas en la postura. Eventualmente, llegarás a ese lugar donde encaja, y eso será un verdadero hito en tu progreso. Después de atravesar esa barrera en particular, tiende a volverse mucho más fácil.

Pranayama

Aquí hay dos instrucciones básicas, como se mencionó anteriormente. *Liber E* son instrucciones básica en pranayama, y cuando logras algo de dominio de *Liber E*, pasas a *Liber RV* para prácticas más avanzadas. Si bien *Liber RV* es de hecho un texto más avanzado, contiene tanta buena información sobre la teoría y la práctica del pranayama, que te sugiero encarecidamente que lo leas detenidamente antes de comenzar incluso con las prácticas básicas. Te ayudará a formar una base más sólida para todo tu trabajo.

Consulta a su médico si tiene alguna afección médica que afecte a los pulmones o si tiene alguna duda sobre la seguridad de estas técnicas. Por lo general, estas prácticas no son peligrosas a menos que se realicen de manera incorrecta, generalmente por sobreesfuerzo. Entraremos en más detalles sobre eso un poco más tarde.

Hay una serie de beneficios importantes que se pueden obtener mediante la práctica de pranayama. Por un lado, está trabajando para equilibrar los canales de energía del cuerpo, la *ida* y la *pingala*, las corrientes lunares y solares en la columna correspondientes a las dos fosas nasales a través de las cuales se produce la respiración. También hay beneficios generales para la salud con una respiración adecuada, pero de manera más sutil está cultivando una capacidad mejorada para tolerar, contener y dirigir la fuerza mágica. En este caso, estamos hablando de la fuerza kundalini, el poder vital que reside en cada uno de nosotros. A través de las prácticas de pranayama forjas un sistema energético más estable y equilibrado en tu cuerpo, de modo que podrás dirigir mejor estas fuerzas a través de rituales mágicos, intención voluntaria y de muchas otras formas.

Los puntos de referencia para los resultados de pranayama descritos por Crowley y el *Shiva Samhita* son, de hecho, efectos de Kundalini discernibles físicamente.[17] Las cuatro etapas de este proceso son:

1.Transpiración fina en el cuerpo
2.Rigidez automática, que da paso a un temblor espasmódico
3."Saltar como una rana"
4.La llamada "levitación"

Dejaré que experimentes tú para detectar lo que realmente implican estas fases. Por favor, no te obsesiones tanto con estas descripciones tradicionales como para cargar indebidamente tu experiencia con expectativas. La práctica adecuada e (idealmente) una supervisión competente te enseñará todo lo que necesitas saber.

La práctica comienza como se describe en *Liber E*, con inhalaciones y exhalaciones cronometradas. Crowley describe los niveles progresivos para esto, comenzando con inhalar durante diez segundos a través de una fosa nasal, exhalar durante veinte por la otra fosa nasal, volver a inhalar durante diez segundos a través de esa fosa nasal y luego volver a exhalar durante veinte por la primera fosa nasal. Siempre comienzo mis prácticas con una inhalación a través de la fosa nasal izquierda, solo como una manera fácil de marcar dónde estoy comenzando y terminando (consulta los materiales audiovisuales para una demostración en video).

Las leyendas de las fotos en *Liber RV* se malinterpretan fácilmente. Crowley dice que debería haber esfuerzo, pero es muy importante tener en cuenta que esto no significa *forcejeo*. Lo que se entiende por esfuerzo es que se hace un afán por expulsar completamente el aire de los pulmones y para llenarlos completamente con la inhalación; pero el proceso en sí es bastante sereno y casi silencioso, no ruidoso ni estridente. El objetivo es una respiración suave y regular, y una completa inhalación y exhalación. Nunca, *nunca* deberías sentir falta de aire. Si lo sientes, reduce tus tiempos de respiración y permanece allí hasta que realmente puedas hacerlo cómodamente durante una hora completa. Solo entonces deberías pasar al siguiente nivel.

---

[17] *Shiva Samhita*. (1996). New Delhi: Munshiram Manoharlal Publishers Pvt. Ltd.

Los niveles más avanzados también incluyen un período de retención de la respiración entre la inhalación y la exhalación. Esta pausa se llama *kumbakam*. Hay una quietud y un silencio durante esta pausa que (con la práctica) potencia algunos de los resultados de meditación más avanzados. Una vez más, lo dejo a tu experimentación para mostrarte lo que ocurre en este lugar de quietud; pero basta con decir que es una parte muy poderosa del proceso.

Como puedes ver en las fotos antiguas y granulosas del *Liber RV*, los dedos, pulgar, índice y medio se utilizan para cerrar las fosas nasales. Básicamente, recargas los dedos índice y medio en la frente y luego usas el pulgar y el dedo anular para pellizcar los lados alternos de la nariz. Además, en las ilustraciones de *Liber RV*, verás que Crowley está hundiendo los codos en el pecho para expulsar el aire y se inclina hacia atrás, tirando de la cabeza hacia atrás y expandiendo los pulmones durante la inhalación. Nuevamente, esta es una forma de usar todo el cuerpo para promover la plenitud de la respiración.

Tú querrás cronometrar las inspiraciones y espiraciones con mucha precisión, y creo que el mejor método para esto es tener un reloj que haga ruido cerca. Con este método, no tienes que pensar en el ritmo de tu conteo o mirar repetidamente un reloj silencioso. Un metrónomo también funcionaría bien, siempre que el sonido no sea demasiado molesto.

Una cosa que *no* encontrarás en las instrucciones publicadas es qué hacer cuando haya concluido la respiración cronometrada, sin embargo, he descubierto que estos momentos pueden traer algunos de los resultados más sorprendentes de toda la práctica. Digamos que has realizado ciclos de 20 o 30 minutos en uno de los ciclos y concluyó con la última exhalación por una única fosa nasal. Sugiero que realmente saborees esa primera inhalación por ambas fosas nasales y que dediques los siguientes cinco o diez minutos a una respiración gentil, suave y natural. Esto puede ser un verdadero "subidón": habiendo pasado por toda la sesión de pranayama, equilibrando los dos canales de energía en alternancia, ahora está experimentando los efectos de su acción conjunta en un estado de éxtasis y energía. Puedes acentuar esta experiencia con visualizaciones y otras prácticas más avanzadas que se enseñan en A∴A∴, el Templo de la Estrella de Plata y en otros lugares. No pierdas la oportunidad de disfrutar de la paz y la tranquilidad que ofrece este momento.

Uno de los problemas más comunes con la práctica del pranayama, además de la tendencia a esforzarse demasiado, es la obstrucción de las fosas nasales. El remedio tradicional para esto es un lavado nasal, que se usa para limpiar las fosas nasales con agua salada. Los aerosoles nasales descongestionantes son otra opción. No debes usarlos de forma crónica, pero si tienes dos o tres días congestionado y quieres intentar hacer pranayama, estas comodidades modernas pueden ser muy útiles.

Una técnica adicional para combatir el síndrome de congestión nasal es usar la mano que no estés usando para pellizcar las fosas nasales para mantener abierta la fosa nasal por la que esté respirando. Es bastante incómodo, pero en esos días particularmente congestionados esto puede ayudarte a lograr tu sesión de práctica. Por otro lado, habrá días en los que simplemente estarás demasiado enfermo o congestionado para hacer estas prácticas. No te castigues por eso, simplemente elige un tipo diferente de práctica para ese día y vuelve al pranayama cuando puedas.

Como ocurre con la mayoría de las prácticas del plan de estudios A∴A∴, asana y pranayama son medios para un fin y no el fin en sí mismos. En última instancia, el éxito en estas prácticas converge con los ejercicios devocionales, la magia ritual, la meditación avanzada y otras herramientas en los grados externos de A∴A∴ para llevar al aspirante directamente al umbral del C & C.

Lecturas recomendadas:

Crowley, A. (1991). *Eight Lectures on Yoga*. Phoenix, AZ: New Falcon Publications.

Crowley, A. (1992). *Liber E*. En I. Regardie (Ed.), Gems from the Equinox. Scottsdale, AZ: New Falcon Publications.

Crowley, A. (1992). *Liber RV vel Spiritus*. En I. Regardie (Ed.), Gems from the Equinox. Scottsdale, AZ: New Falcon Publications.

10
Prácticas de Meditación y Visualización

En este capítulo revisaremos los conceptos básicos de la práctica de la meditación y daremos algunos consejos y sugerencias para la resolución de problemas. También echaremos un vistazo a algunas prácticas de visualización útiles e importantes que son relevantes para el practicante thelémico, algunas del plan de estudios formal de la A∴A∴ y otras de otras fuentes. Como muchos de los temas que se tratan en este libro, la meditación tiene un gran continuo de práctica. En las primeras etapas, es *realmente* básica; sin embargo, también es una práctica que puede llevarlo a uno a los niveles más altos de logro.

Normalmente, cuando hablamos de meditación en el contexto del plan de estudios de la A∴A∴, es probable que nos estemos refiriendo a la meditación estilo raja yoga; pero verás en la discusión aquí que hay muchas otras opciones abiertas para ti. Algunas dentro del plan de estudios tradicional de la A∴A∴ se basan en técnicas budistas, y algunas son prácticas completamente únicas diseñadas para potenciar ciertos procesos de transformación en el sistema.

En el sistema de A∴A∴, es probable que el Probacionista haga bastante experimentación con *dharana* (concentración) así como con *asana* y *pranayama*. En los grados de Neófito y Zelator, el aspirante trabaja con las prácticas conocidas como MMM y AAA (extraídas de *Liber HHH*). Esencialmente, estos son ejercicios de imágenes guiadas basados en las fórmulas iniciáticas de estos grados. Se emprenden como un medio para profundizar la comprensión del aspirante de estas fórmulas y acelerar su acción. El Practicus trabaja con *Liber Turris*, que es una práctica poderosa pero muy desafiante en el control del pensamiento.[18] *Liber Jugorum* es una forma de control sobre el pensamiento, la palabra y los hechos, distribuida en varios grados.[19] Todo el proceso llega a un punto culminante, un único punto de enfoque, en el grado Dominus Liminus. Como se indica en el documento de trabajo de Dominus Liminus, "meditará sobre los diversos conocimientos y poderes que ha adquirido y los armonizará perfectamente". En otras palabras, el clímax de todo el raja yoga anterior es el resultante enfoque concentrado de la mente. La Gran Obra se convierte en una meditación viva, a lo largo del día a día, sobre la síntesis de los grados elementales y todo lo que representan dentro del aspirante en esta etapa del camino.

Los aspectos meditativos del raja yoga comienzan con el proceso de concentración, llamado *dharana*. Cuando esto se sostiene con éxito, experimentamos *dhyana*, la unión de sujeto y objeto, ego y no ego, observador y observado. A medida que mejoramos nuestra capacidad para meditar, también obtenemos más control sobre las vacilaciones de la mente misma, y esto se conoce como *pratyahara*. Finalmente, todas estas técnicas pueden conducir en última instancia al resultado que llamamos *samadhi*, que es un estado de conciencia trascendente más allá de la comprensión o descripción racional.

Dado que la práctica básica comienza con *dharana*, en eso nos enfocaremos aquí. Realmente es el pan y la mantequilla de la práctica diaria y es probable que lo sea durante semanas o meses antes de que se produzcan otros resultados más avanzados. Asana se usa a menudo como preparación para *dharana*, además de practicarse simultáneamente. Como se señaló en el Capítulo 9, uno de los propósitos principales de asana es simplemente lograr la habilidad de mantener el cuerpo quieto,

---

[18] Crowley, A. (1992). Liber Turris. En I. Regardie (Ed.), *Gems from the Equinox*. Scottsdale, AZ: New Falcon Publications.

[19] Crowley, A. (1992). Liber Jugorum. En I. Regardie (Ed.), *Gems from the Equinox*. Scottsdale, AZ: New Falcon Publications.

permitiendo así que la mente ignore los estímulos provenientes del cuerpo. Cuando el cuerpo no nos distrae, podemos concentrarnos en el objeto de nuestra meditación.

Es útil tener un sentido cuantitativo de cómo lo estás haciendo, y por eso muchos profesores recomiendan que cuentes los inevitables "descansos" de concentración que ocurren durante tu meditación. Una de las formas más fáciles de hacer esto es usar los dedos. Cuenta con una mano, y tan pronto como golpea cinco descansos en esa mano, coloca un dedo en la otra mano y continúa. Cuando obtienes otros cinco en la mano de "unos", pones un segundo dedo en la mano de "cincos", para saber que has tenido diez descansos. Obviamente, puedes contar hasta veinticinco descansos de esta manera, que suele ser suficiente. Si superas los veinticinco descansos, no te molestes en continuar contando. Simplemente anótalo como una mala sesión y trata de hacerlo mejor la próxima vez.

En términos generales, debes comenzar cada sesión de meditación con un objetivo de tiempo específico en mente. Debes entrenar tu mente y cuerpo para escuchar tu intención consciente, y exigirles que se callen y se queden quietos durante un período de tiempo predeterminado es un paso importante hacia el desarrollo de esta autodisciplina. Más adelante, las metas cambian hacia resultados más avanzados de *dhyana*, *pratyahara* y *samadhi*. Sin embargo, en esta etapa inicial, la tarea crucial es mantener la vigilancia y obedecer a tu propio maestro interno, sin permitir que tu mente o tu cuerpo se entrometan, interrumpan o sean un obstáculo para tu voluntad declarada.

Es muy importante que tu actitud durante la meditación sea la de *permitir*, no forzar, que la mente esté quieta; así como no puedes acostarte en la cama y obligarte a dormir. Iniciar el sueño no es un proceso activo, sino pasivo, donde se relaja el control mental que te mantiene alerta y vigilante. Tu actitud hacia ti mismo durante la práctica debe ser suave en lugar de punitiva. Se convierte en otra distracción más de la meditación si te estás maldiciendo por dejar que tu mente divague, ¡pero tu mente ciertamente divagará! Cuando suceda, simplemente piensa en ello como una nube que pasa sobre el sol y suavemente regresa tu atención al foco de tu meditación.

Manteniendo imágenes mentales

Tomemos como ejemplo una técnica clásica de meditación: tener una sola imagen en tu mente. Clásicamente, puedes elegir uno de los *tattvas*, como el triángulo equilátero rojo (*tejas*). Poco después de comenzar, notarás que la mente te jugará todo tipo de trucos. La imagen saltará, cambiará de color, asumirá proporciones ridículas y hará todo tipo de travesuras. Una vez más, cuando esto sucede, en lugar de "apretar" mentalmente o estar molesto por ello, debes ser *suave*. Permite que pase el cambio de forma, el cambio de color o lo que sea, y simplemente refuerza la imagen básica. Concéntrate en la imagen durante un período de tiempo establecido, cuenta tus descansos y registra las otras condiciones del experimento, como cuánta comida tenías en el estómago, tu nivel de fatiga, las condiciones físicas de tu sala de meditación, cualquier alteración psicológica que podría modificar tu estado mental al comenzar el ejercicio, y así sucesivamente.

Mantra

Otro tipo de meditación que quizás desees probar es el uso de un *mantra* rítmico y silencioso. Elige una frase o palabra de varias sílabas como "Ra-Hoor-Khuit" y repítela de manera sostenida, rítmica e ininterrumpida, es decir, "Ra-Hoor-Khuit... Ra-Hoor-Khuit... Ra-Hoor-Khuit...", etc. Inserta una pausa de aproximadamente la misma duración que cada una de las sílabas, para establecer un ritmo cuádruple consistente. Haz esto durante el período de tiempo especificado y cuenta tus descansos. Cualquier mantram funcionará, pero probablemente querrás elegir algo con lo que sientas cierta resonancia personal.

Conciencia de la respiración

La práctica de la conciencia de la respiración es otra buena opción para la meditación. Esto realmente puede ser tan simple como concentrarse en tus inhalaciones y exhalaciones, pero creo que es más efectivo si lo combinas con respiraciones cronometradas. Por ejemplo, podrías utilizar la técnica clásica de "respiración cuádruple" descrita por Israel Regardie: simplemente haz que cada fase de la respiración (adentro, pausa, exhalación, pausa) tenga la misma duración. La clave de esta práctica es no hacer que cada fase sea demasiado lenta, de lo contrario te encontrarás esforzándote por respirar.

Una técnica igualmente simple, pero considerablemente más poderosa de conciencia de la respiración se llama *mahasatipatthana*. Esta práctica implica la observación del paso de la respiración mientras comentas en silencio lo que se observa. No es exactamente un mantra, en el sentido de que no debe convertirse en un ritmo de memoria; más bien, debería seguir siendo una observación activa. Empieza por presenciar tu respiración, a un ritmo y profundidad naturales, y cada vez que inhalas, di en silencio: "La respiración entra". Mientras exhalas, di en silencio: "El aliento sale". Curiosamente, a medida que avanzas con esto (probablemente a lo largo de muchas semanas de práctica constante), tus resultados generalmente mostrarán una desidentificación progresiva con tu ego. Por ejemplo, puedes pasar de decir simplemente: "La respiración se está moviendo hacia adentro; la respiración se está moviendo ", para notar que lo que realmente estás observando es que hay una *sensación* de que la respiración entra y sale. Más tarde, esto puede transformarse en una conciencia de que lo que estás experimentando es simplemente una *percepción* de una sensación de los ciclos de la respiración. Esto es crucial: cambias lo que te estás diciendo a ti mismo en silencio, basándote en lo que realmente estás notando; y si sigues esto hasta el final, llegarás a algunos lugares muy interesantes. No quiero estropearlo cargando tu experiencia desde principio, así que pruébalo tú mismo. Fíjate en cómo experimentas la desidentificación del ego y qué conclusiones sacas de ella después de una amplia práctica.

Incluso un meditador avanzado dará fe de que es bastante difícil hacer que la mente deje de *pensar conscientemente*, pero las prácticas que se encuentran en el *Liber Turris* de Crowley implican hacer precisamente esto. Aquí están sus instrucciones principales:

> 1. Esta práctica es muy difícil. El estudiante no puede esperar mucho éxito a menos que haya dominado completamente Asana y obtenido mucho éxito definitivo en las prácticas de meditación de *Liber E* y *Liber HHH*.Por otro lado, cualquier éxito en esta práctica es de un carácter excesivamente alto, y el estudiante es menos propenso a la ilusión y al autoengaño en esto que en casi cualquier otro que demos a conocer.
>
> 2. Primer punto. El estudiante debe descubrir primero por sí mismo la posición aparente del punto en su cerebro donde surgen los pensamientos, si es que existe tal punto. Si no, debe buscar la posición del punto donde los pensamientos son juzgados.
>
> 3. Segundo punto. También debe desarrollar en sí mismo una Voluntad de Destrucción, incluso una Voluntad de Aniquilación. Puede ser que esto se descubra a una distancia inconmensurable de su cuerpo físico. Sin embargo, esto alcanzar, con esto debe identificarse incluso hasta la pérdida de sí mismo.
>
> 4. Tercer punto. Que esta Voluntad observe entonces atentamente el punto donde surgen los pensamientos, o el

punto donde son juzgados, y que todo pensamiento sea aniquilado tal como se percibe o juzga.

5. Cuarto punto. A continuación, que todo pensamiento se inhiba desde su inicio.

6. Quinto punto. A continuación, que incluso las causas o tendencias que, si no se controlan, sean las últimas en pensamientos, sean descubiertas y aniquiladas.

7. Sexto y último punto. Que la verdadera Causa de Todo sea desenmascarada y aniquilada.

8. Esto es lo que dijeron los sabios de la antigüedad acerca de la destrucción del mundo por fuego; sí, la destrucción del mundo por fuego.

9. Que el alumno recuerde que cada punto representa un logro específico de gran dificultad.[20]

Hay mucho más valor en este liber, pero esas son las instrucciones básicas. Te animo a que pruebes estas prácticas cuando sientas que estás preparado.

Prácticas de visualización

Aquí estamos hablando de visualización en un sentido diferente al descrito anteriormente. Estas prácticas son más activas y complejas, similares a los ejercicios modernos de "imágenes guiadas".

El plan de estudios de la A∴A∴ está inteligentemente diseñado para que el Neófito y el Zelator emprendan lo que son esencialmente ejercicios de imaginería autoguiados basados en las fórmulas iniciáticas de esos grados. Estos ejercicios se encuentran en *Liber HHH*, secciones MMM y AAA, que corresponden a las fórmulas Neófito y Zelator, respectivamente. Te daré una muestra del ejercicio MMM aquí, en caso de que quieras experimentar con él. Si intentas esta práctica, te sugiero que comiences grabándote leyendo las instrucciones, ya que obviamente sería una distracción intentar recorrer estas visualizaciones mientras miras un libro cada pocos segundos. Con el tiempo, querrás memorizar todo el conjunto de instrucciones. Sin duda, requerirá múltiples pruebas para obtener resultados óptimos, y tu propio nivel de iniciación será un factor determinante de su nivel de éxito. Aquellos familiarizados con

---

[20] Crowley, A. (1992). Liber RV vel Spiritus. En I. Regardie (Ed.), *Gems from the Equinox*. Scottsdale, AZ: New Falcon Publications.

Liber Pyramidos u otras expresiones de la fórmula Neófito reconocerán algunos temas familiares aquí. Esta es la instrucción principal:

1. Siéntate en tu Asana, vistiendo la túnica de un Neófito, la capucha puesta.

2. Es de noche, pesado y caluroso, no hay estrellas. Ni un soplo de viento agita la superficie del mar, eso eres tú. Ningún pez juega en tus profundidades.

3. Deja que un Aliento se eleve y agite las aguas. Esto también lo sentirás jugando sobre tu piel. Perturbará tu meditación dos o tres veces, después de lo cual deberías haber conquistado esta distracción. Pero a menos que lo sientas primero, ese Aliento no ha surgido.

4. A continuación, la noche es desgarrada por el relámpago. Esto también lo sentirás en tu cuerpo, que temblará y saltará con el impacto, y esto también deberá ser sufrido y superado.

5. Después del relámpago, descansa en el cenit un diminuto punto de luz. Y esa luz irradiará hasta que se establezca un cono recto sobre el mar, y sea de día.
   Con esto tu cuerpo se pondrá rígido, automáticamente; y dejarás que dure, retirándote a tu corazón en forma de Huevo de negrura erguido; y en él permanecerás por un momento.

6. Cuando todo esto se realice perfecta y fácilmente a voluntad, que el aspirante se imagine luchando con toda la fuerza del Universo. En esto solo se salva por su pequeñez. Pero al final es vencido por la Muerte, que lo cubre con una cruz negra. Deje que su cuerpo caiga supino con los brazos extendidos.

7. Que así recostado, aspire fervientemente al Santo Ángel Guardián.

8. Ahora que vuelva a su postura anterior. Veinte veces se imaginará que es mordido por una serpiente, sintiendo incluso en su cuerpo su veneno. Y que cada mordedura sea sanada por

un águila o un halcón que extienda sus alas sobre su cabeza y deje caer sobre ella un rocío curativo. Pero que el último bocado sea un dolor tan terrible en la nuca que parezca morir, y que el rocío curativo sea de tal virtud que se ponga de pie de un salto.

9. Que ahora se coloque dentro de su huevo una cruz roja, luego una cruz verde, luego una cruz de oro, luego una cruz de plata; o aquellas cosas que estas presagian. Aquí está el silencio; porque el que ha realizado correctamente la meditación comprenderá el significado interno de la misma, y le servirá como prueba para él y sus semejantes.

10. Que permanezca ahora en la Pirámide o Cono de Luz, como un Huevo, pero no más de negrura.

11. Entonces que su cuerpo esté en la posición del Colgado, y que aspire con todas sus fuerzas al Santo Ángel Guardián.

12. Habiéndole sido concedida la gracia, que participe místicamente de la Eucaristía de los Cinco Elementos y que proclame la Luz en Extensión; sí, que proclame la Luz en Extensión.[21]

En el resto de este capítulo, presentaré algunas otras opciones para los ejercicios de visualización extraídos de fuera del plan de estudios formal de la A∴A∴. Todas estas prácticas deben comenzar con relajación preparatoria y respiración rítmica.

El Maestro Interno: sigue un camino hacia un bosque y ve una figura que se acerca, que concibes como el maestro interno perfecto. Puedes pensar en esto como un aspecto del Santo Ángel Guardián, un mentor sabio o cualquier otra cosa que te guste. Independientemente, la clave es que tengas confianza en la sabiduría que se te impartirá. Cuando el maestro se acerque, pide un símbolo, una palabra, una acción u otra

---

[21] Crowley, A. (1992). Liber HHH. En I. Regardie (Ed.), *Gems from the Equinox*. Scottsdale, AZ: New Falcon Publications.

instrucción, con plena conciencia de que esta instrucción te será de particular utilidad en tu etapa actual de la Gran Obra.

El Amante Interno: Construye en tu mente y corazón una secuencia de visualizaciones de todas las formas de amor que has experimentado. Realiza una serie de visualizaciones en las que intentes aprovechar lo más visceralmente posible (por ejemplo) el abrazo que una vez recibiste de un amigo o un padre, el abrazo de un amante, etc., cualquier forma de amor que alguna vez hayas conocido y puedas recordar fácilmente. A medida que avanzas en la secuencia, aumenta la intensidad y la magnitud de los sentimientos de amor, hasta que todo tu ser quede sumergido en esta fuerza. Siente tu vasta capacidad para experimentar el amor y sabe que, en realidad, tienes acceso a esta fuente de energía en todo momento y puedes generarla sin ninguna otra intervención humana. Puedes concebir que la fuente de este amor es, en última instancia, el propio SAG.

El Tesoro Interno: imagina que estás descendiendo a los recovecos de tu mente, profundamente en el inconsciente. Baja las escaleras o el ascensor, cualquier dispositivo visual que funcione para ti. Allí descubre una cámara antigua en la que hay un cofre del tesoro. Sabes que encontrarás tres objetos dentro. También sabes que cada uno de estos objetos, que pueden resultarte familiares o desconocidos, te transmitirán una enseñanza específica relevante para su situación de vida actual. Podría ser una sugerencia sobre cómo superar un obstáculo; puede ser algo que te dé una idea de tu etapa particular de la Gran Obra. En cualquier caso, debes meter la mano atentamente en el cofre y ver qué objetos se te presentan. No intentes decidir de antemano lo que encontrarás. Toma nota cuidadosamente de lo que son, luego (ya sea dentro de la meditación o después) considera lo que estos símbolos podrían significar para ti. Como siempre, registra tus resultados en el diario mágico.

Lecturas recomendadas:

Crowley, A. (1991). *Eight Lectures on Yoga*. Phoenix, AZ: New Falcon Publications.

Crowley, A. (1992). Liber E. En I. Regardie (Ed.), *Gems from the Equinox*. Scottsdale, AZ: New Falcon Publications.

Crowley, A. (1997). *Magick: Liber ABA*. Hymenaeus Beta (Ed.). York Beach, ME: Samuel Weiser, Inc. [Nota: con especial atención a la Parte I, Misticismo]

Crowley, A. (1992). Liber HHH. En I. Regardie (Ed.), *Gems from the Equinox*. Scottsdale, AZ: New Falcon Publications.

Crowley, A. (1992). Liber Turris. En I. Regardie (Ed.), *Gems from the Equinox*. Scottsdale, AZ: New Falcon Publications.

11

PROYECCIÓN ASTRAL Y CONTROL DEL CUERPO DE LUZ

La proyección astral es una de las técnicas mágicas más básicas y una de las más importantes de dominar a medida que avanzas en tu camino. En el sistema de A∴A∴, el Neófito es examinado a fondo en el dominio del "Cuerpo de Luz", aunque probablemente haya estado experimentando con tales cosas desde el principio como un Probacionista. En su excelente ensayo, "Notas para un atlas astral, Aleister Crowley escribe:

> El control general del Plano Astral, la capacidad de orientarse en él, de penetrar en los santuarios que están protegidos de los profanos, de entablar relaciones con sus habitantes que puedan ser útiles para adquirir conocimiento y poder o para ordenar el servicio; todo esto es una cuestión del logro mágico general del estudiante. Debe estar absolutamente a gusto en su Cuerpo de Luz y haberlo hecho invulnerable. Debe ser experto en asumir todas las formas divinas, en usar todas las armas, sellos, gestos, palabras y signos. Debe estar

familiarizado con los nombres y números pertinentes al trabajo en cuestión. Debe estar alerta, sensible y dispuesto a ejercer su autoridad; pero cortés, amable, paciente y comprensivo.[22]

Consideraciones Generales

Gran parte de la discusión en este capítulo será de naturaleza práctica, pero creo que es importante discutir un poco de teoría sobre el proceso de proyección astral y la naturaleza del propio cuerpo astral.

Una de las cuestiones que debe aclararse desde el principio es la distinción entre el cuerpo etérico y el cuerpo astral. Esta distinción puede entenderse en términos del Árbol de la Vida. Como se discutió anteriormente en este libro, el Árbol de la Vida es una representación simbólica no solo del proceso de creación del mundo material, sino también de los componentes de la constitución psicoespiritual humana. En consecuencia, si miras la forma en que las sefirás en el Árbol se manifiestan sucesivamente, es evidente que la mente se manifiesta antes que el cuerpo. Las esferas colectivas del ruáj forman una plantilla, una especie de esqueleto, para la eventual manifestación del cuerpo físico en Maljut. Así como el cuerpo físico de los humanos está construido sobre este esqueleto astral de energía, el mundo físico está basado en un marco astral similar. Las capas más densas de este se denominan más propiamente mundo etérico; en consecuencia, la capa más densa de nuestro cuerpo energético, menos el cuerpo físico en sí, es el cuerpo etérico. El cuerpo etérico se parece más a la forma física real del cuerpo, mientras que el cuerpo astral se parece a la mente misma. Está más enrarecido y es capaz de asumir una diversidad más amplia de formas, no solo aquellas que están más estrechamente ligadas a las formas físicas que se construyen sobre él (como es el caso del cuerpo etérico).

La razón por la que me estoy esforzando tanto en distinguir entre los cuerpos astral y etérico es que existen conjuntos de prácticas claramente diferentes involucradas en trabajar con ellos cuando emprendes una proyección astral o etérica. Cuando proyectes etéricamente, estarás en un "cuerpo" que se asemeja bastante a su cuerpo físico, y el paisaje que estás explorando será como un esqueleto energético de tu entorno físico real. Una experiencia de proyección etérica te dará la sensación de dejar tu cuerpo y caminar por la habitación, la casa, el vecindario, etc. Una

---

[22] Crowley, A. (1997). *Magick: Liber ABA*. Hymenaeus Beta (Ed.). York Beach, ME: Samuel Weiser, Inc.

experiencia de proyección astral, por otro lado, te llevará a un paisaje que es completamente diferente de tu entorno físico, y muy posiblemente diferente de cualquier lugar que existe materialmente. Recuerda, este es el reino de la mente en sí mismo: infinitamente plástico y capaz de moldearse en formas que simplemente no existen en el mundo físico.

Prueba de entidades y confirmación del plano

Veamos algunas técnicas y herramientas para que puedas comenzar (o perfeccionar) tus experimentos. Hay algunos procedimientos generales que siempre debes observar. Crowley enfatiza repetidamente un punto en particular en sus escritos sobre este tema: la importancia de probar todas las entidades que encuentras. Ninguna de estas entidades se ofenderá si no les crees sobre quiénes son o lo que dicen que están tratando de decirte. Así que pruébalos, usando signos o fórmulas que conozcas, tales como decir: "Haz tu voluntad ha de ser el todo de la Ley", a lo que deben responder con "El amor es la ley, el amor bajo la voluntad". O utiliza señales de grado de A∴A∴, como el Signo del Entrante con el Signo del Silencio como respuesta. Debes preguntar a las entidades que aparecen sus nombres y la ortografía de los mismos. Comprueba la gematría del nombre y la naturaleza del entorno en el que te encuentras, utilizando tu conocimiento de las correspondencias mágicas (ver 777) para asegurarte de que has "llegado" al plano adecuado. Por ejemplo, si has invocado a Júpiter y, sin embargo, te encuentra en algún tipo de paisaje lleno de hermafroditas de color naranja, es posible que hayas dado una vuelta a la izquierda hacia Mercurio. (La causa más probable de tales ocurrencias es una invocación realizada incorrectamente o energías extrañas residuales de un espacio desterrado incorrectamente). Si detectas un error, intenta descubrir su origen y comienza el experimento desde el principio.

Metodología de trabajo

Al prepararte para emprender una proyección astral o etérica, es mejor si no estás demasiado lleno de comida, especialmente carne. También se debe evitar la fatiga excesiva. Si estás en medio de una proyección y te siente fatigado, ya sea mentalmente o con (lo que se sentirá como) fatiga física, es mejor terminar la sesión en ese momento, en lugar de esforzarte por persistir. También sugiero que evites la liberación orgásmica en el día anterior a su proyección, ya que parece que la energía vital que de otro modo se descargaría a través del orgasmo es un "combustible" útil para las visiones astrales.

Reserva una hora más o menos, en la que no seas interrumpido; elige un lugar tranquilo, preferiblemente el templo en el que estás acostumbrado a trabajar. Empieza con un destierro básico; sugiero el

RMeDP o el Estrella Rubí para este propósito. Para tu primer experimento, prueba la proyección etérica. Adopta una postura relajada, haz una respiración rítmica durante unos momentos y relájate lo más que puedas. Después, imagina que estás expulsando energía del frente de tu cuerpo físico (algunos maestros sugieren que veas esto emergiendo de tu chakra *manipura* como un cordón plateado). Da forma a esta energía exteriorizada de manera que corresponda a tu cuerpo físico. Has formado un doble etérico. Ahora, intenta transferir tu consciencia a este doble etérico y empieza a ver alrededor del cuarto en el que estás. Empieza por ver con esos ojos, caminar por el cuarto, ver los objetos, ir fuera, caminar en tu patio, y así. Sólo explora el mundo etérico y ve qué encuentras. Si quieres probarte a ti mismo en este nivel de trabajo etérico, podrías tener un amigo que esté en una ubicación en la que nunca has estado o la que no conoces bien. Proyéctate etéricamente a ese lugar y ve si puedes decirle a tu amigo detalles que no sabrías de otra forma. Tu amigo puede entonces confirmar o negar la precisión de tu descripción.

Ahora, hablemos de las herramientas y técnicas de la proyección astral. Inicia de la misma manera. Has desterrado, estás sentado en tu postura relajada y entonces externalizas la energía frente a ti. De nuevo le das forma de un doble tuyo. Creo que obtendrás mejores resultados si te visualizas vestido con ropas mágicas que corresponden a tu grado o al trabajo específico que estás haciendo. Por ejemplo, si quieres visitar una sefirá específica en el Árbol de la Vida, podrías vestirte con la túnica del grado de A∴A∴ que corresponde a esa sefirá. Ya que hayas exteriorizado la energía, con la forma que deseas, y transferido tu consciencia al doble astral, entonces (y aquí se ve la diferencia entre el trabajo etérico y astral) empezar a elevarte en tu cuerpo astral.

El propósito de esta técnica es engañar a la mente para que suelte su control del cuerpo físico usando el mecanismo imaginario de elevarse. No significa necesariamente que tu cuerpo astral esté "yendo" a ningún lado; simplemente que necesitas algún tipo de mecanismo para cambiar tus percepciones. Así que álzate y sigue avanzando, más y más alto, hasta encontrarte en una especie de paisaje que puedas explorar. Una vez que hayas llegado a tu destino deseado, es útil realizar un RMeIP e incluso también un ritual del Pilar Medio, para energizar tu cuerpo astral para el trabajo que te espera. A continuación, llama un guía y pruébalo rigurosamente. Obtén un nombre, revisa las correspondencias, prueba con signos y palabras, etc. Después explora la región como mejor te sea posible.

Una vez que hayas hecho toda la exploración que deseas hacer, da las gracias y despide a tu guía. Puedes entonces regresar a tu cuerpo. Mueve tus músculos y siéntete sólidamente de regreso en tu cuerpo. Quieres evitar el llamado *sangrado astral*, donde la totalidad de tu energía no ha regresado a tu cuerpo debidamente; así que asegúrate que esto ha sido visualizado fuertemente y que te sientes completamente reunido con tu cuerpo físico. También querrás dar con atención el Signo del Silencio, imaginándote como Harpócrates en el huevo. También puede que quieras hacer otro RMeDP tras regresar —sólo para estar seguros— y salir de la experiencia sin que persistan influencias no deseadas de cualquier región que hayas estado explorando.

Solución de problemas

Si te metes en problemas, como ser hostigado o amenazado por entidades que encuentres, intenta agrandarte hasta convertirte en una poderosa forma divina de Ra-Hoor-Khuit y despide potentemente a la entidad. O puedes dibujar un gran pentagrama de destierro y proyectarlo hacia la entidad transgresora. Ocasionalmente, puede que vayas muy profundamente dentro de alguna visión de algún tipo y que tengas problema encontrando tu camino "de vuelta" a tu cuerpo físico. Una cosa que Crowley recomienda en dichas circunstancias es visualizarte en una carroza gigante jalada por grandiosos corceles y ordenarles que te lleven de vuelta a tu cuerpo. Puede sonar un poco tonto, pero funciona. Sin duda, desarrollarás otras técnicas para salir de problemas conforme generes experiencia, pero estas deberían ayudar a que empieces.

Probando tu éxito

Como verás en el capítulo de métodos y herramientas de la A∴A∴, el trabajo del camino de *tav* durante el grado de Neófito de la A∴A∴ implica el desarrollo del control del cuerpo astral. El Superior probará al Neófito usando varias técnicas, como escrutar un símbolo que es desconocido a la persona siendo examinada, pero bien conocido por el examinador. La tarea es ver si pueden detectar la naturaleza básica del símbolo a través de inspección astral. Puedes hacer esto tú mismo si tienes un amigo que es bastante experto en magia, o por lo menos lo suficientemente informado para elegir un sigilo o símbolo y entender su significado básico. Deben elegir un símbolo que te sea completamente ajeno. Entonces puede darte el símbolo y tú has de escrutarlo imaginando que está inscrito en una gran "puerta" astral. Proyéctate a través de dicha puerta y ve que encuentras. Si has hecho bien, entonces lo que encuentres ahí —las correspondencias, el tono del lugar y cualquier información que te den las entidades— coincidirá con la naturaleza del sigilo y tu amigo podrá confirmarlo. Otra prueba es que un amigo que sea un mago competente invoque fuerzas específicas en un cuarto mientras no estás presente; puedes entonces entrar y explorar el espacio usando los procedimientos que he descrito.

Este capítulo sólo rasca la superficie de las muchas posibles técnicas que podrías usar para explorar los mundos astral y etérico, ojalá sea suficiente para comenzar e incluso estimularte a experimentar y ver qué encuentras. Como muchas otras técnicas mágicas, tu práctica persistente será recompensada.

Lecturas recomendadas:

Denning, M. & Phillips, O. (2010). *A Practical Guide to Astral Projection*. Woodbury, MN: Llewellyn Publications.

Muldoon, S. & Carrington, H. (2003). *Projection of the Astral Body*. Whitefish, MT: Kessinger Publishing, LLC.

12

Prácticas Devocionales

En *El Libro de la Ley* leemos "La sabiduría dice: ¡sé fuerte! Entonces podrás soportar más alegría." [II:70] Una herramienta importante para fortalecernos de acuerdo con este mandato es la ejecución diligente de prácticas devocionales en nuestro trabajo mágico diario. Este consejo no ha de tomarse a la ligera —el éxtasis espiritual puede abrumar a un recipiente débil o desequilibrado—. Es crucial entrenarnos de una manera gradual y progresiva, en este capítulo revisaremos algunas de las herramientas disponibles para este tipo de trabajo.

La primera técnica involucrada puede ser resumida en estas palabras: "Invocar con frecuencia. Hazte arder en oración." Si bien esto puede parecer un consejo obvio o decepcionante, creo que lo que suele faltar es esta misma devoción que aviva gran parte del trabajo de la Primera Orden de A∴A∴ conforme progresamos al Conocimiento y Conversación con el Santo Ángel Guardián. *Liber Astarte* es la instrucción primaria para estos métodos y no es sorpresa que aparece en el programa de estudio del Philosophus, el grado que corresponde a Netsaj.[23]

Como he mencionado en el Capítulo 15, esta flama de la devoción, aspiración y deseo es *dirigida*, por virtud del entrenamiento en raja yoga en la A∴A∴, hacia esa única meta del aspirante de la Primera Orden — el C&C. Sin este entrenamiento mental, hay demasiados vectores de fuerza disparados en diferentes direcciones. Por el otro lado, sin hacerte arder a través de las prácticas devocionales, hay sequedad espiritual, la mente puede estar enfocada y aguda, pero la flama de la aspiración falta. Los aspectos Hod y Netsaj de nosotros deben trabajar juntos en esta labor, conforme nos enfocamos con fuerza y *precisión* hacia Tiféret y el SAG.

Antes de explorar las técnicas más formales dadas en Liber Astarte, veamos algunas prácticas diarias sencillas que te pueden ser útiles. La primera es esencialmente una práctica de atención plena: la consciencia del abrazo amoroso de la realidad que se nos presenta en cada momento. Esto no sólo nos recuerda que cada experiencia de vida es un aspecto de Nuit y, por tanto, una expresión perfecta del Todo; sino también nos permite, en ese momento, identificarnos conscientemente con la estrella en nuestro centro, el *khabs*, en lugar de la personalidad humana, el *khu* que hemos tejido a su alrededor.

La enseñanza de sabiduría aquí, que cada uno de nosotros ha de verificar a través de la experiencia, es que solamente el nivel de personalidad de nuestro ser juzga, rechaza o condena las experiencias de la vida. Es sólo ese caparazón externo el que intenta alejarse de las cosas que consideramos ser ofensivas o repulsivas y acercarnos hacia aquellas que encontramos bellas. Es cierto que existe en el alma humana un impulso profundo hacia la belleza que puede guiarnos hacia el SAG. Sin embargo, debemos trascender el rechazo reflexivo al nivel del ego de las cosas que no se ajustan a nuestros prejuicios y estética, y también la habitual y automática aceptación de las cosas que complacen a nuestro ego.

El SAG ha construido la realidad presente para ser la oportunidad perfecta para nuestro crecimiento; para ser *exactamente* la lección que necesitamos en cualquier momento, para afinarte en el recipiente perfecto para su habitación. Si rechazas la realidad frente a ti, rechazando ese aspecto de Nuit que se manifiesta en tu vida en este momento, es como si te rehusaras a ubicarte en un mapa. ¿Cómo puedes realizar tu voluntad y

---

[23] Crowley, A. (1992). Liber Astarte. En I. Regardie (Ed.), *Gems from the Equinox*. Scottsdale, AZ: New Falcon Publications.

seguir tu camino hacia una meta, si te niegas a reconocer tu ubicación actual como punto de partida? Acepta todo lo que el universo te ofrece en tu vida diaria, le guste a tu ego o no. Así maximizarás tu habilidad para seguir adelante de acuerdo con tu voluntad.

Otra práctica diaria útil es mantener atención plena de todos los aspectos del amor que encontramos. Como veremos en nuestra revisión de *Liber Astarte* más adelante en este capítulo, cada forma de amor que encontramos ya sea de pareja, de un padre, un amigo, un hijo, e incluso de un desconocido amable, es un destello del amor del SAG. Aquí de nuevo, esto da acceso a los aspectos más iluminados del ruáj que están simbolizados por la esfera de Tiféret, el centro de la consciencia del ego espiritualmente despierta.

Ahora, veamos algunas de las prácticas devocionales formales a nuestra disposición en el plan de estudios de A∴A∴. *Liber Had* y *Liber NU* son dos prácticas que recomiendo fuertemente. Estas son básicamente instrucciones tántricas en el cultivo de la adoración de las polaridades energéticas internas simbolizadas por estas dos "deidades". Te identificas con un punto de vista específico, ya sea Had o Nu, y entonces aspiras a alcanzar su opuesto (y complemento). Los métodos usados en estos libers tienen mucho que enseñarnos acerca de fortalecer los músculos de la devoción. Puedes leer más acerca de estas prácticas en el capítulo acerca de magia sexual.

Otra práctica muy importante es *Liber Resh*. Como se discutió en el Capítulo 4, muchas personas emprenden esta como una práctica de atención plena, como una manera de "sintonizar" la corriente thelémica durante el día, y ciertamente este es el beneficio genérico de *Resh*. Sin embargo, hay algunas formas de profundizar en los aspectos devocionales de esta práctica que valen la pena mencionar. En cada cuadrante estás adorando una manifestación del principio divino simbolizado por el sol. En consecuencia, tienes la oportunidad en cada cuadrante de enfocar tu adoración en una de estas manifestaciones particulares, Ra al amanecer, Ahathoor al mediodía, etc. Como con cualquier invocación o adoración como esta, entre más intensamente te identifiques con la forma divina, más fuerza mágica estará disponible para ti.

La segunda parte de cada adoración de cada cuadrante en *Liber Resh* —la parte que inicia con "Unidad mostrada por completo"— es una oportunidad para adorar el principio divino único detrás de todas estas manifestaciones multifacéticas del principio solar. Podemos concebir esto de diversas maneras. Esto puede ser simplemente una adoración del sol físico en el macrocosmos; o podemos adorar ese aspecto solar, generativo, dador de vida dentro de cada uno de nosotros; o podemos tomar esto como una oportunidad de adorar a nuestro propio SAG, simbolizado en el sol.

El único límite aquí es tu propia creatividad e "ingenio correcto" conforme desarrollas tu propio y único lenguaje devocional. Esto es, de hecho, el objetivo central de la práctica devocional. A través de la experiencia, cultivamos un sentido de lo divino; un sentido de asombro y reverencia en nuestra relación con lo divino; y usamos eso como trampolín para logros posteriores.

Ahora pasemos nuestra consideración a *Liber Astarte*. Si bien se le asigna formalmente al Philosophus, es probable que incluso el Probacionista experimente con él. En esta práctica, descrita bellamente por Crowley, eliges una deidad, cualquier deidad que te atraiga, y desarrollas varios métodos de adoración para fortalecer los "músculos" de la devoción. Es como una prueba, por así decirlo, del eventual trabajo del C & C. Crowley da instrucciones bastante detalladas sobre cómo desarrollar invocaciones y otras formas de adoración, cómo decorar el altar a tu deidad, etc. También nos anima a recordar que esta deidad es sólo un reflejo de la divinidad. Si perdemos la vista de esto, nos arriesgamos a identificarnos de más con una fuerza parcial, en lugar de con la única estrella espiritual a la vista, el SAG.

Una de las prácticas clave en *Liber Astarte* es el desarrollo de una adoración séptuple (siete es el número de Netsaj) en honor a tu deidad elegida. Crowley describe cómo las siete partes de esta adoración reflejan siete aspectos o variedades del amor, de la siguiente manera:

> Primero, una Imprecación, como de un esclavo a su Amo.
> Segundo, un Juramento, como de un vasallo a su Señor.
> Tercero, un Memorial, como de un hijo a su Padre.
> Cuarto, una Oración, como de un Sacerdote a su Dios.
> Quinto, un Coloquio, como de un Hermano con su Hermano.
> Sexto, un Conjuro, como de un Amigo con su Amigo.
> Séptimo, un Madrigal, como de un Amante a su Querida.
> Y nota que el primero debe ser de asombro, el segundo de lealtad, el tercero de dependencia, el cuarto de adoración, el quinto de confianza, el sexto de camaradería, el séptimo de pasión.

Como ejemplo de cómo estas instrucciones podrían traducirse en la práctica real, veamos algunos extractos del trabajo de Jane Wolfe sobre

Liber Astarte, que inició en noviembre de 1933, en la Logia Agape de la O.T.O. Ella eligió a la diosa Hera, la esposa de Zeus en la mitología griega, como enfoque de su trabajo. Como Crowley recomienda, hay siete estrofas en la invocación de Wolfe a Hera, cada una corresponde a uno de los siete aspectos del amor enumerados arriba. Aquí está la segunda estrofa, que representa "un Juramento, como de un vasallo as u Señor":

> ¡Hera, Diosa Invencible, Soberana!
> ¡A ti juro mi fidelidad y vasallaje!
> ¡Gran Diosa del Poder, Majestad y Fuerza!
> ¡A ti juro mi fidelidad y vasallaje!
> ¡Tú que portas el Trueno y el Relámpago!
> ¡A ti juro mi fidelidad y vasallaje!
> Tú que haces temblar la Tierra y todo lo que habita en ella
> ¡A ti juro mi fidelidad y vasallaje!
> ¡Gran Señora del Viento y la Tormenta!
> ¡Diosa Soberana de Blasón Orgulloso!
> ¡A ti juro mi fidelidad y vasallaje!

Contrástalo con la sexta estrofa de la adoración, que representa "un Conjuro, como de un Amigo con su Amigo":

> ¡Hera, Amiga Amada!
> ¡Principal Protectora de la Mujer!
> ¡Guardiana del Nacimiento y los Niños!
> ¡Dispensadora de la Fertilidad y la Abundancia!
> ¡Amante de la Granada y el Vino!
> Mírame, una mujer, caminando contigo.
> Necesito Tu Guía—
> Que mi mente esté abierta a la Influencia del Más Alto;
> Que mi Corazón se inunde de Amor;
> Que mi Alma se purifique de Egoísmo;
> Que mi Cuerpo sea Fuerte y Resistente,
> ¡Todo mi Ser, Firme y Flexible!
> ¡Para el Trabajo de mi Voluntad!

Finalmente, considera la séptima estrofa de la adoración de Wolfe, "un Madrigal, como de un Amante con su Querida".

¡Hera, Querida! ¡Esposa! ¡Amante!

¡Adorada y Adoradora!

¡Inclínate cerca de mí, Amante, para que pueda sentir Tu Aliento en mi cara!

¡Tus Queridos, Deliciosos Perfumes en mi nariz!

¡Con el Toque de Tu Cuerpo estoy atrapada en un Rapto de Deleite!

¡Tu Boca me lanza fuera del mundo!

Cielo, Infierno y Cielo Estrellado,

Tiempo, Espacio y Eternidad,

¡Todos están disueltos en Tu Dichoso Abrazo!

Y Tu Ser fundido en el mío me carga a través de los Eónes del Tiempo

¡Fuera, Fuera, hacia el Gran Mar de Todo-Lo-Que-Es!

¡Estoy entre los Dioses! ¡Estoy entre los Dioses!

¡Y hago mi Voluntad entre los Vivos!

¡Querida! ¡Esposa! ¡Amante!

¡Tres, tres, tres veces amada HERA!

Cada uno de estos aspectos del amor transmite una instrucción en la relación con el SAG. Esto es, todas y cada forma de amor que percibimos y experimentamos en nuestras vidas son un presagio del amor del SAG, un indicio o destello de esa arrebatadora unión que nos espera. Crowley aborda esta idea en *Liber Astarte* cuando dice:

Así atraviesas todas las aventuras del amor, sin omitir ninguna; y con cada una concluyes: ¡Qué pálido reflejo es esto del amor por esta Deidad! Sin embargo, de cada una tomas algo de conocimiento del amor, alguna intimidad con el amor, que te ayudara a perfeccionar tu amor. Aprende así la humildad del amor por uno, su obediencia de otro, su intensidad de un tercero, su pureza de un cuarto, su paz de un quinto. Entonces, habiendo hecho perfecto tu amor, será digno de ese amor perfecto Suyo.

Sin importar cuáles prácticas específicas elijas, estoy seguro de que encontrarás que los elementos devocionales de tu práctica mágica son una fuente de belleza y poder. Espero que estos caminos de amor, algún día, te conduzcan al abrazo de tu propio Santo Ángel Guardián.

Lecturas recomendadas:

Por Aleister Crowley:

Crowley, A. (1992). Liber Astarte vel Berylii. En I. Regardie (Ed.), *Gems from the Equinox*. Scottsdale, AZ: New Falcon Publications.

Crowley, A. (1992). Liber E. En I. Regardie (Ed.), *Gems from the Equinox*. Scottsdale, AZ: New Falcon Publications.

Crowley, A. (1992). Misa Gnóstica En I. Regardie (Ed.), *Gems from the Equinox*. Scottsdale, AZ: New Falcon Publications.

Crowley, A. (1992). Liber NU. En I. Regardie (Ed.), *Gems from the Equinox*. Scottsdale, AZ: New Falcon Publications.

Crowley, A. (1992). Liber Had. En I. Regardie (Ed.), *Gems from the Equinox*. Scottsdale, AZ: New Falcon Publications.

Crowley, A. (1992). Liber Resh vel Helios. En I. Regardie (Ed.), *Gems from the Equinox*. Scottsdale, AZ: New Falcon Publications.

Crowley, A. (1992). Liber VIII. En I. Regardie (Ed.), *Gems from the Equinox*. Scottsdale, AZ: New Falcon Publications.

Por otros autores:

Swami Vivekananda. (1982). *Karma-Yoga and Bhakti-Yoga*. New York, NY: Ramakrishna-Vivekananda Center.

13

LIBER SÁMEJ & LA INVOCACIÓN DEL SANTO ÁNGEL GUARDIÁN

Un escucha de mi podcast, *Viviendo Thelema*, alguna vez me escribió preguntando, "En tu episodio sobre el SAG dices 'invoca con frecuencia'. ¿Existe algún ritual de invocación específico?" Mi respuesta para él es igual de cierta y relevante hoy: el movimiento gradual a la invocación culminante del Santo Ángel Guardián es tan personal e individualizado que no hay manera de que nadie más pueda darte un ritual prehecho que se ajuste a ti perfectamente. Este debe ser tu ritual y estará personalizado para reflejar *de manera exacta* tu estado interior y tus necesidades espirituales. A lo largo del camino hacia el Conocimiento y Conversación completos, reunirás herramientas, rituales y toda forma de elementos simbólicos e internos, muy personalizados y únicos a ti. Puede ser difícil para el principiante creerlo, pero cuando estés listo para el trabajo culminante del C & C, tendrás una buena idea de las herramientas necesarias. Estas pueden estar basadas en documentos existentes como *Liber Sámej* y *Liber VIII*, pero estos serán esqueletos para que tú vistas con carne; es poco probable que sean instrucciones textuales optimizadas para tu uso personal.[24] No te adhieras servilmente a las instrucciones de nadie más en esto, el más profundamente personal de todos los trabajos mágicos.

Quiero empezar sugiriendo que releas cuidadosamente el Capítulo 2 que concierne al Santo Ángel Guardián. Es importante tener una comprensión sólida de la naturaleza del SAG, y de la relación entre el aspirante y el SAG, ya que se desarrolla gradualmente a través de los grados de la Primera Orden de la A∴A∴, para aprovechar al máximo la discusión actual.

De hecho, debemos "invocar con frecuencia" y "hacernos arder en adoración". En el análisis final, esto es *casi* el único elemento esencial en términos de técnica. Esta es la clave central de cualquier acercamiento al Conocimiento y Conversación. Cualquier invocación de la Luz de tu Ángel, en cualquier forma que tome para ti, repetida con amor y aspiración cada vez más intensos, durante un periodo de tiempo suficiente, probablemente tendrá éxito. Ciertamente, habrá fases de tu trabajo que involucren un ritual formal, pero no siempre. La clave es el enfoque implacable, día a día, momento a momento en la aspiración, invocando honestamente el SAG como sepas hacerlo y como se te instruirá.

Como habrás adivinado por el título del capítulo, *Liber Sámej* será el foco central de nuestra discusión aquí. No sólo es el ritual en sí mismo una obra de arte, sino que el comentario de Crowley, en particular el comentario que lo acompaña, es una de las informaciones más lúcidas, informativas y prácticas que podrás encontrar sobre el trabajo interior real de la magia ritual que encontrarás en cualquier lugar. Él describe la visualización en detalle y explica cómo sumergirte en cada una de las partes que componen el ritual. Es increíblemente rico y bien ejecutado, fuertemente recomiendo que estudies *Liber Sámej* y el comentario a fondo y repetidas veces a lo largo de tu carrera mágica.

Liber Sámej fue compuesto originalmente por Crowley para el uso de Frank Bennett (Frater Progradior) en su propia invocación al SAG. En consecuencia, es un ejemplo excelente del acercamiento del acercamiento de Crowley para enseñar a otros en este tema. Aquí podemos leer algunas de las discusiones más persuasivas de Crowley acerca de la naturaleza del SAG y de la relación entre el SAG y el aspirante, empaquetadas para un estudiante querido bajo su supervisión.

---

[24] Crowley, A. (1992). Liber Samekh. En I. Regardie (Ed.), *Gems from the Equinox*. Scottsdale, AZ: New Falcon Publications.

El ritual comienza con una invocación adaptada de la Invocación Preliminar de la *Goecia*. Una de las cosas más notables de esta invocación es la manera en la que el lenguaje cambia de las primeras líneas a los pasajes finales. Inicialmente, al SAG se le dirige de "usted", sugiriendo que el aspirante está en un dialogo con una entidad externa que se siente separada. En contraste, el pasaje final hace claro que la unión deseada con el SAG ha sido lograda; o por lo menos el despertar completo del aspirante a la realidad de la existencia del Ángel y el inicio de la comunión consciente y voluntaria.

Hay una invocación inicial al Ángel y después la mayor parte del ritual es una invocación secuencial, pero funcionalmente simultánea, de los cuatro elementos, culminando con la coronación de todos bajo la regencia del espíritu, el "quinto elemento" o quintaesencia. Esto es, estas son invocaciones secuenciales de los cuadrantes, pero el efecto neto cuando el ritual es completado es que has invocado simultáneamente los cuatro elementos y los has coronado con el espíritu.

Recordarás que todo el propósito de los grados de la Primera Orden de la A∴A∴ es convertirse en un recipiente adecuado para la habitación del SAG. En consecuencia, este ritual es una recapitulación, y una integración completa y final, del trabajo que el aspirante ya ha logrado de manera preliminar a través de los grados de la primera orden. Dentro del ritual, el mago va a cada uno de los cuadrantes secuencialmente, trazando pentagramas de invocación y vibrando los llamados "nombres bárbaros" que corresponden a la naturaleza del cuadrante. La verdadera clave de esta etapa del ritual es lanzarse de la manera más vívida e intensa posible a la identificación con el elemento que está siendo invocado. Esta es una recomendación general importante para cualquier ritual, por supuesto, pero es más importante aquí que en ningún otro lugar con el que yo me haya encontrado. Crowley discute esto en sus comentarios refiriendo al nivel de dificultad del ritual. Puede ser muy difícil mantener la concentración e intensidad de enfoque que este ritual demanda. Te lanzas a encarnar las energías de cada cuadrante con tanta fuerza como te es posible. Cuando regresas al centro, debes intentar hacer lo mismo, pero con el elemento del espíritu, la aspiración al SAG mismo, el cultivo de la receptividad completa para su habitación.

El clímax de este ritual es un ejemplo perfecto de la utilidad de yuxtaponer opuestos energéticos para lograr amplificar el efecto del ritual. Hay una extensión activa, infinita, ascendente del yo, seguida por una contracción infinita hacia adentro. Crowley dice que esto es casi como "esconderse" del Ángel en la más íntima "ciudadela del yo". La alternancia de la identificación del mago con estos opuestos catapulta al yo más allá de ellos y hacia un estado de consciencia completamente diferente. Esta es la culminante oleada ascendente de las "chispas del yo" que completa el ritual y afecta la comunión consciente con el Ángel.

En su comentario, hermoso pero práctico, a la sección F del ritual, Crowley escribe:

> El Adepto ahora regresa a la casilla Tiféret de su Tau e invoca el espíritu, mirando hacia Boleskine, mediante los Pentagramas activos, el sigilo llamado la Marca de la Bestia y los Signos de L.V.X. [...] Luego vibra los Nombres, extendiendo su voluntad de la misma manera que antes, pero verticalmente hacia arriba. Al mismo tiempo, se expande hacia la Fuente de esa Voluntad, el símbolo secreto del Yo, tanto a su alrededor y hacia abajo, como para afirmar ese Yo, duplo como es su forma, reticente a aceptar su fracaso en coincidir con la Esfera de Nuith. Que imagine, en la última Palabra, que la Cabeza de su voluntad, donde se fija su consciencia, abre su fisura (el Brahmarandra-Cakkra, en la unión de las suturas craneales) y exuda una gota de rocío cristalino, y que esta gota es su Alma, una ofrenda virginal a su Ángel, arrancada de su ser por la intensidad de esta Aspiración.[25]

Esto se refiere a la extensión activa del yo. Después, debemos balancear esto con la retirada del yo y la fase receptiva del clímax. Citaré extensamente el comentario de Crowley aquí, porque este material habla de la naturaleza misma del Ángel y de la relación entre el adepto y el Ángel. En pasajes como estos, podemos apreciar completamente el valor de los talentos poéticos de Crowley cuando se aplican a la descripción de trabajo sutil interior, el lenguaje es realmente trascendente. Los siguientes comentarios corresponden a la sección G del ritual:

> El Adepto, si bien retirado, ha de mantener la Extensión de su Símbolo. Ahora repite el signo como antes, salvo que hace el Pentagrama Pasivo de Invocación del espíritu. Se concentra en su consciencia dentro de su Símbolo-Gemelo del Yo y se esfuerza por enviarlo a dormir. Pero si la operación se realiza de manera adecuada, su Ángel habrá aceptado la ofrenda de Rocío y se habrá aferrado con fervor sobre el símbolo

---

[25] Crowley, A. (1992). Liber Samekh. En I. Regardie (Ed.), *Gems from the Equinox*. Scottsdale, AZ: New Falcon Publications.

extendido de la Voluntad hacia Él. Esto, entonces, Él sacudirá vehementemente con vibraciones de amor que reverberan con las Palabras de la Sección. Incluso en los oídos físicos del adepto habrá de resonar un eco de eso, pero no podrá describirlo. Parecerá más fuerte que en trueno y más suave que el susurro del viento nocturno. Inmediatamente será inarticulado y significará más que lo que jamás haya oído.

Ahora que se esfuerce con toda la fuerza de su Alma para soportar la Voluntad de su Ángel, escondiéndose en la celda más cercana de la ciudadela de la conciencia. Que se consagre para resistir el asalto de la Voz y la Vibración hasta que su consciencia se desvanezca en la Nada. Porque si quedara sin absorber un sólo átomo del Ego falso, ese átomo mancharía la virginidad del Verdadero Ser y profanaría el Juramento; entonces ese átomo debería arder tanto por el acercamiento del Ángel que debería abrumar al resto de la mente, tiranizarla y volverse un déspota loco hasta la ruina total del reino.

¿Pero, estando todo muerto a los sentidos, quién es capaz de luchar contra el Ángel? Intensificará la tensión de Su Espíritu para que Sus legiones leales de Leones-Serpientes salten en la emboscada, despertando al adepto para que sea testigo de su Voluntad y lo arrastren en su entusiasmo, de forma que participe conscientemente en este propósito y vea lo simple de la solución a todas sus perplejidades. Entonces, el Adepto será consciente de que está siendo arrastrado por la columna de su Símbolo de Voluntad y que Su Ángel es en verdad él mismo, con una intimidad tan intensa que se convierte en una identidad, y que sólo no en un Ego, sino en cada elemento inconsciente que participa en ese ascenso múltiple.

Este arrebato es acompañado de una tempestad de luz brillante, casi siempre, y en muchos casos por un estallido sonoro, estupendo y sublime en todos los casos, aunque su carácter puede variar dentro de amplios límites.

El aluvión de estrellas se dispara desde la cabeza del Símbolo de la Voluntad y se dispersa por el cielo en galaxias brillantes. Esta dispersión destruye la concentración del adepto, cuya mente no puede dominar dicha multiplicidad de majestad; como regla, él simplemente se hunde aturdido en la normalidad, para recordar nada de su experiencia sino una vaga, aunque vívida, impresión de liberación total y arrebato inefable.

La repetición lo fortalece para darse cuenta de la naturaleza de su logro; y su Ángel, el vínculo una vez hecho, lo frecuenta y entrena sutilmente para ser sensible a su Santa presencia y persuasión. Pero puede suceder, especialmente tras éxitos repetidos, que el Adepto no sea arrojado de nuevo hacia su mortalidad por la explosión del Aluvión de Estrellas, sino que se identifique con un "León-Serpiente" en particular, permaneciendo consciente hasta que encuentra su lugar apropiado en el Espacio, cuando su yo secreto florece como una verdad, que el Adepto puede entonces traer de vuelta a la tierra con él.

Este es sólo un tema secundario. El propósito principal del Ritual es establecer la relación del yo subconsciente con el Ángel en una manera que el Adepto sea consciente que su Ángel es la Unidad que expresa la suma de los Elementos de ese Yo, que su consciencia normal contiene enemigos extraños introducidos por los accidentes del entorno y que su Conocimiento y Conversación con Su Santo Ángel Guardián destruye todas las dudas y engaños, confiere todas las bendiciones, enseña toda la verdad y contiene todos los placeres. Pero es importante que el Adepto no descanse en la mera realización inexpresable de su rapto, sino que se despierte para hacer que la relación se someta al análisis, para traducirla en términos racionales y así iluminar su mente y corazón en un sentido superior al entusiasmo fanático, como la música de Beethoven lo es a los tambores de guerra de África Occidental.

Dejando de lado el obvio etnocentrismo de la última oración, parece que lo que Crowley está intentando transmitir es que el Conocimiento y Conversación, una vez logrados, es de poca utilidad si el *único* efecto es hacer arder al adepto e inspirar éxtasis espiritual. Ciertamente, eso es un aspecto útil (y una herramienta importante para el trabajo posterior) pero debes *hacer algo* con ese conocimiento. Debes encontrar un camino de expresar esta experiencia inefable en términos racionales, para que tu trabajo en el mundo pueda ser informado, animado y enriquecido por tu experiencia. Sales al mundo como una persona cambiada, un adepto recién hecho, armado con la verdad lograda a través del Conocimiento y

Conversación; pero no puedes hacer eso de manera efectiva si no has traducido lo inefable a lo que puede ser expresado de manera racional.

Habiendo logrado el clímax de este ritual ycomunión consciente (por lo menos momentáneamente) con el Ángel, el ritual procede al cierre, que se llama Logro. Como señalé anteriormente, el lenguaje es ahora de *identidad* con el Ángel:

> ¡Soy él! ¡El Espíritu No Nato! Teniendo vista en los pies:
> ¡Fuerte y el Fuego Inmortal!
> ¡Soy él! ¡La verdad!
> ¡Soy él! ¡Quién odia que se produzca el mal en el mundo!
> ¡Yo soy Él, quien alumbra y truena!
> ¡Yo soy Él, de quien proviene la Lluvia de la Vida de la Tierra!
> ¡Yo soy Él, cuya boca siempre arde!
> ¡Yo soy Él, el Engendrador y Manifestador hacia la Luz!
> ¡Yo soy Él, la Gracia de los Mundos!
> ¡"El Corazón Ceñido con una Serpiente" es mi nombre!

Aquí hay otra consideración práctica muy importante. Es claro por las instrucciones que este ritual ha de ser realizado en el Cuerpo de Luz; esto es, ha de ser realizado en el cuerpo astral del mago, en lugar de ser simplemente realizado de manera física como podríamos hacerlo en nuestros rituales de rutina diarios. Para lograr aprender el ritual, ciertamente habrás de necesitar practicarlo físicamente, realmente moverte a los cuadrantes y seguir las instrucciones con relación a las posturas, pentagramas, etc. Sin embargo, una vez que haya sido dominado físicamente, es importante realizarlo en el Cuerpo de Luz. En parte, esto es porque la substancia astral del yo está tan íntimamente relacionada con el lenguaje de los símbolos mediante el cual el Ángel se expresa; pero también los "músculos" mágicos que fortaleces a través de la realización repetida de este ritual en el Cuerpo de Luz serán de gran utilidad para ti en una gran gama de contextos.

Revisemos algunos puntos prácticos en términos de construir e implementar un retiro formal para el Conocimiento y Conversación. En fuentes clásicas sobre esto, como los materiales de Abramelín, hay una expectativa de casi absoluta soledad por meses seguidos y en un templo construido de manera muy específica para realizar el trabajo. Uno de los grandes regalos de Crowley a los magos modernos fue entender que debe haber una manera de progresar el camino del logro y aún funcionar en el mundo moderno. ¡La mayoría de nosotros no tenemos el lujo de ser ricos de manera independiente, retirarnos del mundo sin tener que trabajar por meses y comprar la mansión de Boleskine! Si contemplas los requisitos establecidos en *Liber Sámej* y *Liber VIII*, será bastante sencillo hibridar estas prácticas e integrarlas en tu rutina diaria, al menos por un tiempo, antes de pasar a un retiro completo y formal con una retirada real en soledad.

Liber Sámej está diseñado para realizarse a lo largo de once meses, mientras que *Liber VIII* es un trabajo de noventa y un días. Hibridando estos, podrías, por ejemplo, tener un periodo preparatorio de varias semanas o meses con una intensidad de realización que aumenta gradualmente. Puedes pasar de una vez al día, a dos al día, a cuatro al día, aumentando gradualmente de semana a semana hasta que durante el clímax puedes pasar una semana o más en completo retiro. Con un poco de planificación previa, es bastante posible, incluso en el ocupado y complejo mundo actual.

Cuando llegues al retiro solitario real, es muy útil tener un asistente que pueda traerte comida, lidiar con emergencias externas y estar ahí para responder a cualquier solicitud. ¿Se te acabaron las velas? ¡Tu asistente está ahí para traer más! Sin embargo, sugiero que evites incluso el contacto visual con este asistente para así mantener una concentración estricta en el trabajo en cuestión. Comuníquense a través de notas escritas, de ser necesario, y hagan arreglos para los baños, comidas y otras necesidades para que tú y tu asistente no estén en el mismo lugar en ningún momento.

Naturalmente, un templo construido especialmente para esto es ideal, aunque pocos tenemos ese lujo. Aun así, puedes encontrar bastante difícil intentar un retiro dentro de tu lugar de habitación usual, con tus hijos corriendo fuera de la puerta. En consecuencia, te insto a encontrar una vivienda separada de algún tipo, tal vez un centro para retiros, una cabaña aislada en renta o incluso un cuarto de hotel. No desesperes si pareces no encontrar el lugar ideal. Recuerda, Karl Germer logró el Conocimiento y Conversación en un campo de concentración, sin ninguna herramienta mágica convencional ni un templo, sólo armado con aspiración pura. Entonces, si bien todos estos adornos a la invocación del Ángel y las preparaciones elaboradas para el espacio y los materiales definitivamente mejoran el trabajo, son en última instancia simples herramientas. Es el trabajo *interno* lo que es crucial.

Si persistes en este trabajo, invocando con frecuencia y haciéndote arder en oración al Ángel; si escuchas internamente la comunicación de las herramientas y las formas rituales conforme avanzas hacia el trabajo final, has de tener éxito. La perseverancia es noventa y cinco por ciento del trabajo. Nunca he visto a nadie persistir en el sistema de la A∴A∴ y no tener éxito. Todos los "fracasos" que he visto, han involucrado aspirantes que dejaron de hacer el trabajo, de una manera u otra. Dejaron de hacer las prácticas diarias, se rindieron en el camino o sucumbieron ante sus egos y no siguieron el sistema como está establecido. Pero ni una sola vez he visto a alguien *persistir* en el trabajo y fallar. Nunca dudes de ti mismo en este sentido. ¡Persiste con inteligencia, valor y devoción y lo lograrás!

14

MAGIA SEXUAL Y MISTICISMO SEXUAL

Muchas tradiciones espirituales a través de la historia han incluido instrucciones esotéricas sobre el uso de la sexualidad como un sacramento —como un modo de forjar un vínculo con lo divino— y la aplicación de fuerza sexual con fines mágicos Varias tradiciones tántricas y Taoistas bien conocidas, por ejemplo, han presentado estos acercamientos, y dentro de thelema tenemos un diverso conjunto de prácticas, instrucciones e imágenes a las que acceder a muchas de las escrituras explicativas de Crowley y en nuestros Libros Sagrados. Es ampliamente sabido que la O.T.O. enseña ciertos secretos de magias sexual, pero no discutiré ningún secreto de la O.T.O. en este capítulo. Lo que *sí* discutiré son mis observaciones sobre las fórmulas generales de la magia y el misticismo sexuales presentes en muchas tradiciones que he estudiado, incluyendo (y, por supuesto, especialmente) thelema. Este es un tema vasto y, como con muchas técnicas mágicas, podrías pasar toda la vida estudiando sólo este tema y no agotar sus posibilidades. En este capítulo sólo vamos a rascar la superficie, pero creo que la discusión aquí será útil a medida que sigas con tus experimentos en esta línea.

La palabra *tantra* significa "tejer". La implicación es que las prácticas tántricas, la experiencia mágica y mística sexuales a discusión aquí involucran un tejido de la experiencia del éxtasis divino como ocurre en y a través de los seres humanos. La magia y misticismo sexuales se tratan de vivir plenamente en el mundo y en nuestros cuerpos. ¡Esto es tan esencialmente thelémico y tan agradablemente poscristiano! Atrás quedó la visión dualista del cuerpo como un aspecto pecaminoso o menor de nuestra naturaleza. Aquí, en nuestro tantra thelémico, no sólo se nos permite, sino que *se nos anima*, a vivir plenamente en nuestros cuerpos y experimentar el éxtasis como una manifestación de lo divino, no como algo separado de él.

La magia sexual es, ante todo, *magia*. Como tal, está fundada en las mismas definiciones y procesos que asociamos con cualquier otra técnica mágica. Esto es, la magia sexual requiere el uso de la fuerza apropiada, aplicada al medio indicado, utilizando las técnicas más efectivas, para el fin deseado. Una definición útil de una operación mágica efectiva es que el mago "enuncia" el nombre de Tetragrammaton (*yod he vav he*) en todos los Cuatro Mundos qabalísticos de manera simultánea. Los cuatro mundos son, por supuesto, *Atziluth, Briá, Yetzirá* y *Assiá*. En el contexto del trabajo sexual, tenemos yo, la fuerza primordial misma, ese poder generativo universal que podemos simbolizar con la vara o la lanza; y *he*, el recipiente para dicho poder, el alma superior del mago, la copa o el grial. Estos son los niveles Atzilúticos y Briático, respectivamente, y son en una manera muy real la fuerza que alimenta la operación. Después viene vav, el mundo de Yetzirá, el uso de la mente para dar forma a la fuerza y el fin deseado, imprimiendo la voluntad en el talismán eventual. Finalmente, tenemos la he final, el mundo de *Assiá*, que es el talismán o eucaristía sobre la que encerramos el poder de todo lo que ha pasado antes en la operación.

Mencioné previamente que thelema está particularmente bien adaptada para el trabajo tántrico y no tienes que buscar lejos para encontrar fuerte evidencia de esto. *El Libro de la Ley*, como es entendido a través de los comentarios de Crowley, está lleno de valiosas instrucciones sobre magia y misticismos sexuales, tanto en teoría como en práctica. Se nos da un panteón específico de deidades thelémicas, las polaridades de Nuit y Hadit, y Ra-Hoor-Khuit como resultado de su unión. Estas deidades están listas para ser usadas como imágenes vivas de y puertas a los procesos internos de la magia y el misticismo sexuales. Por ejemplo, en el Capítulo Uno, leemos acerca de "la conciencia de la continuidad de la existencia", este pasaje evoca ese aspecto de la experiencia tántrica en el que tejemos junto todo el éxtasis divino del universo mismo, el universo experimentándose a sí mismo a través de nuestro éxtasis, como Nuit dice que nuestro placer es su placer. Este es sólo uno de los muchos ejemplos. Para obtener ejemplos adicionales y discusión relevante, sugiero que revises los comentarios de Crowley sobre el Capítulo Uno, versos 12, 51, 52 y 63; Capítulo Dos, versos 26 y 70; y Capítulo Tres, versos 55-57. El lenguaje, teoría y práctica del tantra thelémico están integrados en nuestro sistema y han estado ahí desde el principio. No necesitamos imponer doctrinas, dogmas o nombres divinos de otras fuentes, incluyendo los sistemas tántricos tradicionales. Ya tenemos un conjunto vital y poderosos de herramientas dentro de nuestro propio panteón thelémico.

Prerequisitos

Echemos un vistazo a algunos prerrequisitos importantes para usar las técnicas de magia y misticismo sexuales de manera efectiva. Primero, necesitas poder controlar tu mente, demostrar cierto dominio del raja yoga. Segundo, necesitas haber cultivado la capacidad de dirigir fuerza mágica usando este control mental, de una manera precisa. Tercero, necesitas un sistema de símbolos internamente consistente que incluye avatares cargados emocionalmente de las polaridades universales que tradicionalmente han sido llamadas Shiva y Shakti. En thelema tenemos a Hadit y Nuit, La Bestia (o Caos) y Babalón, y así sucesivamente. Por "cargados emocionalmente" me refiero a que necesitas tener una conexión con los conjuntos de símbolos para que puedas de manera efectiva hacerte arder en adoración y éxtasis cada vez más intensos conforme te esfuerzas por unir estos opuestos. Tienes que poder cultivar un anhelo poderoso y pasional, de Hadit por Nuit o de Nuit por Hadit, para realmente conectar estos conceptos con sus contrapartes energéticas internas; de otra manera es un sistema seco, simples palabras en papel.

Además, necesitas tener un conocimiento profundo de tus propios patrones de excitación sexual, como probablemente sea evidente. Con este conocimiento, puedes obtener una certeza, a través de experiencias vividas, de la verdad de que lo divino y lo extático son *uno*. Este proceso gradual consiste en identificar el éxtasis sexual con la divinidad misma y, a la inversa, identificar el éxtasis con la divinidad. El éxtasis se vuelve accesible como un fenómeno general, independiente de lo que previamente pensábamos era meramente "sexual". ¡Entonces, casi de una manera pavloviana, gradualmente, progresivamente, cada vez más, tienes la experiencia interna de que Dios es realmente sexy y el sexo es realmente santo! Eventualmente, estas dos ideas se vuelven inseparables. Encontrarás éxtasis en cada fenómeno, como se nos encomia en *El Libro de la Ley*. Esto se abre como una realidad para ti cuando vives plenamente tu voluntad y te involucras por completo en tu vida; eres de hecho un participante activo en el proceso del universo experimentándose a sí mismo. Encontrar este éxtasis en la vida diaria es un verdadero don. Y el misticismo sexual thelémico, como descrito aquí, nos abre a este don.

Otro requisito útil es una relación mágica con una pareja sexual, incluido un sistema de símbolos compartido. Debe ser evidente a partir de la discusión anterior que entre más alineados estén los dos compañeros en términos de los nombres y poderes que asocian con ciertas energías y sus experiencias internas correspondientes, más poderosa puede ser la magia. Tener una relación sexual existente con una pareja de magia sexual es además benéfico, ya que tendrás un vocabulario físico, emocional y sexual bien desarrollado. Finalmente, es vital tener una buena comunicación con tu pareja acerca de todas estas cosas, a un nivel mágico, a un nivel emocional y a un nivel de relación, porque si hay tensión en la pareja en cualquiera de estos niveles, se compromete el efecto del trabajo.

Etapas del entrenamiento: Purificación, consagración e iniciación

El entrenamiento en las técnicas thelémicas de la magia y el misticismo sexuales pueden ser útilmente en tres etapas, las cuales referiré como purificación, consagración e iniciación. En la primera fase de *purificación*, estás limpiando tu relación con la fuerza sexual misma, el principio sexual, generativo, dador de vida que reside en todos los humanos. En nuestra cultura y muchas otras a través de los siglos recientes, ha habido una inmensa cantidad de vergüenza y culpa asociadas con la sexualidad. Incluso aquellos que nos consideramos thelemitas sexualmente liberados podemos descubrir que tenemos algunos complejos de vergüenza y culpa residuales que debemos extirpar. Por consiguiente, para comprender, experimentar y expresar la divinidad de la fuerza sexual y el impulso sexual completamente, primero debemos lavar —purificar— esos fragmentos residuales de vergüenza y culpa que puedan estar pegados a nosotros. Un acercamiento a dicha purificación podría involucrar sesiones de meditación donde recuerdes todo tipo de aspectos claramente positivos y agradables del concepto de generatividad: plantas en crecimiento, el sol o imágenes extraídas de la mitología que están, para ti, vibrantemente vivas, saludables y dadoras de vida, con un matiz de intensidad sexual. Algunos ejemplos pueden ser las deidades Afrodita, Pan o Príapo, etc. Esencialmente estás reprogramando esos aspectos de ti mismo que podrían haber sido indebidamente influenciados por los complejos de vergüenza y culpa inculcados por la sociedad negativa al sexo. Estás reprogramando tus asociaciones para que la sexualidad pueda ser experimentada vívidamente como una fuerza vital y positiva en todos sus aspectos. La definición real de una cosa pura es que sea *sólo ella misma* y no esté contaminada de elementos extraños. Y, de hecho, quieres que la fuerza sexual sea puramente ella misma para que tú, el mago sexual, pueda tener una buena relación con ella.

La siguiente fase del entrenamiento involucra la *consagración* de la fuerza sexual para tus objetivos deseados. Lo que en realidad estás entrenando aquí es la habilidad de dirigir la fuerza sexual para unirse con ideas específicas y/o entidades. Estás entrenando tu mente para aprovechar la fuerza que has purificado y dirigirla, bajo la voluntad, en maneras muy específicas. Una de las prácticas más fundamentales (y recomendadas) es aquella de dedicar todo tu éxtasis a Nuit; más específicamente, dedicar el éxtasis del orgasmo a Nuit, considerando este como una ofrenda a Ella y permanecer consciente que Su éxtasis está en el tuyo. He de decir que, durante muchos años de práctica, propia y de mis alumnos, he encontrado que este es uno de los medios más poderosos para fortalecer y afinar la voluntad misma. Puedes consagrar tu fuerza sexual con otras metas, por supuesto, de la misma manera que enfocas tu mente en la meta de cualquier otro tipo de ceremonia mágica. El poder de la fuerza sexual puede ser dirigido para unirse con cualquier otra idea que se relaciona con la meta de tu operación. Si estás realizando un trabajo enoquiano, por ejemplo, y quieres tener un experiencia más vívida y vital con la experiencia que estás invocando, puedes dedicar la energía de la descarga sexual a esa meta. La clave es "enamorarse" con el objeto del ritual, experimentar la totalidad del trabajo como cortejo y romance, culminando en la unión extática con la misma *idea* de la entidad en cuestión.

Aquí hay algunos ejercicios prácticos que podrían ser útiles conforme navegas las etapas de purificación y consagración de tu entrenamiento. Empieza por emprender una serie de meditaciones en las que contemplas la fuerza generativa en la naturaleza o símbolos sugerentes de estas fuerzas, como un árbol que crece, el proceso interminable de la evolución de la especie humana, el ADN, el sol, el lingam y yoni cósmicos, la lanza y el grial, lo que sea que te inspire en este sentido. Medita en estos temas hasta que hayas cultivado la habilidad de crear una atmósfera sagrada a través de estas imágenes. Cuando esto se haga fácilmente, empieza a traer sentimientos sexuales, recuerdos de experiencias y sentimientos sexuales pasados. Haz que estos sentimientos sean tan vívidos como sea posible, mientras permaneces en su lugar sagrado creado por la contemplación de las ideas previas.

Continúa esta práctica de manera regular a lo largo de varias semanas o más. A través de este emparejamiento repetido y gradual de lo sagrado y lo extático, llegarás a tener una consciencia del hecho de que son *uno y lo mismo*. Parecerá casi como si los centros del placer del cerebro estuvieran permanentemente alterados al inundarlos con imágenes sagradas. Cuando esta es una realidad experiencial para ti, y no meramente una idea metafísica, estás listo para pasar a la siguiente etapa: vivir cada día dedicando todo placer, todo éxtasis, más específicamente tu éxtasis sexual, a Babalón o Nuit. Haz esto de manera regular por lo menos un mes completo. Haz estas ofrendas devocionales tan intensas y frecuentes como sea posible. Puede ser útil, durante el clímax sexual y otros momentos extáticos, visualizar un gran grial en el cual viertes el líquido dorado de tu éxtasis. Tras varias semanas de práctica, puede que estés listo para pasar a la siguiente fase de tu entrenamiento.

La fase final es la de *iniciación*, la fórmula completa de misticismo y magia sexuales. Idealmente, este trabajo es realizado por dos magos que han pasado por las etapas preliminares de purificación y consagración, multiplicando así la fuerza generada. Cuando los dos en la pareja están entrenados de esta manera, son más capaces de lograr la tarea en el mundo de Yetzirá; esta es usar la mente para canalizar la fuerza en la dirección apropiada para el fin apropiado. Ya que los componentes físicos de la eucaristía, los fluidos sexuales combinados, están diseñados por naturaleza para llevar a cabo la Voluntad en la forma de la vida de la especie, la materia prima de tu trabajo está lista para ser un recipiente de la fuerza de voluntad. Es como si estuvieras permitiendo que tu "viejo" yo muriera, enviando la voluntad en la forma del resultado ritual deseado. Con el eventual consumo de la eucaristía, o su uso como agente consagrador de talismanes o sigilos, ese resultado de la voluntad está "encerrado" como templete para una nueva vida en el futuro. Incluso podrías pensar en el mago como una computadora que recibe un nuevo software en el cual basar sus operaciones; el software es, por supuesto, la voluntad del mago "muerto" que ha sido impresa en la Eucaristía. Simplemente estás agregando la meta mágica deseada y dominando la tecnología de hacer esta la tarea central en esta tercera fase que estoy llamando iniciación. Discutiremos este aspecto del entrenamiento con más detalle más abajo.

Misticismo sexual thelémico

Si has estado leyendo entre líneas hasta ahora, creo que no te sorprenderás de oírme decir que una firme base y una identificación real con el poder del misticismo sexual thelémico es un prerequisito para una magia sexual thelémica plenamente empoderada. Esto no significa que sea la *única* vía de acceso a poderosa magia sexual, de ninguna manera, pero serás máximamente eficaz en el uso de la fuerza sexual sólo si has conectado conscientemente con su divinidad inherente. Entonces se convierte en uno de los combustibles más potentes para hacerte arder en ritual, cualquiera que tu meta ritual sea.

El corpus de escrituras thelémicas que nos dejó Crowley tiene un potencial tremendo, poder inherente real, para sintonizarnos con el poder vital y dador de vida de nuestra fuerza sexual. Si pasas una cantidad significativa de tiempo inmerso en la cultura thelémica y participas regularmente en rituales thelémicos como la Misa Gnóstica y otros, probablemente desarrollarás un sistema simbólico profundamente arraigado, listo para su uso en misticismo y magia sexual. Desarrollarás conexiones emocionales y energéticas a los conceptos de Nuit, Hadit y Ra-Hoor-Khuit, por ejemplo; y a la voluntad misma como una expresión del Ser que fluye a través de la fuerza sexual y otros canales. Estarás "programado" para vincular ciertos símbolos, frases, imágenes y nombres divinos a estas experiencias intrapsíquicas y esto trae verdadero poder mágico.

Veamos algunos ejemplos de los maravillosos materiales en el sistema de A∴A∴, para que puedas hacerte una idea de su utilidad en tu trabajo con el misticismo sexual mágico. El primero de estos es la sección SSS de *Liber HHH*. Esta práctica particular es asignada al Practicus de la A∴A∴ en esta etapa particular del entrenamiento en la A∴A∴ para fortalecer el trabajo con pranayama hecho en el grado de Zelator. Pranayama es un potente estimulador de la kundalini. Aquí en el grado de Practicus, el aspirante practica las técnicas de SSS como una aceleración de ese trabajo de la kundalini. En SSS, Crowley coloca las imágenes y energías asociadas con Nuit y Hadit en polos opuestos de la espina dorsal (los conceptos correspondientes en los acercamientos tántricos tradicionales serían Shakti y Shiva, respectivamente). Comienza con una cita de *Liber VII*, Cap. I (vv. 36-40):

> Eres una cosa hermosa, más blanca que una mujer en la columna de esta vibración. Disparo verticalmente como una flecha y me convierto en eso Arriba. Pero es la muerte y la llama de la pira. ¡Asciende en la llama de la pira, oh alma mía! Tu dios es como el vacío frío del último cielo, en el que tú irradias tu pequeña luz. Cuando Tú me conozcas, oh, Dios vacío, mi flama se extinguirá por completo en tu gran N.O.X.

Luego procede a describir la técnica:

1. Siéntate en tu Asana, de preferencia el Relámpago. Es fundamental que la columna esté vertical.

2. En esta práctica la cavidad del cerebro es el Yoni; la médula espinal es el Lingam.

3. Concentra tu pensamiento de adoración en el cerebro.

4. Ahora comienza a despertar la columna de esta manera. Concentra tu pensamiento en ti mismo en la base de la columna y muévalo gradualmente poco a poco. Por este medio habrás de volverte consciente de la columna, sintiendo cada vértebra como una entidad separada. Esto debe ser logrado de la manera más completa y perfecta antes de iniciar la práctica posterior.

5. A continuación, adora el cerebro como antes, pero imagina su contenido como infinito. Considéralo como el útero de Isis o el cuerpo de Nuit.

6. A continuación, identifícate con la base de la columna, como antes, pero imagina su energía como infinita. Considéralo el falo de Osiris o el ser de Hadit.

7. Estas dos concentraciones pueden llevarse hasta el punto de Samadhi. Sin embargo, no pierdas control de la voluntad; no dejes que Samadhi sea tu maestro aquí.

8. Ahora bien, estando consciente tanto del cerebro como la columna, e inconsciente de todo lo demás, imagina el hambre del uno por el otro; el vacío del cerebro, el dolor de la columna, incluso como el vacío del espacio y la falta de rumbo de la Materia. Y si tienes la experiencia de la Eucaristía en ambos tipos, esto ayudará en su imaginación.

9. Deja que esta agonía crezca hasta que sea insoportable, resistiendo con tu voluntad toda tentación. Hasta que todo tu cuerpo esté

bañado en sudor, o en el sudor de sangre, y hasta que un grito de intolerable angustia sea forzado de tus labios cerrados, no habrá de proceder.

10. Ahora deja que una corriente de luz, de azur profundo moteado con escarlata, suba y baje por tu espina, golpeándola como si estuvieras enroscado en la base como una serpiente. Que esto sea sumamente lento y sutil; y aunque esté acompañado de placer, resiste; y aunque pueda estar acompañado de dolor, resiste.

11. Continuarás así hasta que estés exhausto, nunca relajando el control. Hasta que puedas realizar esta sección por una hora entera, no procedas. Y retírate de la meditación por un acto de voluntad pasando a un suave Pranayama sin Kumbhakham y meditando en Harpócrates, el Dios silencioso y virginal.

12. Entonces, por fin, estando bien preparado en cuerpo y mente, fijo en paz, debajo de un cielo favorable de estrellas, de noche, en un clima calmo y templado, podrás acelerar el movimiento de la luz hasta que sea captado por el cerebro y la columna, independientemente de tu voluntad.

13. Si en esta hora has de morir, ¿acaso no está escrito, "Bienaventurados son los muertos que mueren en el señor"? ¡Sí, bienaventurados sean los muertos que mueren en el señor![26]

Estas meditaciones y contemplaciones hermosas y poéticas mejoran la identificación del aspirante con los opuestos en uno mismo y en la naturaleza, tal como los "personifican" Nuit y Hadit. En última instancia, por supuesto, el objetivo es el Conocimiento y Conversación del Santo Ángel Guardián y el amado con quien nos unimos en este SAG; pero estos ejercicios avivan los fuegos de la fuerza vital misma y nos ayudan conforme fortalecemos nuestra capacidad para dirigir esa fuerza hacia una meta espiritual.

---

[26] Crowley, A. (1992). Liber HHH. En I. Regardie (Ed.), *Gems from the Equinox*. Scottsdale, AZ: New Falcon Publications.

Liber NU es otra enseñanza que puede ser muy útil en desarrollar tu práctica mística sexual en el contexto del panteón thelémico. Si bien gran parte de esta enseñanza no es explícitamente sexual, sirve para cultivar las conexiones devocionales y emocionales necesarias con el panteón; y como se discutió anteriormente, este es un prerrequisito importante para el tantra thelémico. Aquí hay algunos pasajes relevantes:

> Medita sobre Nuit como la Contínua Resuelta en Ninguno y Dos como las fases de su ser.
>
> Medita sobre los hechos del Samadhi en todos los planos: la liberación del calor en la química, el gozo en la historia natural, Ananda en la religión, cuando dos cosas se unen para perderse en una tercera.
>
> Que el aspirante rinda la mayor reverencia a la Autoridad de la A∴A∴ y siga Sus instrucciones y que jure el gran Juramento de Devoción a Nuit.
>
> Que el Aspirante viva la Vida Hermosa y Agradable. Pues esta libertad ha ganado. Pero que cada acto, especialmente de amor, sea dedicado completamente a su verdadera amante, Nuit.
>
> Que el Aspirante anhele a Nuit bajo las estrellas de la Noche, con un amor dirigido por su Voluntad Mágica, no meramente procedente del corazón.
>
> El Resultado de esta Práctica en la vida posterior del Aspirante es llenarlo con alegrías inimaginables: darle certeza respecto a la naturaleza del fenómeno llamado muerte, darle paz indescriptible, descanso y éxtasis.[27]

Magia sexual thelémica

Habiendo revisado algunos de los textos thelémicos clave respecto al misticismo sexual y el trabajo de la kundalini, pasemos a una discusión más explícita sobre la magia sexual. Lo que sigue son algunas técnicas útiles que he encontrado en distintas tradiciones, en la forma de un esquema de cómo un ritual de magia sexual podría ser llevado a cabo. Esto será aplicable tanto al trabajo en solitario como a los rituales de pareja. Como dije al principio del capítulo, mucho de lo que sigue se basa en principios que serían aplicables a *cualquier* trabajo mágico, tanto sexual como de otro tipo.

---

[27] Crowley, A. (1992). Liber HHH. En I. Regardie (Ed.), *Gems from the Equinox*. Scottsdale, AZ: New Falcon Publications.

Como con cualquier trabajo mágico, el primer paso es identificar la meta del ritual. Este proceso debe incluir un autoexamen completo para detectar cualquier factor consciente o inconsciente que esté en contra del propósito del ritual. Si tienes alguna ambivalencia acerca de realmente obtener el resultado del trabajo, esto comprometerá la eficacia del ritual. Considera si existen las condiciones prácticas para la manifestación del objeto del trabajo; como con toda la magia, necesitas llegar a Maljut para que las condiciones sean favorables. Como está dicho: debes preparar el templo para la morada del dios. También podrías querer realizar una adivinación respecto a las condiciones del trabajo y su resultado probable. Discute cualquier preocupación, resentimiento o inquietud emocional no mencionada entre tú y tu pareja. Pon todo esto en la mesa y fuera del camino antes de seguir adelante con el trabajo. En cualquier operación mágica, pero principalmente en la magia sexual, los pensamientos y emociones intrusivos y que distraen pueden desviar la fuerza de su objetivo deseado.

Si decides seguir con el trabajo, realiza los preparativos usuales. Como con la mayoría de los rituales que siguen la tradición ceremonial occidental, es posible que desees escribir una invocación a la deidad particular que has elegido para simbolizar las fuerzas invocadas y elegir sigilos, talismanes, mantras, colores, inciensos y correspondencias similares. Como es usual, *777* y los Libros Sagrados de Thelema son buenas referencias para consultar en este sentido.

Cuando estés listo para iniciar el ritual mismo, dedica unos minutos a relajarte y conectarte con tu pareja emocionalmente. Esto ayudará a asegurar que cualquier desconexión personal que sea resultado de un día ocupado en el trabajo, no pasar mucho tiempo juntos últimamente, etc., no sea un obstáculo. Toma un baño ritual, ponte tus túnicas mágicas con atención y realiza los destierros estándar del templo, como el Ritual Menor de Destierro del Pentagrama o Hexagrama, el Rubí Estrella y otros que sean apropiados. El siguiente paso es la consagración del templo y encender el poder del templo usando rituales generales de invocación y otros procesos, como el Himno de la Misa, la primera Llamada Enoquiana, el Zafiro Estrella, pranayama o el ejercicio del Pilar Medio.

Después, pasa a las invocaciones específicas relacionadas con el objeto del trabajo, estas pueden ser ritualizadas o poéticas, y entonces haz la proclamación del propósito del trabajo. Habiendo puesto todo esto en movimiento, y habiendo ordenado arreglado todo en término de tus sigilos talismanes y el espacio del templo mismo, elimina de tu mente la idea de que estás haciendo un ritual y simplemente usa todas tus habilidades eróticas disponibles, ya sea solo o con una pareja, para hacerte arder en el acto amatorio.

Dirige tu atención a los sigilos, mantras u otros símbolos elegidos en el cuarto, para proporcionarte un enfoque mental sencillo en el objetivo del ritual, sin mucha intrusión de detalles. Esto también permite mantener una cantidad razonable de atención a tus patrones de excitación y al acto sexual mismo, para mantener encendida esa llama en particular.

Lo encontrarás más efectivo su permaneces involucrado en el coito por lo menos una hora más o menos, antes de avanzar hacia el clímax. Cuando tú y tu pareja estén listos, desaten todo el poder del clímax extático como si fuera una ofrenda al objeto del ritual. Si has personificado el objeto del ritual en términos de una deidad, esto puede ser experimentado como si estuvieras haciendo el amor con la deidad misma, como si la hubieras sostenido como tu amado a través del ritual y el clímax es una ofrenda a ellos. Completa el trabajo formal con el consumo del elixir como una eucaristía o utilizándolo para ungir sigilos o talismanes. Entonces cierras el espacio ritual, incluyendo cubrir cualquier talismán o sigilo para proteger su carga, y realizas los destierros finales. Como siempre, registra tus resultados en tu diario mágico tan pronto como sea posible tras la conclusión del trabajo.

Como puedes ver, no hay nada terriblemente diferente acerca de la *estructura* de un ritual de magia sexual comparado con cualquier otro tipo de ritual que utiliza los elementos clásicos de diseño ceremonial; pero el combustible para el fuego, el motor para hacer arder la voluntad y potenciar las invocaciones y la unión espiritual resultante con la meta deseada, se logran por medios sexuales específicos. La práctica de la magia y misticismo sexuales thelémicos es un camino poderoso y extático hacia el logro, y te recomiendo encarecidamente que lo explores junto con otras líneas que he planteado en este capítulo. ¡Tengo mucha confianza en que no te molestará que te asignen esta tarea en particular!

Lecturas recomendadas:

Por Aleister Crowley:

Crowley, A. (1996). *The Law is for All*. Tempe, AZ: New Falcon Publications.
Crowley, A. (1992). Liber HHH. En I. Regardie (Ed.), *Gems from the Equinox*. Scottsdale, AZ: New Falcon Publications. [Nota: particularmente la sección SSS]
Crowley, A. *Amrita, The Elixir of Life*. Manuscrito inédito.

Crowley, A. (1992). Liber NU. En I. Regardie (Ed.), *Gems from the Equinox*. Scottsdale, AZ: New Falcon Publications.

Crowley, A. (1992). Liber Had. En I. Regardie (Ed.), *Gems from the Equinox*. Scottsdale, AZ: New Falcon Publications.

Por otros autores:

Avalon, A. (1974). *The Serpent Power*. New York, NY: Dover Publications.

Chia, M. & Chia, M. (2005). *Healing Love through the Tao: Cultivating Female Sexual Energy*. Rochester, VT: Destiny Books.

Chia, M. & Winn, M. (1984). *Taoist Secrets of Love: Cultivating Male Sexual Energy*. Santa Fe, NM: Aurora Press.

Feuerstein, G. (2003). *Sacred Sexuality: The Erotic Spirit in the World's Great Religions*. Rochester, VT: Inner Traditions.

Kraig, D. (1999). *Modern Sex Magick*. St. Paul, MN: Llewellyn Publications.

Mumford, J. (2002). *Ecstasy Through Tantra*. St. Paul, MN: Llewellyn Publications.

Van Lysebeth, A.(2002). *Tantra: The Cult of the Feminine*. York Beach, MA: Weiser Books.

SEGUNDA PARTE:

PERSPECTIVAS SOBRE EL CAMINO DEL LOGRO

15

LOS MÉTODOS Y HERRAMIENTAS DE LA A∴A∴

Pero he ardido dentro de ti como llama pura sin aceite. En la medianoche era más brillante que la luna; en el día excedí por completo el sol; en los caminos de tu ser ardí y disipé la ilusión.[28]

No hay escasez de material publicado respecto al sistema de la A∴A∴ en términos de su enfoque general y sus métodos de entrenamiento. Esto es ciertamente por diseño, ya que Crowley pretendía que los métodos y materiales de la A∴A∴ fueran ampliamente accesibles y, con el tiempo, ampliamente replicados. Hay mucho material disponible respecto cuál es el sistema, sin embargo, es raro encontrar una discusión convincente y práctica de porqué y cómo funciona el sistema. Por esto, espero que, al finalizar este capítulo, tengas una mejor idea de porqué las tareas, herramientas y métodos de la A∴A∴ están organizados de la forma en que están, porqué se desarrollan de cierta manera a través de los grados de la A∴A∴ y cómo te guían hacia el Conocimiento y Conversación del Santo Ángel Guardián y más allá.

---

[28] *Liber LXV,* Cap. V, v. 9.

10°=0□
כתר
IPSISSIMUS

8°=3□
בינה
MAGISTER
TEMPLI

9°=2□
חכמה
MAGUS

The Veil of   the Abyss

דעת
BABE OF
THE ABYSS

6°=5□
גבורה
ADEPTUS
MAJOR

7°=4□
חסד
ADEPTUS
EXEMPTUS

5°=6□
תפארת
ADEPTUS
MINOR

The Veil of   Paroketh

DOMINUS   LIMINIS

3°=8□
הוד
PRACTICUS

4°=7□
נצח
PHILOSOPHUS

2°=9□
יסוד
ZELATOR

1°=10□
מלכות
NEOPHYTE

0°=0□
PROBATIONER

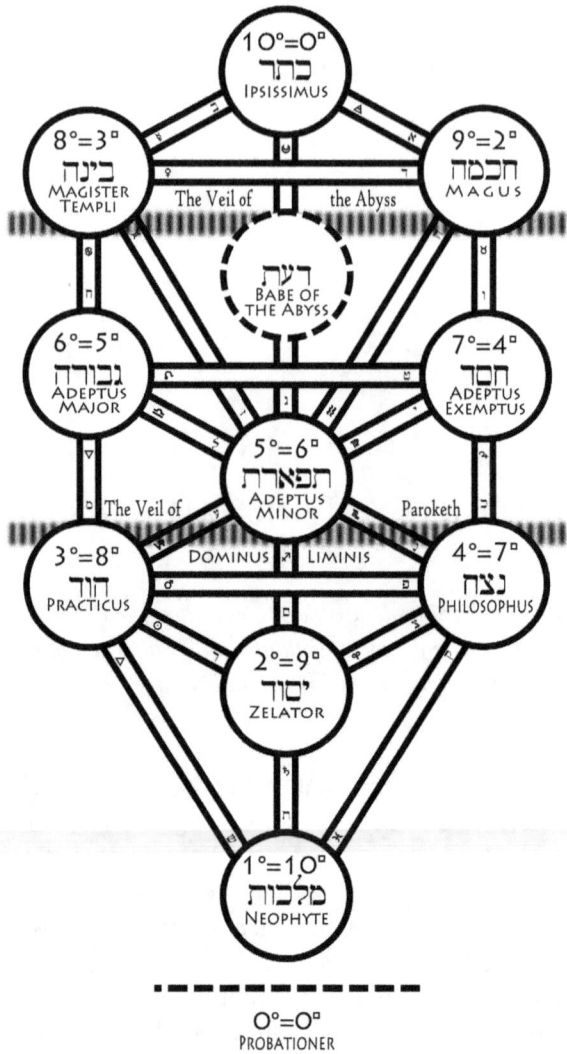

Los grados de la A∴A∴

Hay una tecnología específica aquí, sin duda, pero tiende a discutirse en términos de un análisis grado por grado, como la forma en que las tareas y naturaleza de cada grado está atribuidas a los cuatro elementos o las sefirás correspondientes. También lo consideraremos desde esta perspectiva, pero quiero ir más allá de este acercamiento y cambiar el enfoque hacia el tipo de entrenamiento que se está produciendo en el camino. He dividido el sistema bajo Tiféret en cinco "pistas", esencialmente, cinco diferentes tipos de herramientas que trabajan juntos para llevarte al Conocimiento y Conversación. Estas cinco pistas de entrenamiento se desarrollan simultáneamente a través de los grados de la primera orden (Probacionista a Dominus Liminis). Permíteme hacer un bosquejo de las cinco pistas y luego las analizaremos con más detalle. Obviamente, no puedo discutir todas las tareas asignadas en la A∴A∴ en este lugar. Más bien, enfatizaré las prácticas clave que ejemplifican las cinco pistas de entrenamiento y mostraré cómo se complementan entre sí en el camino del aspirante.

Pista Uno: El desarrollo de habilidades y técnicas mágicas.

Pista Dos: El entrenamiento de la mente; enfocarse, vaciarse, volverse y permanecer receptivo.

Pista Tres: la estimulación y activación de los chakras y elevar la kundalini.

Pista Cuatro: Prácticas devocionales.

Pista Cinco: Equilibrar la constitución psicomágica.

Antes de analizarlas en detalle, debe enfatizarse que todo en el sistema de la A∴A∴ bajo Tiféret —todo lo que conduce al grado 5=6 de Adeptus Minor— está dedicado únicamente al logro del C & C del SAG. Es fácil perder de vista esto, debido a la naturaleza diversa de las tareas asignadas y las muchas tradiciones que están entrelazadas en el sistema. Además, cada aspirante tiene sus propios prejuicios y predisposiciones que conducen a la miopía mágica. En cualquier caso, el objetivo del sistema no es acumular una bolsa de técnicas mágicas sin relación alguna, sino convertirse completamente en uno mismo. Debes alcanzar el C & C del SAG para que puedas descubrir con certeza tu Verdadera Voluntad. Entonces, debes cumplir esa voluntad con fuerza y precisión.

La Pista Uno es el desarrollo de habilidades y técnicas mágicas. Esta pista se trabaja activamente desde las primeras etapas de la A∴A∴, tan pronto como Probacionista.

Probacionista

Es probable que el Probacionista experimente con un espectro completo de técnicas mágicas, pero para el momento del paso a Neófito (asumiendo que el año de prueba sea exitoso) habrá un énfasis aún más específico en las herramientas mágicas tradicionales. Es un poco como aprender un alfabeto. Simplemente tienes que aprender los conceptos básicos y dejar que formen una base para todo lo que hagas después. El enfoque aquí es en las formas rituales del pentagrama y hexagrama (Menor, Mayor, Supremo, etc.), así como desarrollar competencia en los rituales de invocación de destierro elementales, planetarios y zodiacales resultantes.

Neófito

El Neófito esta esencialmente formulando su propio "atlas astral", por decirlo de alguna forma. También puede haber experimentación con el sistema enoquiano (aunque esto no se asigna de manera específica hasta el grado de Practicus), así como varias técnicas salomónicas y goéticas.

Lo que está sucediendo esencialmente aquí, por diseño, es que gran parte de la instrucción tradicional que habría ocurrido en la *Segunda* Orden de la Aurora Dorada se le está dando al Neófito desde el inicio, con sólo la preparación del Probacionista como preliminar. Estas habilidades se profundizan desde el principio del sistema, pero ¿por qué? Esta es la pregunta que voy a hacer en cada etapa del entrenamiento. ¿Por qué aquí? ¿Por qué ahora? ¿Cuál es el punto de entrenar este conjunto específico de habilidades?

Puede que no sea inmediatamente obvio porqué las habilidades para realizar correctamente el ritual del pentagrama o el hexagrama, o cualquiera de estas tras técnicas, están necesariamente relacionadas con el camino hacia el Conocimiento y Conversación. Considera: si no puedes diseñar un ritual para invocar efectivamente un aspecto fundamental de la naturaleza, como lo es un elemento particular o una influencia planetaria particular; si no puedes diseñar y ejecutar un ritual como este de manera competente y volverte un recipiente adecuado para la invocación y uso de una fuerza en particular, ¿Cómo puedes diseñar el máximo ritual de invocación, aquél de tu propio SAG? Las bases simplemente deben dominarse. Sin duda, aprender cualquier forma ritual específica, como el ritual del hexagrama, es en sí mismo de poca importancia; pero como herramienta para desarrollar tu capacidad para invocar, contener de manera segura y dirigir fuerza mágica, es invaluable.

El Neófito además es entrenado y examinado en el control del Cuerpo de Luz y en las técnicas relacionadas de escrutinio y la así llamada proyección astral. El Neófito es examinado por su Superior en estos procedimientos, para asegurarse que el Neófito ha desarrollado una facilidad adecuada con el Cuerpo de Luz para poder explorar los reinos astrales de manera competente. Esta habilidad es importante porque la habilidad para hablar el lenguaje del símbolo, que es el lenguaje natural del mundo astral —y la mente subconsciente— está directamente relacionada con la creciente capacidad del aspirante de recibir de manera consciente las diversas comunicaciones del SAG. Mientras que inicialmente en el camino del aspirante estos impulsos serán probablemente más o menos subconscientes, hablando a través de sueños y destellos intuitivos de varios tipos, cuanto más conscientemente uno pueda hablar y entender este lenguaje, más cerca está uno de comunicarse conscientemente con el Ángel. Después de todo, la comunicación consciente con el Ángel, a voluntad, es más o menos la definición misma del C & C exitosa.

Practicus

El Practicus pasa a trabajar con la adivinación. ¿Por qué? ¿Cómo se relaciona la práctica de la adivinación con el C & C? Mantén en mente que la adivinación es otro método para usar la mente consciente para recibir impresiones sutiles de un conjunto de símbolos, y si no puedes sentarte con un conjunto de símbolos universales como el Tarot o el I Ching y obtener algo aprehensible y útil de ellos, ¿cómo puedes empezar a sintonizarte con las muy, muy sutiles impresiones que te llegarán, en esta etapa de entrenamiento, del SAG? ¿Cómo puedes construir el tipo correcto de radar, con el nivel necesario de sensibilidad, si no puedes ejecutar algo tan básico como una lectura de Tarot?

Philosophus

El Philosophus tiene la tarea de dominar la evocación y el trabajo con talismanes. ¿Cómo conduce esto al C & C? Piensa en lo que la evocación es realmente en su núcleo: es la habilidad de exteriorizar la fuerza mágica particularizada a una forma y tipo de energía específicas de tu elección. Por ejemplo, la evocación de un espíritu particular en un triángulo requiere la capacidad de aprovechar una fuente de energía específica y usar los "músculos" espirituales correctos para hacer que se manifieste. Ya sea que veas dicho acto como puramente psicológico o como una interacción con una energía externa, aún debes manifestar algo concreto frente a ti; y al hacerlo estás fortaleciendo los músculos que te permitirán interactuar de manera convincente, vibrante y efectiva con el SAG cuando llegue el momento. No quiero implicar que la naturaleza del C & C será la misma que la de conversar con tu espíritu goético promedio; sin embargo, los músculos fortalecidos al perfeccionar las habilidades de evocación serán aplicables de manera directa al eventual trabajo de C & C.

De manera similar, la habilidad de crear y consagrar poderosos talismanes es una preparación importante para el C & C. ¿Cuál es la naturaleza de un talismán? Es un objeto físico imbuido con una fuerza específica elegida por el mago. Si puedes diseñar y consagrar un talismán de manera competente de forma que puedas canalizar la fuerza específica a un objeto específico y dicho objeto puede mantener su poder y ser de tu utilidad, esta habilidad será útil conforme te acercas al C & C. ¿Después de todo, que eres tú mismo si no un talismán de la fuerza de tu Ángel? Tu vida entera, tu mismo ser, tu cuerpo físico, de hecho, cada proceso de vida debe ser un talismán de la naturaleza de tu Ángel. Si no puedes imbuir un talismán físico con una fuerza específica tan simple como, por ejemplo, Mercurio, ¿cómo puedes hacer que todo tu ser sea un talismán consciente de la influencia de tu Ángel?

La Pista Dos es el entrenamiento de la mente para concentrarse, vaciarse, y volverse y permanecer receptiva.

Aquí tenemos otro conjunto de tareas que es muy probable que se aborden desde Probacionista en adelante. Mientras que podemos escoger cualquier práctica que queramos como Probacionista, es muy importante tener cierta exposición a las bases de *asana* (postura) y *dharana* (prácticas de concentración). A través de estas prácticas de *raja yoga*, el aspirante empieza a desarrollar la habilidad de aquietar y enfocar la mente, y entrenarla para volverse receptiva a las impresiones sutiles. Además, a través del uso de meditaciones reflexivas y el estudio de los Libros Sagrados, el aspirante fortalecerá su habilidad para obtener una comprensión más profunda de los arcanos importantes de todo tipo. ¿Porque es esto importante? Tal vez sea bastante evidente que si no puedes conseguir que tu mente se aquiete, si no puedes calmar la ráfaga del pensamiento cotidiano y permitir que tu mente se vuelva receptiva a los impulsos sutiles por algo tan sencillo como meditar en una línea de texto, si no puedes mantener tu concentración en un triángulo rojo por unos minutos, ¿cómo podrías lograr que tu mente esté lo suficientemente quieta y lo suficientemente libre de la charla interior, para la máxima "meditación" del trabajo final de C & C?

Estas prácticas de raja yoga continúa a través de los grados de la Primera Orden, por supuesto, culminando con Dominus Liminis. Por ejemplo, *Liber Turris* se asigna a los grados de Practicus y Philosophus para fortalecer la habilidad de destruir pensamientos en su fuente en el cerebro. *Liber Yod*, para Dominus Liminis, sirve como entrenamiento para llevar la totalidad de la mente en un solo punto de intensidad enfocada. Todas estas prácticas, colocadas aquí justo cuando el aspirante está en la "recta final" viniendo hacia Tiféret, son enteramente consistentes con el objetivo del Dominus Liminis para harmonizar todo el trabajo hecho en la Orden hasta ahora; para apuntar con unidireccionalidad hacia el Conocimiento y Conversación del Santo Ángel Guardián. Si no puedes conseguir que tu mente se enfoque sin distracciones en un solo punto —si no puedes reunir todo tu ser, todo lo que has descubierto que eres, junto en un solo vector unificado de fuerza mágica— probablemente tendrás gran dificultad para moverte eficientemente hacia C & C.

Finalmente, tenemos las prácticas de *Liber Jugorum*, que desarrolla el control del pensamiento, palabra y acción del aspirante. El Practicus intenta controlar el habla; el Philosophus, acción, y el Dominus Liminis, pensamiento. ¿Por qué? Si no puedes controlar el habla en la simple vida cotidiana, ¿cómo puedes componer y entregar la más perfecta invocación para tu Ángel? Si no puedes controlar las acciones en tu vida diaria, ¿cómo puedes controlar tus acciones para crear el ritual perfecto para invocar a tu Ángel? Si no puedes controlar el pensamiento en tu vida diaria, si no puedes mantenerte alejado de ciertas formas de pensamiento o atraerte hacia otro tipo, ¿cómo puedes, en el momento supremo de concentración, dirigir toda tu atención unidireccionalmente hacia el SAG? Las prácticas de control de *Liber Jugorum* fortalecen muchos músculos mágicos necesarios para el éxito final en la Gran Obra.

La Pista Tres involucra la estimulación y activación de chakras y la elevación de la kundalini —la fuerza divina, dadora de vida, regenerativa que reside en cada ser humano. A través de varias prácticas, esta fuerza vital puede intensificarse y aplicarse en maneras específicas y enfocadas para procesos transformativos en el cuerpo, la mente y en las energías sutiles con las que trabajamos.

Muchos Probacionistas trabajarán con asana y esta práctica es preliminar a trabajo más avanzado con la kundalini. La prueba formal con el asana no es necesaria hasta el grado de Zelator, donde uno debe sentarse perfectamente frente a un Superior por una hora completa antes de ser aprobado. Cuando hay suficiente facilidad con el asana es apropiado empezar a trabajar con *pranayama*, el control de la respiración. Esto también puede comenzar tan pronto como Probacionista, pero la evaluación formal no sucede hasta Zelator. Una de las cosas importantes a tener en cuenta acerca de esta evaluación del pranayama es que los resultados deseados (usualmente descritos como una "transpiración fina" y "rigidez automática") son de hecho los primeros signos de la actividad de la kundalini. Estas son sólo las etapas iniciales, pero es evidente que incluso al nivel de Zelator, se está trabajando para iniciar el flujo de la kundalini y se comienzan a manifestar resultados concretos. En la práctica, estos resultados tempranos ayudan con la creciente consciencia de los estados de energía extática en el aparato de la mente/cuerpo y con la dirección consciente de esta energía hacia los fines deseados.

Este proceso se amplifica en gran medida a través de las prácticas dadas en la Sección SSS de *Liber HHH*, que es asignada al Practicus de la A∴A∴. Esta hermosa y poderosa práctica, esencialmente una instrucción en tantra thelémico, involucra el movimiento consciente de la energía entre la base de la columna y el cerebro. El aspirante concibe estos polos opuestos como Nuit y Hadit, y construye una especie de "cortejo" entre ellos. Después de mucha práctica prolongada, usualmente a lo largo de muchos días o más, el aspirante trae el trabajo a un clímax cuando estos polos por fin pueden unirse en éxtasis. ¿Cuál es la utilidad de esta práctica en términos de nuestro entrenamiento? Además de los considerables beneficios místicos, cualquier práctica de este tipo donde el aspirante se convierte en un recipiente consciente de fuerza mágica y aprende a enviarla de manera dirigida, está entrenando importantes músculos mágicos. Incluso el ritual mágico tiene este efecto. Si bien puede que no sea evidente que cualquier ceremonia mágica efectiva tiene efectos relacionados con la kundalini, por sutiles que sean, he descubierto que este suele ser el caso. Después de todo, en esos rituales, estás construyéndote para ser una batería de fuerza, encarnándola, controlándola y dirigiéndola. Y la naturaleza de esta fuerza, generalmente, es idéntica a la que llamamos kundalini, la misma esencia de la energía dadora de vida y creativa. Sin importar cómo particularicemos esta fuerza en un ritual específico mediante procedimientos adicionales, aún tenemos que conectarnos a la fuente.

Al igual que con otras pistas de entrenamiento, el proceso de elevar la kundalini es de importancia fundamental en el sistema de la A∴A∴. En un sentido muy real, la kundalini es el combustible que potencia todas las transformaciones que llevamos a cabo en este sistema. Todas las transformaciones voluntarias del yo reciben más poder y más potencia por virtud de que esta energía se eleve y aplique de la manera prevista. Además, y muy importantemente, el éxtasis que ocurre cuando estas prácticas relacionadas con la kundalini son llevadas a su conclusión, es en sí mismo transformativo, curativo y evolutivo; su naturaleza es potenciar la transformación del ser humano en lo más que humano. La experiencia de este éxtasis "divinizado es tan importante para el camino hacia el C & C que no puede ser exagerada. Para el momento en que hayamos completado el trabajo en la Primera Orden de la A∴A∴, nuestra consciencia de la naturaleza divina de nuestro propio éxtasis debería ser tan aguda y vívida que la misma idea de Dios, la idea de nuestro SAG, será la cosa más sexy que podremos imaginar. Asimismo, el sexo se percibe como inseparable de lo sagrado, es, de hecho, la adoración verdadera. Estas transformaciones de nuestras concepciones y experiencias del yo, la fuerza vital y sexualidad básicas como encarnación de la fuerza divina son fundamentales en el progreso hacia C & C (ver el Capítulo 14 para más información sobre esto).

La pista cuatro son las prácticas devocionales, el *bhakti* yoga del sistema de la A∴A∴. Mientras que este trabajo se asigna especialmente al grado de Philosophus, que corresponde a Netsaj, la aspiración, la devoción, el fuego, la pasión por el camino mismo y el progreso hacia la unión con el Ángel no son nuevos para el aspirante. De hecho, es muy poco probable que un iniciado haya incluso progresado al grado de Philosophus sin haber sido avivado por una intensa devoción y aspiración todo el tiempo. Estoy seguro de que, si reflexionas sobre eso que te atrajo por primera vez al camino mágico, lo que le dio vida para ti, puedes ver que había un elemento de devoción y aspiración que te llamaba, sin importar cómo lo experimentabas en ese momento. Toda la verdad y belleza que te cautiva, ese misterio que se despliega al que buscas contínuamente, ese canto de sirena que te llama hacia adelante, todo esto es simplemente uno u otro aspecto del Santo Ángel Guardián activo en tu vida y tu consciencia. Cuando Joseph Campbell dice "sigue tu felicidad" no está bromeando. Este es un proceso de descubrir qué te da vida, qué te hace amar, qué te mantiene buscando el siguiente misterio frente a ti.

Como señalé antes, estos músculos de devoción y aspiración son cultivados de manera más puntual en el grado de Philosophus, que corresponde a Netsaj; pues es en este momento cuando estás casi listo para empezar el trabajo formal de C & C, cuando has de encender completamente los fuegos de la aspiración. Todos los músculos de la devoción deben estar activos y plenamente desarrollados. La instrucción devocional clave formalmente asignada al Philosophus es *Liber Astarte*. Esta es una obra bellamente construida en la que uno esencialmente crea su propio sistema religioso dedicado a la deidad elegida. De las instrucciones del libro se desprende que el punto es adquirir práctica en el arte de la adoración, ejercitar y fortalecer los músculos de la devoción, para que, en el futuro cercano, conforme emprendas el trabajo del C & C, puedas dirigir esta habilidad recién fortalecida hacia tu propio SAG. Esto tiene mucho sentido, ya que por definición es poco probable que el Philosophus tenga un contacto consciente completo del SAG y probablemente necesite otros dioses, símbolos e imágenes como "suplentes". En práctica, esto tiende a disminuir rápidamente conforme el aspirante se acerca a la experiencia culminante de los grados de Dominus Liminis y Adeptus Minor, y el SAG instruye cada vez más en las bases de su verdadera religión, conforme toma su lugar legítimo como el profeta de su propio Ángel.

La Pista Cinco es el equilibrio de la constitución psicomágica. Podemos pensar en esto como prepararnos a nosotros mismos como un grial, el grial para la habitación de la luz del Ángel. Si nuestro desarrollo está desequilibrado, nuestro grial se derrumbará. Si no hemos logrado convertirnos en un recipiente sólido y sin fisuras, nuestro grial goteará. La fuerza sigue a la forma y debemos convertirnos en la forma perfecta que, por diseño, invoque la fuerza deseada, la luz del SAG.

Una forma en la que podemos conceptualizar el proceso de lograr esta forma balanceada es el paso a través de los grados elementales de la Primera Orden de A∴A∴. En cada grado, el aspirante construye un arma que simboliza y concreta los cambios internos que ocurren en dicho grado. Estas armas elementales corresponden, por supuesto, los cuatro elementos de la tierra, aire, agua y fuego, pero también podemos entenderlos en el contexto de las cuatro funciones de la psique de Carl Jung: sensación, intuición, pensamiento y sentimiento, respectivamente. El pentáculo (disco) es el arma de la tierra, Maljut y la sensación; la daga es el arma el aire, Yesod y la intuición (la intuición espiritual primero se manifiesta a través del subconsciente, que está atribuido a Yesod); la copa es el arma del agua, Hod y el pensamiento; y la vara es el arma del fuego, Netsaj y el sentimiento, aspiración y deseo. Adicionalmente, en el grado de Dominus Liminis, la lámpara mágica se construye como símbolo de la coronación del espíritu sobre los otros cuatro elementos. Todas estas cosas, los cuatro elementos, las cuatro funciones de la psique, las cuatro armas, son representativas de un desarrollo balanceado de la constitución psicomágica. Al atravesar estos grados en de una manera escalonada y balanceada, podemos convertirnos de hecho en un grial perfecto para la luz del SAG, pues el dios no morará en un templo mal preparado.

Para terminar, permíteme ofrecerte una imagen para tu consideración, para ilustrar el proceso general de los grados de la Primera Orden: aquella de la lámpara mágica misma, ya discutida anteriormente en el contexto del grado de Dominus Liminis. Con asana y pranayama empezamos el esfuerzo de transformar el cuerpo físico, el diseño físico de la lámpara. Las prácticas de kundalini más avanzadas y el éxtasis divinizado que hemos cultivado abarcan el aceite que es el combustible para la lámpara. Mediante el uso correcto de nuestro intelecto, hemos elegido los patrones correctos, decoraciones simbólicas y dimensiones para el adecuado funcionamiento de la lámpara. Nuestra devoción y aspiración sirven como la chispa que finalmente enciende la lámpara. Todos estos componentes deben estar en su lugar y funcionando adecuadamente para que toda la lámpara cumpla su propósito. De la misma forma, todas las pistas de entrenamiento de la Primera Orden deben dominarse debidamente. Con estas tareas ejecutadas correctamente, esperamos la morada del Ángel con amor y dedicación, y con la flama de la Verdadera Voluntad ardiendo brillantemente en nuestros corazones. Pues "esperarte a Ti es el final, no el principio".[29]

Empezando con la A∴A∴

Así que, por sus frutos habrás de conocerlos.[30]

Desde la muerte de Karl Germer (sucesor de Crowley como Jefe de la Orden) en 1962, no ha habido un gobierno *universalmente reconocido* de la A∴A∴. Tras la muerte de Germer, surgieron muchos pretendientes, cada uno con sus supuestos líderes y su propia historia (a veces bastante complicada). Notarás mi uso del término "grupo pretendiente" en esta discusión. El término "linaje", que sería una opción obvia en otras tradiciones espirituales análogas, se ha vuelto tan politizado que es ahora, en algunos círculos, sinónimo de ilegitimidad. Sin embargo, es muy claro que hay varios grupos afirmando ser la A∴A∴, de ahí el término "grupos pretendientes".

La única manifestación de la A∴A∴ por la que puedo responder *personalmente* en términos de su legitimidad histórica, la capacidad de sus líderes y el vínculo de su Triada administrativa con las raíces espirituales de la Orden (los llamados "Jefes Secretos") es aquella cuya información de contacto aparece abajo. Ten en cuenta, sin embargo, que no estoy condenando el trabajo de otros grupos que afirman representar la A∴A∴. Tengo buenos amigos en varios de estos grupos y es claro que

---

[29] *Liber LXV,* Cap. II, v. 62.

[30] *Mateo* 7:15–20.

son buscadores serios haciendo trabajo efectivo e importante. Lo más importante para mí, por mucho, es simplemente que el sistema de la A∴A∴ se encuentre disponible para los aspirantes que son llamados al camino.

Ha habido cierta confusión con respecto a la relación entre la O.T.O. moderna y los diversos grupos pretendientes de la A∴A∴. Desde los primeros días de la O.T.O. moderna a mediados de la década de 1970, ha habido iniciados de múltiples grupos pretendientes activos dentro de O.T.O. Hace unos años, *algunos* en la administración de la O.T.O. se alinearon abiertamente con un grupo pretendiente y comenzaron a anunciar su dirección de contacto. Este es su derecho y honro su elección como un acto de conciencia personal. Sin embargo, el simple hecho es que hay una gran cantidad de iniciados de otros grupos pretendientes de la A∴A∴ activos en la O.T.O. en la actualidad, en todos los niveles de la membresía y liderazgo de la O.T.O. Es importante entender esto, porque en años recientes se han hecho algunas declaraciones (por individuos, no por la O.T.O. *per se*) lo que podría confundir a aquellos que aspiran unirse a la A∴A∴, haciéndoles creer que el grupo pretendiente promovido activamente por la O.T.O. es la única opción viable para aquellos que también son iniciados de la O.T.O. Esto es simplemente incompatible con los hechos reales de la situación. Ten en cuenta que mi presentación de estos hechos no refleja de ningún modo una crítica a quienes administran O.T.O., ellos tienen la autoridad para gobernar O.T.O. como mejor les parezca, y tengo mucho respeto por su trabajo en este sentido.

Si eres llamado al trabajo de la A∴A∴, te animo para que hagas tu propia investigación y llegues a tus propias conclusiones sobre qué camino en particular es mejor para ti. En última instancia, tu logro espiritual personal, los frutos de tu trabajo, será el mejor indicador de la sabiduría de tu elección.

A∴A∴

P.O. Box 215483

Sacramento, CA 95821 USA

onestarinsight.org

16

Tarot y el Camino Iniciático

Probablemente el malentendido más común sobre el Tarot es que es simplemente una herramienta para adivinación. Lo que a menudo se pasa por alto es que la razón por la que es un sistema tan magnífico de adivinación es que es un *mapa simbólico completo* de todos los procesos transformadores en el universo y en cada individuo que recorre el camino del logro espiritual. Cuando lo piensas, es fácil ver que sería imposible que cualquier sistema fuera ideal para la adivinación a menos que incorporara todas estas leyes naturales. Después de todo, si tienes una pregunta en mente, pero hay ciertos aspectos de la vida y la consciencia que son inaccesibles o inexpresables en un sistema adivinatorio, ese sistema no será lo suficientemente amplio como para brindarte una respuesta completa.

Mi propósito aquí, sin embargo, no es revisar el uso del Tarot como herramienta adivinatoria (aunque presento una tirada sugerida y una estrategia interpretativa al final de este capítulo). Más bien, se trata de examinar las formas en que el Tarot funciona como un mapa simbólico de las transformaciones que ocurren en ti a medida que caminas por el camino del logro. Más particularmente, discutiré los procesos transformativos representados en los triunfos del Tarot de Thoth que corresponden a los caminos en el Árbol de la Vida que conducen al Conocimiento y Conversación del Santo Ángel Guardián. Aunque no entraré en mucho detalle sobre las imágenes específicas de las cartas, así que sugiero que tengas tu mazo Thoth a la mano mientras lees este capítulo.

Como lo sabrás, la totalidad del Tarot se puede trazar en el Árbol de la Vida. Las sefirás representan estados estáticos de consciencia y están atribuidos a las cartas pequeñas y a las cartas de corte del Tarot, mientras que los caminos se refieren a los triunfos y muestran los procesos transformativos relacionados con la interacción de las sefirás que conectan. Gran parte de nuestra discusión en este capítulo se enfocará en el papel de los triunfos como "mediadores" entre sus sefirás adyacentes, las transformaciones correspondientes que ocurren en los iniciados de la A∴A∴. El sistema de logro de la A∴A∴ se basa, por supuesto, también en el Árbol de la Vida, con cada sefirá correspondiendo a un grado iniciatorio y tanto la sefirá como los caminos de conexión muestran las tareas relevantes de ese grado. En cada grado, el iniciado asume las tareas correspondientes a esa sefirá específica, así como los caminos que llevan al siguiente grado. Por ejemplo, como Neófito, tu tarea reflejará la naturaleza de Maljut a igual que el camino de *tav* que conecta al siguiente grado de Zelator, en Yesod. Ten en mente este esquema conforme leas acerca de los diversos procesos que se discuten aquí.

Al igual que con cualquier discusión sobre qabalá y el Camino del Retorno, es importante tener en cuenta que sentirás la influencia de estos procesos en muchos momentos de tu vida. Por ejemplo, considera la esfera de Guevurá, que corresponde a Marte, fuerza y voluntad. Tendrás muchos momentos "Guevuráticos" entretejidos a lo largo de tu vida, tiempos de energía y poder intensos, o (de manera menos constructiva) agresión e ira. Pero nuestro enfoque aquí está en el desarrollo del camino de la A∴A∴, donde tu "ubicación" espiritual puede ser trazada en una sefirá única y específica en cualquier momento de tu vida, la que corresponde a tu grado en la orden.

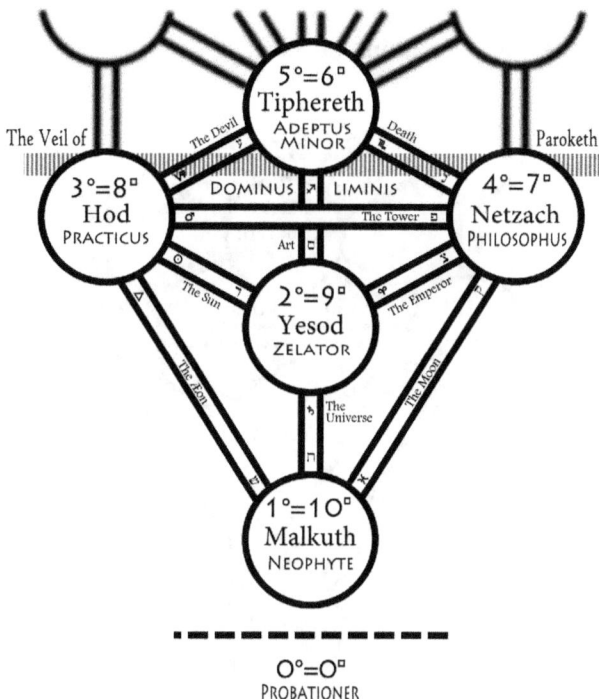

Los triunfos del Tarot y los grados de la A∴A∴ debajo de Tiféret

Repasemos brevemente la naturaleza de las sefirás debajo de Tiféret; esto es, las sefirás a través de las cuales pasarás en tu progreso por los grados de la A∴A∴ de Neófito a Dominus Liminis, y hacia Adeptus Minor y el C & C del SAG. Maljut se atribuye al grado de Neófito, el elemento tierra, el cuerpo físico y el universo material. Yesod se atribuye al grado de Zelator y corresponde al subconsciente, los procesos autónomos en la mente y el cuerpo, y al poder generativo y sexual que reside en cada ser humano. Hod, que corresponde al grado de Practicus, es esencialmente el intelecto humano. Netsaj, que corresponde al grado de Philosophus, se asocia a la emoción, aspiración y deseo. El Velo de Paroketh, bajo Tiféret, representa el "velo" psicológico y espiritual real que protege la entrada a la Segunda Orden de la A∴A∴ y corresponde al grado de Dominus Liminis ("Señor del Umbral").

Neófito: Maljut y el camino de Tav

La naturaleza de la tarea del Neófito corresponde a la esfera de Maljut y al camino de *tav*, la carta el Universo. Como se señaló previamente, el simbolismo de Maljut es el mundo material y de Yesod la mente subconsciente (que es nuestro mecanismo de percepción inicial para el mundo astral). El Neófito debe trabajar para incrementar su percepción de las fuerzas sutiles que interpenetran el mundo material y realmente *experimentar* que estas fuerzas son el substrato de la existencia material.

El camino de tav (El Universo)

El camino de *tav* y el triunfo del Universo corresponden al chakra muladhara y, en consecuencia, vemos representado en el triunfo la kundalini enrollada. La mente universal es de hecho una *fuerza*, es el poder creativo del universo mismo y esta fuerza se manifiesta en la *forma*. La forma es un concepto relacionado con Saturno, al igual que con la tierra, ambos atribuidos a la carta del Universo. Aquí, despertamos nuestros sentidos a la percepción de la mente como una fuerza viva.

Estas son las realidades del mundo formativo de Yetzirá, que se nos está abriendo mientras caminamos el camino de *tav*. A menudo en esta fase los iniciados comienzan a describir una mayor percepción de las formas astrales, y de hecho la habilidad para controlar el "Cuerpo de Luz" es una facultad específica que se entrena y evalúa en el grado de Neófito.

La figura central en la carta del Universo tiene sus piernas en la forma de una cruz y, como podrás recordar, "cruz" es el significado de la letra hebrea *tav*, que también alude a los cuatro elementos. Ella está parcialmente velada: este es el velo por el que debemos mirar para observar más allá de las formas materiales que nos rodean y percibir el sustrato astral debajo de ellas. Este es el velo de la naturaleza misma, la barrera formada por los hábitos condicionados de ver al universo material, que nos previenen de ver la realidad más profunda detrás de él. Esta no es una doctrina dualista en la que el mundo físico es "malo" y el espíritu "bueno". Más bien, el mundo material es visto como un velo cuya forma puede revelarnos verdades más profundas y así el mundo es visto como una manifestación verdadera de lo divino. Como se señaló previamente, la serpiente kundalini está representada en este triunfo, atribuida al chakra muladhara, y el Neófito está empezando a emprender la activación del muladhara y el despertar de la kundalini a través de varias prácticas meditativas y mágicas. Veremos cómo esta fuerza serpentina se desarrolla conforme revisamos los otros triunfos que llevan al C & C del SAG.

Zelator: Yesod y los caminos de shin y resh

De acuerdo con el esquema de entrenamiento general de la A∴A∴, el trabajo del Zelator estará conectado de manera íntima con los principios encarnados por Yesod, pero también se relacionará con los caminos de Hod y el grado de Practicus —*shin* (el Eón) y *resh* (el Sol)—. Recordarás que Yesod corresponde al subconsciente, la generatividad sexual y los procesos autónomos. En Yesod, la naturaleza y función del inconsciente personal, verdaderamente el "fundamento" de la psique, son clarificadas. El Zelator comienza el movimiento consciente y voluntario de las fuerzas sutiles a través del pranayama y practicas relacionadas. La voz del SAG es cada vez más escuchada, atendida y comprendida en lenguaje simbólico, si no aún de manera directa y consciente. El iniciado gradualmente se está volviendo más consciente de la conexión entre la mente subconsciente y esta intuición espiritual. Los sueños y destellos intuitivos se vuelven en importantes conjuntos de símbolos y el iniciado alcanza un estado de consciencia tradicionalmente conocido como la "Visión de la Maquinaria del Universo". Si bien esto puede sonar un

154

poco grandioso para un mero Zelator, esta visión es realmente la apertura de la habilidad del iniciado para *sentir* la mente universal en acción, mientras fluye como un manantial subterráneo hacia nuestra consciencia individual. Esta no es una mera comprensión intelectual de que toda la consciencia es un todo interconectado. Muchos aspirantes pueden comprender el concepto desde el principio. Más bien, de lo que estamos hablando es una consciencia experiencial, un *conocimiento* definido de que la mente universal opera en formas sutiles pero poderosas en la vida y consciencia individuales.

El camino de shin (El Eón)

El triunfo del Eón corresponde al camino de *shin* y conecta Maljut, la esfera de los elementos, los sentidos y el mundo físico, con Hod, la esfera del intelecto. Al mirar la carta, inmediatamente notarás que hay un jeroglífico de los conceptos encarnados por la Estela de la Revelación y, por lo tanto, la cosmología central del Eón de Horus. Nuit, Hadit y Heru-Ra-Ha están todos simbolizados en la carta. Nuit arqueada arriba; Hadit como el globo alado; y Heru-Ra-Ha en las formas gemelas, activa y pasiva, que corresponden a Ra-Hoor-Khuit y Hoor-Paar-Kraat. Esta carta representa la fuerza del Nuevo Eón que inunda el mundo, su gente y su cultura. El camino de shin dentro de cada individuo es el canal de fuerza transformativa que revoluciona las estructuras del individuo, al igual que al mundo en su totalidad. Esta es la fuerza Eónica fluyendo hacia ti, tus Hod y Maljut internos. Te trae al nuevo Eón, disolviendo las formas gastadas y limitando las estructuras dentro de tu mente y tu cuerpo.

Esta carta se atribuye al fuego y, de hecho, se comporta en consecuencia. El fuego transforma, reestructura y revoluciona todo lo que toca. Versiones viejas de la carta tenían un ángel llamando a los muertos a que despertaran, quizá el mejor intento del viejo eón de representar la influencia del SAG, pero en el nuevo eón tenemos una visión más clara de la situación. Sabemos que no necesitamos ser "redimidos" de la muerte o centrarnos obsesivamente en la aparente naturaleza catastrófica de la muerte, como habría sido percibido en el viejo eón. En cambio, encontramos símbolos de regeneración y transformación que afirman la vida y nos son accesibles cada momento de nuestras vidas. El iniciado de Yesod, que aspira a la esfera de Hod y al grado de Practicus, debe aceptar estas transformaciones en sí mismo.

El camino de resh (el Sol)

La carta del Sol corresponde al camino de *resh*, que conecta Yesod y Hod. Como hemos notado en la carta del Eón, el triunfo del Sol también tiene un significado macrocósmico y microcósmico. El sol físico es dador de luz y vida, trae visión y claridad al mundo físico. De la misma manera, el sol dentro de nosotros brilla en nuestro propio intelecto; nuestra capacidad racional (Hod) puede ayudarnos a atravesar la oscuridad, la confusión y las nubes de la ilusión que pueden habitar en nuestro subconsciente. Una de las cosas que los seres humanos deben enfrentar en el nuevo eón es el impacto de varios miles de siglos de condicionamiento cultural arraigado en religiones dualistas basadas en el pecado. Cada uno de nosotros debe revertir este condicionamiento permitiendo que el sol interior brille en nuestra mente subconsciente, trayendo la luz del SAG para liberarnos y emanciparnos. Esto se refleja en las imágenes de la carta, el sol mismo y los niños bailando en la tierra verde, todas ellas bellas imágenes de la verdadera libertad interior. Son desvergonzados y alegres. Esta es una representación de la libertad de consciencia que es alcanzable para cada uno de nosotros cuando hemos pasado con éxito a través de la prueba de este camino.

La carta del Sol también se atribuye al chakra Anahata en el centro del corazón; y la apertura del chakra Anahata permite que surja el verdadero *agape*, amor libre y aceptación de la unidad de los seres. Ya no vivimos en la restricción, el miedo y la vergüenza con los que han tenido que lidiar muchos de los que nos precedieron. Sólo un Zelator que ha logrado esta consciencia está verdaderamente capacitado para avanzar a Practicus.

Practicus: Hod y los caminos de Qoph, Tzaddi y Pei

El grado de Practicus corresponde a la esfera de Hod y, en esta discusión, los símbolos clave más importantes de Hod son la copa y el agua que ésta contiene. Notarás que el arma del Practicus es la copa mágica, y el elemento al que se atribuye la esfera de Hod es el agua. El iniciado de Hod está llegando a un reconocimiento más profundo de que la mente *individual* es un recipiente para la fuerza *universal*. La mente individual es un recipiente dador de forma *y* un espejo reflectante del macrocosmo, al igual que la superficie de una copa refleja las formas sobre ella. El iniciado de Hod, a través de varias prácticas, está comenzando a dominar la dirección consciente de esta fuerza universal hacia objetivos mágicos específicos. Si entiendes que la mente y la constitución humana son un microcosmos, entonces empezarás a ver porqué este es un paso necesario hacia poder verdaderamente controlar y dirigir la fuerza mágica. Cuando desarrollamos una relación funcional entre los aspectos del yo y los aspectos del (así llamado) mundo exterior correspondientes, tendremos una mayor habilidad para manipular estas fuerzas en el mundo exterior, de acuerdo a nuestra voluntad.

El camino de Qoph (La Luna)

Además de trabajar con las fueras encarnadas por Hod, el Practicus debe atravesar los caminos que conducen a Netsaj. El primero de estos caminos es *qoph*, atribuido al triunfo de la Luna, que conecta la esfera de Maljut (el mundo y cuerpo físicos) con la esfera de Netsaj (el deseo, emoción y aspiración). Este camino representa la transición entre las realidades seguras, familiares y relativamente concretas de nuestras vidas físicas y la realidad irracional, ardiente y emocional simbolizada por Netsaj. Este estado psicológico potencialmente inquietante se evidencia en la representación de la carta de la Luna misma. Es un pasaje nocturno a través de la oscuridad, lo desconocido, lo vago y nublado, los aspectos temibles de las partes desconocidas de nosotros mismos. el mundo inconsciente. La letra hebrea *qoph* se refiere a la "parte posterior de la cabeza" y, por supuesto, es allí donde se localizan las funciones reactivas primarias del cerebro. El Practicus debe dominar el miedo que reside en el aspecto animal de la mente para poder avanzar en el camino hacia el Conocimiento y Conversación. El SAG es el presagio de la vida más allá del mundo material, pero enfrentar esta nueva vida nos fuerza a aventurarnos en la oscuridad de aspectos desconocidos de nosotros mismos.

El camino de Tzaddi (El Emperador)

El siguiente es el camino de *tzaddi*, que corresponde al triunfo del Emperador, que conecta la esfera de Yesod (instinto, generatividad) y la esfera de Netsaj (deseo, aspiración). El trabajo de este camino implica canalizar las fuerzas residentes en Yesod hacia el objetivo espiritual del C & C. La letra hebrea tzaddi significa "anzuelo" (ver Liber *Tzaddi*, contiene mucha sabiduría en el rol del iniciador en este respecto). El Emperador en la carta es la fuerza dentro de nosotros, el iniciador interno, que eleva las energías de Yesod y las dirige hacia nuestras metas espirituales. *Tzaddi* (como verbo) significa "contemplar" y uno de los métodos de dominar este proceso transformacional es el camino contemplativo del raja yoga, que está profundamente arraigado en el trabajo del Practicus de la A∴A∴.

El camino de Pei (La Torre)

El tercer y último camino de relevancia para el Practicus es el de *pei*, el triunfo de la Torre. Uno de los mayores obstáculos para el progreso espiritual es la calcificación de formas e ideas viejas y gastadas del yo.

Debemos ser psicológicamente flexibles y lo suficientemente cambiables para permitir que suceda nuestra propia evolución. El camino de *pei* conecta Hod (el intelecto) con Netsaj (el deseo, aspiración). Apropiadamente, el triunfo de la Torre muestra el fuego de Netsaj explotando y destruyendo, remodelando y transformando las ideas viejas y gastadas que se han calcificado en Hod. Las ideas derrumbadas del yo caen de la torre como figuras geométricas. El camino de pei también está atribuido al chakra svadisthana. Recordarás que el chakra muladhara fue activado con el triunfo del Universo y el chakra anahata con el triunfo del Sol. La activación del chakra svadisthana con la torre completa una triada importante: la fuerza vital se desata sobre su raíz (muladhara) y se somete a la regencia del ágape (anahata). Sólo entonces es seguro amplificar más la fuerza en virtud de las potencias sexuales del svadisthana.

Philosophus y Dominus Liminis: Netsaj, el Velo de Paroketh y los caminos de Ayin, Nun y Sámej

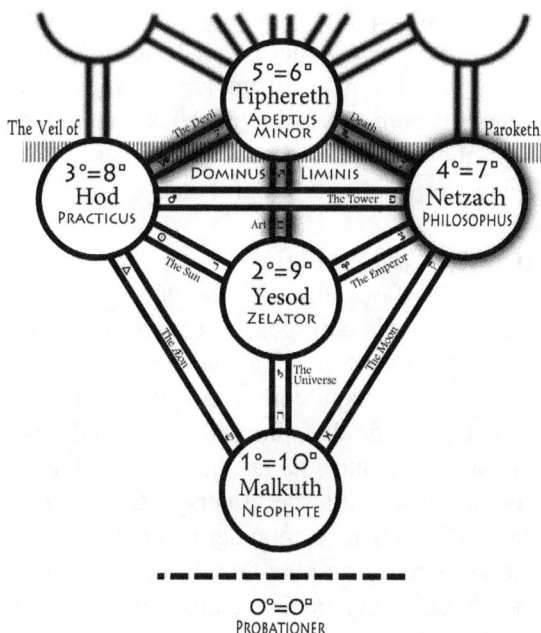

A continuación, el aspirante debe alcanzar el grado de Philosophus, que corresponde a Netsaj, seguido del grado "portal" de Dominus Liminis, que corresponde al Velo de Paroketh que cuelga bajo Tiféret. El trabajo de esta etapa también pertenece a los tres caminos finales en el acercamiento a Tiféret y el C & C del SAG: los caminos de *ayin* (el Diablo), *nun* (Muerte) y *sámej* (Arte).

Empecemos con una consideración sobre el camino de Netsaj. Netsaj representa el deseo y la aspiración. Es el fuego y la fuerza de la emoción que es el complemento del intelecto formador de Hod. En consecuencia, el trabajo del Philosophus involucra el correcto uso de la fuerza aspiracional y devocional. Esta es una fase sumamente importante del trabajo. *Liber Astarte*, que es la práctica de bhakti yoga central del Philosophus, sirve para encender el "motor" aspiracional y fortalecer los músculos de la devoción. En este punto, pasamos al grado de Dominus Liminis, donde todo lo que ha ido antes se armoniza, sintetiza y dirige con intensidad feroz y unidireccional hacia el Conocimiento y Conversación.

Esta es una oportunidad perfecta para que nuestra aspiración vacile. Cuando nos hemos desafiado a nosotros mismos a mantener una aspiración constante y vigilante, el ego tiene algunos juegos para jugar con nosotros y nos pondrá a prueba de maneras insidiosamente efectivas. Una de las maneras en la que lo hace es desmoronándose sobre sí mismo. Empezamos a dudar de nuestra habilidad para triunfar; nos empantanamos y deprimimos. El mejor consejo que puedo dar al respecto es sencillo, pero no fácil: no dejes de *moverte*. No dejes de trabajar. Resulta que lo opuesto a estar atorado es... ¡ir a algún lado! Si continúas moviéndote, continúas progresando

El camino de Ayin (El Diablo)

Una de las formas fascinantes en las que este estancamiento suele manifestarse está simbolizado por el triunfo del Diablo. El Diablo representa esos aspectos de la vida que parecen feos, amenazantes y malvados; y la tarea de trabajar con la energía transformadora del Diablo involucra ver más allá de la *apariencia* del mal. Esto es, debemos entrenarnos para realmente *saber* que la realidad aparentemente espantosa frente a nosotros (desde la perspectiva del ego) es, de hecho, una lección del SAG. Debemos aprender a percibir que esos aspectos tan aborrecibles de la vida se han manifestado para que podamos lidiar con ellos y aprender de ellos. Si nos distraemos con la respuesta instintiva del ego a esas cosas, tendemos a creer que todo lo que no le gusta al ego es malo y todo lo que le gusta al ego es bueno. La lección de la carta del Diablo es, entonces, percibir la presencia de ese iniciador interno, el SAG, en toda la realidad manifiesta. Podemos ver esta verdad en la naturaleza del camino de *ayin*, que conecta el intelecto de Hod con el centro de consciencia espiritualmente despierto en Tiféret. Representa la tensión entre lo que la mente nos empuja habitualmente a percibir y lo que el centro real del yo espiritual intenta enseñarnos. El aspirante debe interiorizar esta lección antes de que el C & C sea posible.

El camino de Nun (Muerte)

A continuación, prestamos atención al triunfo de la Muerte. Corresponde al camino de *nun*, que conecta Netsaj, la esfera de la emoción, deseo y aspiración, con Tiféret, el centro espiritual iluminado. En la superficie, este camino (y de hecho el triunfo mismo) parece negativo porque en la etapa preadepto la mayoría de los humanos percibe la muerte como un fin catastrófico. La naturaleza del proceso transformativo del camino de *nun* es que el ego abandona la idea de la muerte catastrófica. Tal como lo hizo al trabajar el camino del Diablo, el ego abandona la idea del mal y la transforma en algo espiritualmente útil. El verdadero misterio del triunfo de la Muerte es que la muerte física no es un fin, sino una transformación de forma. Como verbo, *Nun* significa "brotar". La relevancia aquí es obvia: cada cambio y cada catástrofe aparente de destrucción es un misterio de regeneración y nuevo crecimiento, a medida que las formas viejas caen para dar camino a nuevas. Toda la vida se transforma constantemente y si nos identificamos con una forma sólida calcificada, la percibimos como una muerte catastrófica; pero si nos identificamos con el *proceso transformador mismo*, si nos identificamos con la evolución eterna en desarrollo de todas las cosas, entonces hay majestad, maravilla y belleza en este propósito. Esta forma particular de trascendencia del ego es otro elemento esencial en el progreso hacia el C & C.

El camino de Sámej (Arte)

El triunfo final por considerar en nuestra discusión es la carta del Arte, que corresponde al camino de *sámej*. *Sámej* conecta con Yesod, el centro generativo, sexual, instintivo y subconsciente, y Tiféret, el yo espiritualmente despierto. La palabra hebrea *sámej* significa "un apoyo" o "un soporte" y corresponde a Sagitario, la flecha. Este camino entre Yesod y Tiféret está profundamente incrustado con símbolos que se relacionan con la elevación del yo: el disparo de la flecha de la aspiración hacia Tiféret. Curiosamente, no nos acercamos a Tiféret desde la sefirá correspondiente al previo grado elemental (Netsaj); más bien, disparamos desde el Pilar Medio del Árbol. Como Yesod se atribuye a la Luna y Tiféret al Sol, uno de los misterios codificados aquí es que el C & C es en un aspecto la unión del Sol y la Luna dentro de nosotros. Es decir, la consciencia lunar receptiva y reflexiva de Yesod está unida al resplandor solar espiritualmente despierto de Tiféret, abriendo nuestras mentes tanto a nivel consciente como inconsciente a la influencia del SAG. Otro proceso simbólico importante que es relevante aquí está representado por el nombre "VITRIOL" en la carta del Arte. Esto se traduce aproximadamente como "Visita el interior de la tierra y mediante la rectificación habrás de encontrar la piedra oculta". Esa piedra oculta es la piedra de la Verdadera Voluntad, la verdadera Individualidad lograda por virtud del C & C. Es la Quintaesencia, la Piedra Filosofal y el Summum Bonum.

Que estos triunfos del sagrado Tarot sean faros para iluminar tu camino hacia el Santo Ángel Guardián.

Ejemplo de método adivinatorio
(Adaptado de los principios de la psicología junguiana)

1. Baraja las cartas a fondo. Todas las cartas deben estar orientadas en la misma dirección (esto es, cuando se coloquen, ninguna carta aparecerá al revés).

2. Formula una pregunta sobre una situación en tu vida o la vida de la persona para quien estás haciendo la adivinación. La persona para quien se realiza la lectura, ya seas tú o alguien más, se llama *consultante*.

3. Haz que el consultante mantenga la pregunta firmemente en mente, corta las cartas en tres pilas y luego vuelve a unirlas en una sola pila.

4. Después, extrae una serie de seis cartas de la parte superior del mazo. Cada carta corresponderá a un aspecto particular de la conciencia del consultante o a fuerzas externas que afecten la pregunta en cuestión. Coloca las cartas, conforme son extraídas, como se describe abajo. Las cartas y sus significados son los siguientes:

El Ego: La personalidad cotidiana y conocimiento consciente del consultante. (En las tiradas tradicionales de adivinación, esta carta es llamada *Significante*). Esta carta indicará la naturaleza de la visión de la situación por parte del consultante o sus rasgos de personalidad que influyen en el asunto. Colócala frente a ti, en el extremo izquierdo.

162

El Obstáculo: La naturaleza básica del obstáculo primario en la situación. Esto es, la principal fuerza *externa* que incide negativamente en la pregunta a mano. Colócala a la derecha de la carta del ego.

La Solución Consciente: Una sugerencia de algo que el consultante puede decidir intentar o una actitud a adoptar al abordar la pregunta. Colócala a la derecha de la carta de Obstáculo.

La Influencia del Yo: Influencias profundas y espiritualmente formadas sobre el consultante, que reflejan su verdadera naturaleza. Esta influencia muestra lo que el consultante, en *su núcleo*, realmente está tratando de lograr. A menudo, estas influencias están menos impulsadas por deseos y necesidades egoicos y reflejan un impulso interno hacia la plenitud, la curación o el equilibrio en la psique. Colócala arriba de la carta de Solución Consciente.

Influencias de la Sombra: Influencias en la situación basadas en tendencias o impulsos inconscientes del consultante. Estas por lo general se considerarán como cualidades negativas o indeseables en la persona, pero en realidad pueden contener claves importantes para resolver la situación. Colócala abajo de la carta de Solución Consciente.

El Resultado: Una sugerencia del resultado final de la situación, basado en las influencias actuales visibles en la tirada. Colócala a la derecha de la carta de Solución Consciente.

```
                    ┌─────────────┐
                    │      4      │
                    │     The     │
                    │  Influence  │
                    │  of the Self│
                    └─────────────┘
┌──────────┐ ┌──────────┐ ┌──────────┐ ┌──────────┐
│    1     │ │    2     │ │    3     │ │    6     │
│ The Ego  │ │   The    │ │   The    │ │   The    │
│          │ │ Obstacle │ │ Conscious│ │ Outcome  │
│          │ │          │ │ Solution │ │          │
└──────────┘ └──────────┘ └──────────┘ └──────────┘
                    ┌─────────────┐
                    │      5      │
                    │   Shadow    │
                    │  Influences │
                    └─────────────┘
```

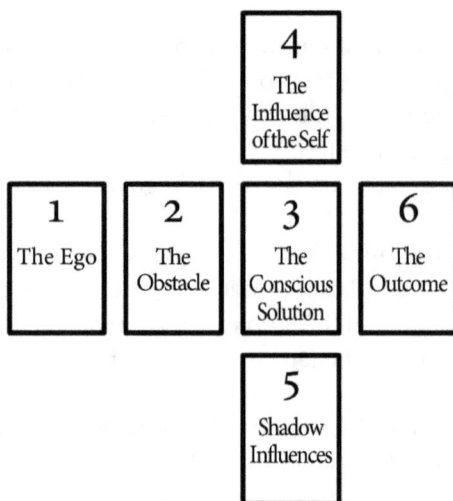

5. Usa los diversos libros enumerados antes y otros recursos interpretativos para contemplar el significado de cada carta. Intenta tejer una "historia" basada en todos estos significados. No te preocupes si es difícil al principio. Descubrirás que tu habilidad para obtener interpretaciones útiles aumentará con la práctica repetida.

6. Ten en mente que todas las adivinaciones son sólo sugestiones de soluciones y resultados, y tú siempre tienes el poder de hacer una diferencia mediante tus acciones y actitudes.

Lecturas recomendadas:

Por Aleister Crowley:

Crowley, A. (1993). *The Book of Thoth*. Stamford, CT: U.S. Game Systems, Inc.

Por otros autores:

Case, P. (1989). *The Book of Tokens*. Los Angeles, CA: Builders of the Adytum, Ltd.

DuQuette, L. (2003). *Understanding Aleister Crowley's Thoth Tarot*. York Beach, MA: Weiser Books.

Nichols, S. (1980). *Jung and Tarot*. York Beach, MA: Weiser Books.

Seckler, P. (2020). *The Kabbalah, Magick, and Thelema.* Selected Writings Volume II. D. Shoemaker, G. Peters & R. Johnson (Eds.) Sacramento: Temple of the Silver Star.

Seckler, P. (2016). *The Thoth Tarot, Astrology, & Other Selected Writings.* D. Shoemaker, G. Peters & R. Johnson (Eds.) Sacramento: Temple of the Silver Star.

Wang, R. (1983). *Qabalistic Tarot: A Textbook of Mystical Philosophy.* York Beach, MA: Weiser Books.

17

La Iniciación y el Tetragrámmaton

Cualquier operación mágica probablemente fracasará a menos que el mago haya aprovechado los poderes de toda la cadena de la creación, desde la luz inefable más elevada hasta el mundo físico mismo. Esto es igualmente verdadero en el proceso de iniciación, donde el candidato es en muchos sentidos el talismán del trabajo, y las fuerzas en juego deben ser movilizadas en los Cuatro Mundos para cargar adecuadamente este talismán. En este capítulo, discutiré la aplicación de la fórmula de Tetragrammaton (el nombre divino Yod-He-Vav-He) a la ejecución correcta del ritual mágico y específicamente al proceso de iniciación mismo.

De acuerdo con las tesis de Crowley en el prefacio de *Magia en Teoría y Práctica*, podemos definir la iniciación como el proceso de aplicar una fuerza apropiada (el ritual mismo) a un objeto "inerte" (el candidato) para darle una trayectoria mágica específica (un estímulo para avanzar hacia una consciencia superior, generalmente, o hacia algún otro objetivo mágico deseado). En un sentido fundamental, la iniciación se define por sus resultados. Dada una cadena de poder potente e ininterrumpida a través de los Cuatro Mundos (la "pronunciación" del

Tetragrammaton), estos resultados *ocurrirán*, porque esta cadena se basa en su armonía con las leyes de la naturaleza.

Sin embargo, como se dijo antes, esta fuerza mágica debe tener un vehículo adecuado para su manifestación. En términos de iniciación personal, este vehículo es, por supuesto, el candidato. ¿Cómo nos aseguramos de estar preparados para este influjo de fuerza? Para contestar esta pregunta, tomemos como ejemplo la máxima iniciación mágica, aquella del Conocimiento y Conversación del Santo Ángel Guardián. En el modelo qabalístico que forma la base del sistema de la A∴A∴ (ver Capítulios 15 y 17) el aspirante debe formarse a sí mismo en un verdadero "grial", un recipiente equilibrado y en buen estado capaz de dar forma a y resistir la intensidad de la luz del SAG. Este grial es forjado del logro balanceado de los grados elementales, que corresponden a las cuatro sefirás bajo Tiféret. Coronado por la experiencia del SAG en Tiféret, el pentagrama microcósmico está completo. Periódicamente, al alcanzar el C & C, el adepto asume la tarea de aspirar al verdadero y máximo grial, la superna Copa de Babalón. Ten en mente esta idea del grial conforme lees lo que sigue.

A menudo pensamos en la iniciación en términos de procesos rituales formales, sin embargo, una reflexión más profunda revela que, de hecho, la iniciación ocurre de muchas formas, día a día, a través de nuestras experiencias de vida mismas. He construido un modelo del proceso iniciatiorio basado en la fórmula del Tetragrammaton. Este modelo incluye etapas de iniciación formal e "informal", y trazaré cada etapa a continuación.

Etapa 1: Yod/Atziluth

La etapa uno corresponde al mundo de Atziluth. Antes de que pueda ocurrir una verdadera iniciación, se debe forjar un enlace con las fuentes espirituales más elevadas. En un sentido absoluto, por supuesto, este enlace siempre está ahí, cada ser humano existe como una manifestación de esa semilla espiritual, sin embargo, si queremos extender la influencia de lo más alto a nuestro trabajo iniciatorio, debemos enlazarnos de manera consciente al poder atzilúthico y traerlo a través de los otros tres mundos.

Formalmente, este enlace es forjado por el diseño y ejecución del ritual del mago; esto es, los oficiales del ritual mismos. Debe haber alguna forma de invocación general de los poderes espirituales más elevados, o por lo menos de los poderes atzilúthicos relevantes para el contexto ritual. En un contexto ritual, esto consistiría en aquellas porciones de la apertura ceremonial que llaman a tales fuerzas:

invocaciones generales como la invocación preliminar de la Goecia (la invocación del "No Nacido"), un ejercicio tipo Pilar Medio o invocaciones similares. Sin importar los procedimientos específicos involucrados, el resultado es el mismo: un enlace es forjado a Atziluth, los "Jefes Secretos", la "Tercera Orden", etc. Los nombres son menos importantes que los poderes que encarnan.

Como se mencionó antes, el vínculo *informal* con Atziluth es la eterna presencia de la estrella dentro de cada individuo, el yejidá de la Qábala, el Yo de la psicología de Jung, el Santo Ángel Guardián de la tradición thelémica. Sea o no consciente el candidato de este enlace, es un prerrequisito para su vida misma, y es entonces ciertamente esencial para cualquier proceso iniciatorio.

Etapa 2: He/Briá

Una vez que el vínculo atzilúthico ha sido forjado conscientemente, pasamos de lo general a lo específico. Esto es, activamos poderes y energías específicas únicos para el propósito del trabajo. En ritual formal, esto incluye fuerzas elementales, planetarias y similares específicas, invocadas a través de cualquier combinación de procesos, como rituales del pentagrama y hexagrama, representaciones dramáticas, sigilos, inciensos, poesía y similares. En esencia, hemos particularizado la fuente de poder atzilúthico al nivel briático de la psique del candidato. Dado que la conciencia briática, en cualquier individuo dado, es en teoría sinónima con la influencia del SAG, estamos esencialmente enlistando la ayuda explícita del SAG del candidato en el trabajo en cuestión. Ritualmente, esto se logra mediante el Juramento Mágico. Incluso si el candidato no tiene un vínculo *consciente* con su SAG, al alinearse con los contenidos del Juramento, traen todo su ser de acuerdo con el propósito de la iniciación ritual, bajo los auspicios del SAG.

El mundo briático es el nivel de la voluntad universal, jiá, reflejada en e informada por la intuición espiritual del neshamá. Es esta la forma más verdadera de instrucción, el neshamá, que desciende a la consciencia del candidato en la "persona" del SAG. Cada vez que permitimos que esta fuerza se abra paso en nuestra acción consciente, alineando nuestra voluntad personal con la voluntad universal, estamos iniciándonos en un nuevo camino de servicio. Esta la etapa *he* de las iniciaciones *informales* de la vida, la acción y presencia del SAG en cada pensamiento, palabra y acción.

Etapa 3: Vav/Yetzirá

Para comprender *conscientemente* esta intuición espiritualmente informada, debemos aprender a hablar su idioma y ese idioma es el mundo del símbolo y la metáfora. La etapa *vav* de la iniciación involucra la traducción de este lenguaje simbólico a símbolos comprensibles por el intelecto humano ordinario. Cuanto más trabaje el candidato en desarrollar un lenguaje interno de símbolos, más fácil le será beneficiarse del influjo de estas energías durante y después de la iniciación. Esto no significa que las iniciaciones deban ser entendidas intelectualmente para ser efectivas. Las semillas plantadas inconscientemente a través de procesos iniciatorios echan raíces independientemente de nuestra aprehensión de ellas. Sin embargo, entre más podamos integrar conscientemente lo que nos enseña la neshamá, más podremos vivir nuestras vidas de acuerdo con esa verdadera voluntad. Cuando Abramelín describe el ángel escribiendo en "rocío" sobre una "placa de plata" (Yesod/Yetzirá), podemos entender que esto significa la capacidad reflexiva, receptiva de nuestro propio subconsciente. Inicialmente, en las etapas preadepto, estas comunicaciones pueden venir en forma de sueños, "destellos" intuitivos, trabajos creativos y los comienzos más sutiles de la activación de los chakras. A medida que el aspirante se acerca al estado de adepto, su habilidad para "decodificar" estas comunicaciones del SAG se vuelve progresivamente más fuerte. Cuando estas habilidades perceptivas son *lo suficientemente fuertes,* la puerta a la comunión plena y consciente con el SAG se abre (aunque el nuevo adepto podría pasar el resto de su vida fortaleciendo esta relación).

Todos los comentarios anteriores aplican a las iniciaciones "informales" de la vida que estamos discutiendo. En términos de una iniciación ritual formal, la etapa vav involucra el uso explícito de símbolos, movimientos, cambios de luz, sonidos, discursos, poesía, música y cualquier número de otros medios para activar y hacer receptiva la mente inconsciente el candidato e imprimir el objeto del trabajo en ella. Si tienes alguna experiencia de trabajo iniciatorio formal, inmediatamente recordarás los símbolos usados. Tras una reflexión más profunda, es probable que observes que los símbolos específicos utilizados sí representaron la traducción del objeto del trabajo a este lenguaje del inconsciente. Más allá de los símbolos físicos usados, un equipo de iniciación capacitado puede usar sus propios poderes de visualización y creación de símbolos interno para canalizar la fuerza yetzirática al servicio del objetivo iniciático. Es decir, la "mente" colectiva del equipo de iniciación crea un ambiente psíquico optimizado para la aprehensión del candidato de los objetivos de la operación.

Cuanto más "densa" sea esta atmósfera psíquica, es más probable que realmente cargue e impacte el talismán del trabajo, el candidato, asumiendo que los procedimientos previos lo han hecho adecuadamente receptivo.

Etapa 4: He-final/Assiá

La cristalización de todas las etapas anteriores en el mundo de Assiá es simultáneamente la más concreta, pero también la más sutil de todo el proceso. Esencialmente, esta es la etapa en la que fijamos todos los cambios previos en el vehículo físico y exteriorizamos nuestra experiencia interna en la vida diaria. El pensamiento precede a la palabra y la palabra precede a la acción. Si Atziluth y Briá representan el pensamiento y Yetzirá ejemplifica la palabra simbólica que surge de ese pensamiento, entonces Assiá es la acción inevitable que resulta de este proceso. Exactamente cómo se llevará a cabo esta acción se deja al arte sutil del mago. ¿Quién puede decir cómo un individuo particular aplicará su genio creativo recién encontrado al mundo externo o cómo un candidato en una iniciación específica actualizará las enseñanzas encontradas dentro? Estos son los frutos de las iniciaciones informales de la vida.

En el ritual formal, esta etapa assiática se realiza por varios medios, que incluyen la estimulación física de chakras, la administración de eucaristías, la aplicación de túnicas o regalía al candidato, etc. Los iniciadores debidamente capacitados pueden usar la fuerza de sus propias visualizaciones y otro trabajo interno para ayudar en este "fijado" de los efectos en el cuerpo físico del candidato. Después de todo, la consagración efectiva de un talismán requiere explícitamente que el mago tenga la habilidad de traer su poder al nivel assiático, y en este ejemplo, el candidato *es* el talismán.

EJERCICIO

Este ejercicio está diseñado para tener un efecto preparativo en la psique, parecido a fertilizar el suelo para que las semillas sean plantadas. El uso concienzudo de este ejercicio puede ayudar a construir los puentes necesarios a través de los Cuatro Mundos para realizar una meta personal o mágica específicas. Utiliza imágenes y energías que pueden permitirte activar conscientemente esos aspectos de la psique (y más allá) que corresponden al Tetragrammaton. Notarás alguna similitud con el ejercicio tradicional del Pilar Medio. Este ejercicio podría ciertamente aumentarse e intensificarse vibrando los nombres divinos apropiados en cada uno de los centros. Si incluyes estas vibraciones, se recomienda encarecidamente que concluyas con una de las "circulaciones" descritas por Regardie y otros (una de dichas circulaciones involucra ver la energía moverse hacia abajo por la parte frontal del aura en la exhalación y hacia arriba en la parte trasera del aura en la inhalación).

Puede ser deseable que te grabes describiendo estos pasos en voz alta, para usarlos más tarde como un ejercicio de imágenes autoguiado.

Paso uno: Elije una meta transformativa, ya sea concebida como personal/psicológica o mágica. Después, elige un símbolo vívido y específico para representarla, esencialmente un talismán interno. La imagen del grial se recomienda en este contexto, ya que nuestro propósito es principalmente aquél de convertirnos en vehículo perfecto para lo divino. Símbolos alternativos incluyen el Anj, la Estrella de Babalón, el Hexagrama Unicursal, imágenes de la Estela, etc. Deja que tu imaginación y sistema de símbolos personales te guíen. Reserva uno o más periodos de meditación sobre este símbolo, mientras visualizas de manera simultánea la meta deseada. Debes incluir tantos detalles visuales y emocionales como te sea posible, para que el símbolo se cargue cada vez más con el poder innato y la necesidad del resultado deseado. *Siéntete* viviendo la nueva realidad, vertiendo esta intención en el símbolo.

Paso dos: Reserva unos treinta minutos en los que no seas interrumpido. Siéntate en tu *asana* favorito. Inicia una respiración suave y rítmica. Continúa por 5-10 minutos hasta que estés muy relajado y quieto, por dentro y por fuera.

Paso tres: YOD. Visualiza una estrella en los cielos, la más brillante del cielo. Vé cómo se convierte en tu propio centro de la corona. Intensifica esta visualización conforme aspiras a la concepción más alta y exaltada de la divinidad que puedas imaginar. Al hacerlo, el centro de la corona brilla más y más con un resplandor blanco. Te estás uniendo a la voluntad universal, el fuego primordial, el *yod* de YHVH.

Paso cuatro: HE. Ve la luz descendiendo por un eje desde la corona, llenando el centro de la garganta con un blanco poco menos brillante. Si has establecido relaciones conscientes con tu SAG, usa cualquier fórmula que el SAG te haya enseñado para solicitar ayuda en este esfuerzo. Si no estás en comunicación consciente con tu SAG, simplemente *sabe* que estás pidiendo ayuda al ángel.

Paso cinco: VAV. Ahora visualiza el grial y otro símbolo en el centro del corazón. Ve cómo la luz blanca desciende del centro de la garganta al grial en el corazón, infundiéndolo y al símbolo mismo, con una luz de color amarillo dorado. Entonces, ve este símbolo infundido de luz dorada descender al centro de los genitales, donde cambia a un exuberante color violeta. Concibe que está "fijo" en el subconsciente. Incluso puedes sentir una especie de "clic" en la parte posterior de la cabeza en la región del tallo cerebral.

Paso seis: HE-FINAL. Siente al símbolo disolverse en chispas color blanco dorado cargadas de luz que, en un solo círculo de respiración, circulan a través del cuerpo. Cada celda se llena de luz conforme todo el proceso se fija en Assiá, anclado en el nivel físico.

Paso siete: Permanece quieto conforme renuevas las vívidas visualizaciones descritas al principio de este ejercicio. Cuando estés listo, vuelve gradualmente a la conciencia normal. Registra los resultados en tu diario mágico. Repite según sea apropiado, lo recomiendo al menos una vez a la semana por varias semanas.

Conclusión

Tengo la esperanza de que esta discusión y ejercicios te impulsen a una exploración y desarrollo mayores de tu sistema de símbolos interno. La meditación en la fórmula del Tetragrammaton y su correspondencia con tus experiencias durante los rituales en general y la iniciación en particular, te ayudarán a convertirte en ese grial del que hablamos, en un recipiente verdadero y apropiado para la luz.

18

LOS CHAKRAS

Dados los orígenes antiguos de la doctrina de los chakras y su considerable influencia en una amplia variedad de tradiciones, no sorprende que haya innumerables maneras de contemplar el sistema de los chakras en el contexto de la transformación personal. En consecuencia, nos limitaremos a cierto punto de vista en nuestra discusión de los chakras en este capítulo. Esencialmente, exploraremos los chakras como un medio para entender las etapas de la transformación personal en el camino mágico thelémico, más que como centros energéticos en el cuerpo *per se*. En mi opinión, hay tanto énfasis en la idea de "centro energético" en la discusión popular que nos perdemos la importancia mayor del modelo transformativo que se discute aquí. Usaremos atribuciones sefiróticas basadas en las dadas en el *777* de Crowley (columna 118) con algunas adaptaciones propias. Además, nos apoyaremos fuertemente en el trabajo de Joseph Campbell, quien tiene mucho valor que agregar a nuestra comprensión del sistema.

Las etapas de transformación que discutimos se aplican (cuando se consideran a gran estala) al desarrollo de la Gran Obra y al sistema de la A∴A∴ de Probacionista a Ipsissimus y revisaré las atribuciones de los chakras a sefirás específicas. Es importante notar que cuando digo que tal chakra se relaciona a una sefirá particular, no estoy insinuado que el despertar de este chakra corresponda con el logro del grado de la A∴A∴ correspondiente. Más bien, describo el grado en el que, en un momento dado de consciencia, el "circuito" está lo suficientemente completo para que podamos vislumbrar niveles de consciencia y atención expandidos. Generalmente no permanecemos en ese estado por mucho tiempo. Conforme avanzamos en el camino de retorno, logramos permanecer en estos estados cada vez más, pero especialmente en las etapas tempranas del trabajo, rápidamente "caemos" de vuelta a los chakras inferiores a medida que lidiamos con los altos y bajos de la vida. Puedo decir con virtual certeza que no hay adepto en el mundo que no retroceda a veces a un estado mental reactivo/animal en respuesta al estrés cotidiano mundano. Eso es simplemente el cuerpo humano empleando su reacción de lucha o huida, impactando la consciencia, y sucederá sin importar qué tan alto hayas escalado en la montaña del logro.

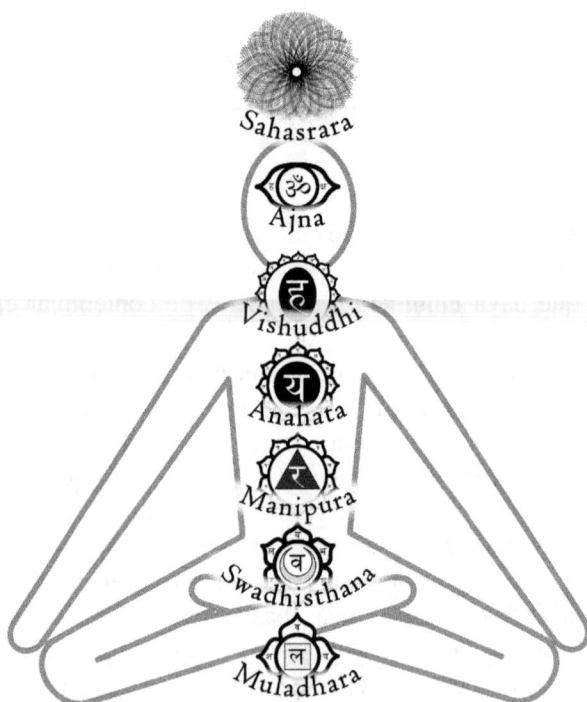

Los chakras

176

Como muchos de ustedes saben, en el sistema iniciático de la O.T.O. hay ciertas atribuciones de lo grados a los chakras y, por razones obvias, no voy a discutir los detalles de los grados de la O.T.O. aquí. Los iniciados de la O.T.O. tal vez deseen revisar el diagrama en *El Equinoccio*, Volumen III, Número 10, que da las correspondencias de los chakras y los grados de la triada del Hombre de la Tierra, como una capa adicional a nuestra discusión en este capítulo.

Muladhara

Comenzamos, por supuesto, con el chakra *muladhara*, que significa "base raíz". Este es Maljut. La psique es esencialmente inerte. La naturaleza básica de esta consciencia es una fuerza vinculante, la fuerza vinculante de la materia y de la ilusión de la existencia puramente material. Los obstáculos para el crecimiento aquí son el deseo de seguridad física, aferrarse a la ilusión de seguridad física o protección. Nos guiamos principalmente por respuestas de miedo. Este es el cerebro animal con su instinto de supervivencia primordial. Para trascender este estado, tenemos que desidentificarnos con el impulso de supervivencia como el centro primario de nuestro enfoque. Compara esto con la tarea del Neófito de la A∴A∴ de controlar el cuerpo de luz. Al realizar esta tarea, que corresponde al camino de *tav*, expandimos nuestra consciencia para trascender la creencia limitante de que somos nuestros cuerpos físicos. Puedes ver fácilmente cómo esto se relaciona con la prueba del muladhara descrita antes.

Joseph Campbell da una imagen convincente de esta lucha, extraída de diversos mitos relacionados con dragones. Como sabes, en muchos de estos mitos, el dragón resguarda un botín de algún tipo y, por lo general, se trata de una mujer y/o un tesoro. Considera que la virgen corresponde a Yesod, la vida sexual, la vitalidad, la fuerza divina dentro de nosotros; y el oro a Anahata, el centro Tiféret, el oro de la individualidad espiritual despierta. ¡Qué imagen tan atractiva! El dragón, que simboliza la absorción en la materia y el aferramiento a las cosas materiales, nos impide acceder al poder regenerativo de Yesod y a la habilidad de dar luz de Tiféret.

Svadisthana

Después, tenemos el chakra *svadisthana*. Esto se traduce aproximadamente como "su lugar favorito" o "su posición favorita" y lo atribuyo a Yesod. El nivel de funcionamiento aquí sigue siento principalmente centrado en el yo. Si bien la consciencia-muladhara está centrada en el yo en su enfoque en la supervivencia física, en svadisthana hemos ampliado nuestra preocupación para incluir la supervivencia a través de la perpetuación de nuestra progenie a través de la reproducción sexual. Por supuesto, en el nivel de la consciencia animal, no somos conscientes de la voluntad de nuestro ADN de perpetuarse. Como animales humanos en este estado no despierto, estamos en su mayoría sólo conscientes de querer sexo por placer o para producir descendencia para asegurar la supervivencia familiar, para cumplir con las expectativas sociales o de identidad, etc.

El obstáculo típico aquí es una obsesión excesiva con el sexo. La teoría de la libido de Freud, por supuesto, se ocupaba de las manifestaciones psicopatológicas en este nivel de conciencia. Para trascenderlo, debemos "aflojar" los músculos de la obsesión/represión sexual y permitir que la fuerza sexual busque su objetivo superior: la transformación de la psique en sus aspectos superiores. En otras palabras, tenemos que percibir que el objetivo real de esta fuerza dentro de nosotros, este poder regenerativo, es transformarnos de animales en seres humanos plenamente realizados y, finalmente, en dioses.

Entendida correctamente, la conciencia-svadisthana puede ser nuestro primer atisbo del poder divino en la vida. Todavía no lo reconocemos necesariamente *dentro de nosotros*, pero es nuestro primer encuentro psicológicamente significativo con la divinidad. En el correspondiente grado Yesod de la A∴A∴, el Zelator trabaja para intensificar la conciencia y el flujo de la fuerza sexual/fuerza vital a través de las prácticas iniciales de pranayama.

Manipura

Sigue el chakra *manipura*, que significa "ciudad de joyas". Lo atribuyo a Hod y Netsaj. Mientras que el svadhisthana es reflejo de esa etapa de consciencia enfocada en el impulso hacia el sexo, en manipura nos enfocamos en el impulso de poseer *poder*. Esto sigue estando centrado en el yo, pero el enfoque es en el poder personal dentro de un contexto social. Toma en cuenta la existencia de una comunidad, pero la meta sigue siendo poder personal, el dominio sobre el rebaño, ser el animal alfa de la manda. Campbell incluso se refiere a este estado como el "yoga de la guerra". Cuando se desarrolla correctamente, sirve un propósito más elevado relacionado con el chakra vishuddhi (más sobre esto después), pero en la mayoría de los humanos, la mayoría del tiempo, este es simplemente un impulso para controlar nuestro entorno social.

Mencioné que manipura se atribuye a Hod y Netsaj. Quizá sea significativo que el camino que conecta estas sefirás es el camino de *pei* (la Torre), donde vamos a la guerra con nuestras propias concepciones limitantes y formas de consciencia viejas para reconstruirlas en algo más saludable y funcional. Para trascender este estado, debemos encontrar una manera de centrarnos en nuestro propio poder sin necesitar controlar o dominar otros para sobrevivir, ir más allá de la ilusión de que los otros deben ser subyugados. En otras palabras, avanzamos hacia el despertar del chakra *anahata*.

Anahata

Debemos hacer una pausa aquí para notar que los tres chakras que hemos discutido hasta ahora —muladhara, svadhisthana y manipura— representan fundamentalmente niveles de consciencia primarios y animales. Hasta este punto, una persona que vive predominantemente en estas etapas de conciencia apenas supera el funcionamiento de un animal superior. Las transformaciones que ocurren de este punto en adelante nos permiten convertirnos en verdaderamente humanos y, finalmente, sobrehumanos.

Anahata significa "no golpear" o "no herir". ¿Y cuándo es algo "no golpeado"? Cuando sólo hay *una cosa*. El despertar del chakra anahata trae la conciencia de la unidad de la experiencia y consciencia humana. *Ágape*. Anahata representa aquella consciencia despierta de la interconexión espiritual de todos los seres. Esta es la consciencia tras el saludo "namaste", en el que quienes intercambian las palabras reconocen la divinidad común entre ellos. En esta etapa, sin embargo, todavía se experimenta en relación con otras personas que se perciben como seres externos y separados. No hemos aún evolucionado al lugar donde hay una *experiencia* de la unidad de la consciencia, ¡pero al menos nos hemos dado cuenta del concepto! La palabra tradicional del chakra anahata es AUM, que significa que todas las otras palabras son meros fragmentos de esta Gran Palabra, así como todas las formas manifiestas son sólo fragmentos del Uno.

En el sistema de la A∴A∴, el Conocimiento y Conversación del Santo Ángel Guardián en Tiféret nos lleva a la conciencia de nuestra relación con el Santo Ángel Guardián; pero aún el Adeptus Minor no está en consciencia plena y permanente de la unión con el Santo Ángel Guardián. Esto requiere mucho trabajo adicional, el trabajo de las otras sefirás atribuidas a anahata en nuestro esquema, Jesed y Guevurá, así como la triada superna de Kéter, Jojmá y Biná.

Sin embargo, el adepto de Tiféret ha entrado en una relación consciente con el amado, el Ángel. Él o ella está "cara a cara" con el

Ángel, como en un matrimonio, pero aún se *percibe* como una relación entre un yo y un otro.

Vishuddhi

Luego tenemos el chakra *vishuddhi*, que significa "purga". Esto es esencialmente una purga de las obsesiones del ruáj, que es esencial para el logro de la consciencia superna; esto es, para el cruce del Abismo y la trascendencia de las limitaciones de la vida y consciencia humanas. Cuando el chakra vishuddi está "cerrado", podríamos atribuirlo a Da'ath, el falso "conocimiento" que aún está ligado a la conciencia del ego, en oposición a la conciencia trascendental. La apertura de vishuddhi corresponde al cruce del Abismo y el logro resultante de Biná.

Algo muy interesante sucede aquí con la energía de manipura. Recordarás que manipura ha estado esencialmente mirando "hacia afuera" al mundo, usando su energía para conquistar y obtener poder sobre otros. Pero ahora, bien entendida y bien aplicada, esta energía — esta energía conquistadora, este yoga de la guerra— se vuelve hacia adentro y se aplica a la transformación del yo. Esta es la guerra interior, tradicionalmente llamada "la vuelta del Shakti". Nos alejamos de la concepción errónea de que nuestra fuerza destructiva debe ser usada contra otros para nuestros propios propósitos de poder y llegamos a la consciencia iluminada de que la guerra *primaria* ha de ser luchada contra nuestras propias concepciones limitantes del yo. Esto representa el logro total de la consciencia vishuddhi.

Ajna

El siguiente chakra es *ajna*, que significa "comando" o "llamado". Ajna se atribuye a la esfera de Jojmá. Campbell dice que es como ver a Dios, pero a través de un cristal. El alma humana está finalmente cara a cara con la divinidad, pero aún hay separación. Desde este mirador, estamos en una posición única para experimentar todo el ego que hemos construido, desarrollado y habitado, pero también vislumbrar el mundo más allá de él. En este estado umbral, tenemos un pie en la consciencia-ego y otro en el mundo divino.

En Jojmá, el grado de Magus en el sistema de la A∴A∴, logramos consciencia de nuestro mundo (*logos*), la formula única de nuestra existencia que es nuestro vínculo único con la voluntad universal. Pero aún estamos a un paso de la completa identidad con la unidad. Después de todo, para tener un logos que entregar al mundo, debes aún establecer una distinción entre lo que entrega la palabra y la cosa que la recibe. Este no es aún el nivel de unidad que veremos en nuestra examinación del chakra *sahasrara* a continuación.

Una nota final respecto al ajna: Así como la fuerza de manipura se eleva para incidir en vishuddhi, de forma que el desarrollo interno toma el lugar de la agresión indebida al exterior; aquí la fuerza de svadhisthana, la expresión externa de la fuerza vital como sexo físico. se interioriza como devoción extática a la divinidad interna. Entonces, aquí nuevamente hemos elevado un elemento de los chakras "animales" y lo hemos aplicado a un centro superior.

Sahasrara

Sahasrara significa "con mil pétalos". Aquí logramos la unión completa con el amado, el SAG, el Todo, Dios (llena el espacio con tu término favorito). No hay separación; este es el punto de Kéter. Aquí somos liberados de la esclavitud de la materia, y el cadáver de Maljut se ve justamente como la inmortalidad del espíritu puro. Como se dice, Kéter está en Maljut. Curiosamente, algunas representaciones del chakra muestran los cuerpos de *shava,* que significa cadáver, espalda a espalda con Shiva, quien es la deidad. Podemos entender esto como una declaración de la cercanía de la muerta con la inmortalidad.

El maestro sufí del siglo IX, Mansur al-Hallaj, tiene una historia que ilustra bellamente la naturaleza de esta transición del ajna al sahasrara, donde pasamos de ver a Dios a través de un cristal a ser Dios. Una vez hubo una polilla que fue atraída cada noche a una llama ardiendo en una linterna encerrada por cristales. Noche tras noche, la polilla golpeaba su cuerpo contra el cristal en anhelo desesperado, viendo el objeto de su devoción allí mismo, pero incapaz de alcanzarlo. Entonces, un día, la puerta de la linterna quedó abierta y la polilla logró volar hacia la llama, donde fue aniquilada en éxtasis. y en ese momento de aniquilación —que es desde nuestra perspectiva humana, atada al ego, el momento de su muerte— en realidad logró su meta de la unión con la llama. Se *convirtió* en la llama, se convirtió en Dios.

Hay una enseñanza de que después del logro del sahasrara, el iniciado regresa a anahata, para permanecer enamorado en aquel lugar donde percibimos la divinidad en relación con el mundo, participando de la consciencia tanto humana como divina simultáneamente. Recuerda el viaje del héroe, donde el héroe salió a matar el dragón y obtuvo la recompensa o tesoro. El héroe no sólo deambula con el oro y la chica para establecerse y disfrutar del tesoro todo para él. El héroe regresa a la sociedad y *comparte el tesoro.* Así mismo, el camino general de la Gran Obra está caracterizado por este servicio a la humanidad. Crowley habla acerca de esto en términos comparables cuando dice que el Magister cruza el Abismo, logra la consciencia superna y entonces es arrojado a la esfera de su obra en el mundo, la esfera mejor adaptada para sus dones manifiestos. Por tanto, el camino del logro individual es, en última instancia, idéntico al camino de servicio a toda la humanidad. Lo que pare al inicio un viaje del héroe por el desarrollo individual, ha revelado su propósito más profundo: es el camino hacia la inmersión en la consciencia del Todo y la devoción a todo lo que somos al servicio de dicha consciencia.

19

El Papel del Ego en la Gran Obra

El ego humano es, por diseño y necesidad, una herramienta esencial de todo mago. Antes de avanzar en nuestra exploración del rol del ego en la Gran Obra, es extremadamente importante entender que cuando uso el término ego aquí, lo uso en el sentido adoptado por Carl Jung. No está siendo usado en un sentido peyorativo, como cuando decimos que alguien tiene "mucho ego" o que son "egoístas". El ego, como se usa aquí, es simplemente el yo cotidiano, el centro primario de consciencia que llevas contigo en las actividades cotidianas. Ego simplemente significa "yo". Es el "yo" que va a la tienda, que va al trabajo, al que le gustan y disgustan cosas, que conscientemente percibe la belleza, el miedo y el dolor, etc.

En las etapas de la Gran Obra previas al estado de adepto pleno —esto es, antes del Conocimiento y Conversación del Santo Ángel Guardián— el estado característico de consciencia es uno principalmente identificado con el ego como el centro del ser. Esta perspectiva se invierte gradualmente en los grados de la Primera Orden de la A∴A∴, pero la mayoría de los magos en la fase preadepto, la mayor parte del tiempo, se identifican primariamente con el ego, ya sea que lo noten o no.

En contraste, tenemos lo que Carl Jung llamaba el Yo (lo capitalizaré para distinguirlo del "yo" cuando se usa de manera casual a uno mismo). Este es el centro real de nuestro ser. En la etapa preadepto, estamos mayormente inconscientes de él; pero a través de trabajo en psicoterapia enfocado en la introspección, y ciertamente a través del camino mágico y místico, cuando se le sigue correctamente, abrimos nuestra conciencia a este Yo. La apertura de esta consciencia en un contexto secular, psicoterapéutico podría incluir trabajar con símbolos de sueños, desarrollar la intuición, trazar una narrativa simbólica observando las sincronicidades que ocurren en nuestras vidas y procesos similares. Dentro de un trabajo esotérico, la qabalá y otros sistemas de símbolos forman un marco fundamental para nuestras interacciones con nuestro propio inconsciente y, por lo tanto, abren el camino a la conexión con el Yo.

Forjar esta conexión consciente entre el ego y el Yo es la meta central del trabajo dentro de la tradición psicoanalítica junguiana, pero también es una manera de ver el camino de la Gran Obra, una forma de transformación que los magos siguen de una manera más profunda que el analizante promedio (el término técnico para la persona que se somete a psicoanálisis). En cualquier caso, es forjar este así llamado "eje del ego-Yo" lo que informa mucha de la discusión aquí.

En este capítulo, estaré utilizando no sólo la terminología del modelo junguiano de la psique ("ego", "Yo", "sombra" y similares), sino también el lenguaje análogo de la psicología qabalística. Para nuestros propósitos, ego=ruáj y Yo=neshamá. Estas no son analogías perfectas, pero son lo suficientemente cercanas para nuestra discusión (ver las siguientes imágenes).

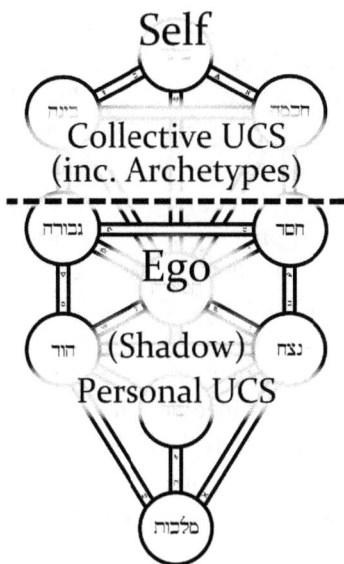

El modelo junguiano de la psique en el Árbol de la Vida

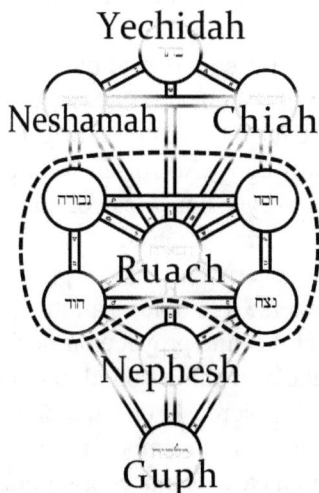

Las 'partes del alma' qabalísticas en el árbol de la vida

Empecemos con un vistazo al funcionamiento cotidiano del ego. ¿Para qué sirve? ¿Cómo nos ayuda y cómo puede dañarnos? El fundamento más importante aquí es entender que el ego es el mecanismo perceptivo por el cual interactuamos de manera constructiva con el mundo exterior. Es completamente necesario para esta interacción; sin él, somos impotentes para ejercer nuestra voluntad sobre la realidad física que nos rodea. En consecuencia, en ningún momento el mago se involucra verdaderamente en una "destrucción del ego" permanente. Más bien, a través de la Gran Obra, llegamos a comprender el rol y función apropiadas del ego. Lo ponemos en la relación apropiada con el Yo y, en última instancia, somos capaces de *identificarnos* con el Yo más profundo, el centro real de lo que somos, la estrella o *khabs*.

El ego es el lente a través del que percibimos el mundo exterior. Es necesariamente individualizado y, por tanto, limitado en su visión. La información que obtenemos mediante la útil ilusión de vernos a nosotros mismos como un ser separado, la ilusión de un mundo interior y otro exterior nos permite funcionar en ese mundo exterior. No podríamos llevar una vida constructiva si estuviéramos siempre inmersos en una conciencia cósmica indiferenciada. ¡Sólo imagínate intentando hacer el mandado en *ese* estado mental!

Uno de los mecanismos más importantes para el funcionamiento del ego —esto es, una de las maneras en las que sirve como un lente para ver el mundo— es a través de las proyecciones psicológicas a las que damos rienda cotidianamente. En cierto sentido, toda percepción es una proyección psicológica, en el sentido de que imponemos conjuntos de símbolos, categorías y otras etiquetas al bulto de percepciones que llegan a nosotros; estas siempre serán interpretadas por el ego. Sin embargo, podemos hacer un trabajo muy importante para hacer aumentar nuestra comprensión de nuestro ego y su rol en la Gran Obra al observar más detenidamente a estas proyecciones psicológicas, especialmente cuando nos proyectamos sobre *otras personas*.

En una proyección negativa, el ego se protege juzgando las fallas de otros en lugar de someterse a la dolorosa introspección necesaria para su propio crecimiento real. En una proyección positiva, como idealizar a un ser querido, el ego anhela la unión con algo que percibe como externo a sí mismo y, por lo tanto, pierde la oportunidad de reconocer la plenitud inherente al alma. Entonces, en ambos casos, estamos atrapados en la dicotomía yo-otro. En un caso es una energía juiciosa negativa, en el otro es repudiar un aspecto de nuestra propia divinidad, una parte de nuestra propia totalidad. Caemos en la trampa de creer que necesitamos unirnos con algo exterior para estar íntegros y saludables. En cualquier caso, nos enfrentamos a la sombra.

La sombra, en términos junguianos, es casi literalmente como una sombra proyectada por el ego, la silueta que se forma por esas áreas en las que la luz del autoconocimiento *no* brilla. Son todas esas cosas que no aceptamos de nosotros, todos esos aspectos no reconocidos o rechazados de nuestro ser, tanto positivos como negativos. Crowley ofrece algunos comentarios interesantes sobre este fenómeno en *Liber Alef*. Aquí hay algunos pasajes clave en los capítulos titulados "Sobre ciertas enfermedades de los discípulos" y "Sobre observar las fallas en la casa", que fluyen juntos en un solo hilo de discusión.

> ... Nos convertimos en eso que nos obsesiona, ya sea a través de Odio o Amor Extremo. ¿No sabes que uno es el símbolo del otro? Por esta Razón, ya que el Amor es la Fórmula de la Vida, estamos bajo el Vínculo de asimilar (en el Fin) eso que tememos y odiamos. Entonces seríamos sabios al moldear todas las Cosas dentro de nosotros en Quietud y Modulación. Pero sobre todo debemos usarlo todo para nuestro propio Fin, adaptando con Destreza incluso nuestra Debilidad al Trabajo. [...]
>
> Por lo tanto, observa atentamente la Falta de otro, para que puedas corregirla en ti mismo. Pues si no estuviera en ti, no podrías percibirla o entenderla...[31]

En este punto de nuestra discusión (y a partir de tu comprensión actual de la naturaleza de la Verdadera Voluntad) debería ser obvio que los quereres y deseos del ego están usualmente (especialmente en la etapa preadepto) divorciados de la Verdadera Voluntad o el Yo real. Y una vez más, nuestra Gran Obra consiste en forjar ese vínculo entre el ego y el Yo, alineando conscientemente nuestro ego con el poder pleno de la trayectoria real de nuestra alma, la Verdadera Voluntad.

Para usar una metáfora tecnológica: el estado del ego/ruáj es como el ancho de banda que tenemos disponible para el influjo de la fuerza espiritual. Si el ancho de banda se reduce, si nos hemos reducido a *nosotros mismos* a través de obsesiones, proyecciones o desequilibrios egoicos, en realidad hemos reducido nuestra capacidad de ser un canal de esta fuerza divina. Entendido de esta manera, uno puede ver fácilmente la importancia del autoanálisis de la personalidad que está integrado en cualquier entrenamiento mágico competente.

---

[31] Crowley, A. (1991). *Liber Aleph*. York Beach, ME: Weiser Books.

El ego es la parte de ti que siente dolor, ira, alegría; pero *eres mucho más que esto*. El Yo real es mucho más expansivo que este conjunto limitado de funciones; aunque la mayoría de nosotros, la mayoría del tiempo, operamos día a día como si no fuéramos más que una "máquina que piensa y siente". Esa es una de las limitaciones inherentes de nuestro ego. En consecuencia, una de las mayores trampas de la vida es creer lo que el ego nos dice como si fuera la *única* verdad. Cuando estamos en una depresión, cuando estamos abrumadoramente ansiosos, cuando estamos heridos o enojados, debemos esforzarnos por alejarnos un paso de la perspectiva limitada del ego, y recordar que la parte de nosotros que experimenta esta angustia no es la totalidad de nosotros y ciertamente no es el núcleo de lo que somos.

El Yo, ese *khabs*-estrella en nuestro centro espiritual, no está preocupado por pagar las cuentas. El Yo no está preocupado por lo que dijo fulano o mengano que hirió nuestros sentimientos. Eso es simplemente el ego. Si podemos ver al ego más como una mascota y menos como lo que realmente somos, podemos distanciarnos un poco de los problemas de la vida. Esto no significa que los rechazamos. Esto no significa que los menospreciemos. Esto no significa que pretendemos que no tenemos estos sentimientos y respuestas. Como dije antes, el ego es nuestro mecanismo de recopilación de información en el mundo. En consecuencia, prestar atención a estas percepciones y experiencias del Ego es en realidad una puerta para un trabajo más profundo.

Nuestra diosa Nuit representa el reino infinito de todas las posibilidades de experiencia presentes en nosotros. Si sentimos una emoción que no nos gusta, si la rechazamos e intentamos huir de ella o reprimirla, estamos esencialmente diciendo "rechazo este aspecto de Nuit". Creo que estarás de acuerdo que esta no es una forma productiva de vivir a largo plazo. Podemos evitar temporalmente cierto grado de malestar basado en el ego, pero en el proceso nos alejamos de la perfección de la realidad que se nos presenta. Esta condición es muy parecida a tener un mapa, pero negarse a reconocer dónde estamos en él, simplemente porque no nos gusta el paisaje. En cambio, debemos aceptar dónde estamos y decidir a dónde queremos ir.

Como dije antes, la desidentificación con el ruáj-ego y la identificación con el neshamá-Yo como el centro real de lo que somos es la meta primordial; pero hay peligros de hacerlo prematuramente. Estos peligros caen dentro de la categoría más amplia de la inflación del ego, cuando el ego es altivo. Esto es más o menos el funcionamiento básico de todos los seres humanos de vez en cuando. Un ejemplo, muy común en las comunidades mágicas, es el mago joven que prematuramente se ha identificado con su Yo adepto idealizado, imaginando que algunos éxitos tempranos en la magia son prueba de un logro pleno. Entonces ellos intentan evitar el desarrollo del ego, que suele ser un prerrequisito para *convertirse* en un adepto. No hay atajos.

Algunas personas son, por karma, por nacimiento, por genética u otros factores, bastante precoces en su desarrollo del ego (y lo digo en el buen sentido) en cuanto que parecen estar en la vía rápida en el desarrollo espiritual sin caer en algunas de las trampas —las neurosis— asociadas al ego. Pero en su mayor parte, todos tenemos un camino largo y tortuoso que seguir mientras descubrimos esos elementos sombríos dentro de nosotros mismos, desarrollando nuestra autocomprensión de manera gradual y no siempre cómoda.

El método adecuado para realizar este trabajo (y por "adecuado" me refiero a gradual y equilibrado) está integrado en los grados de la Primera Orden de la A∴A∴ y comienza por encontrar a Kéter en Maljut. El ego observador en Tiféret ve la luz de Kéter en el mundo natural de Maljut, ya que es su rol como herramienta de percepción. El ego también (ocasionalmente) se asoma al reino subconsciente de Yesod, el nefésh ("alma animal"), el inconsciente personal en el modelo de Jung.

Lo que *no* sucede en la etapa preadepto es la percepción directa y consciente de Kéter. Más bien, el iniciado en esta etapa está mirando el reflejo de esa divinidad en el mundo exterior y viéndola como un camino hacia adentro. La percepción de esta vía aumenta en precisión en los grados de la primera orden. Más tarde, en Tiféret, abrimos el camino de *gimel* (consciencia briática) que incide directa y conscientemente en nuestra percepción espiritual en Tiféret. Este es el estado psicoespiritual característico que se asocia con el Conocimiento y Conversación del SAG. Sólo un Ego balanceado será un recipiente adecuado para esta comunión consciente. En el capítulo sobre los métodos y herramientas de la A∴A∴, comparé este ego capacitado a una copa debidamente formada y balanceada, lista para contener la luz del Ángel.

Cuanto mayor sea el logro, mayor el peligro de inflación del ego. Sería bueno si el Conocimiento y Conversación eliminaran todas las neurosis del ego e hicieran al adepto una persona agradable con quién estar todo el tiempo. Pero, desafortunadamente, cada logro tiene su lado sombrío y cada adepto, *por avanzado que esté*, debe lidiar con el lado sombrío de su posición en el camino. La sombra de Tiféret (que en su plenitud significa la iluminación espiritual) es la vanidad espiritual. "¡Guau, soy tan genial que he llegado aquí! ¡Tengo un Santo Ángel Guardián y ahora soy aún más poderoso!" Cada adepto de Tiféret recién creado luchara su propia versión de esta batalla. Idealmente, se encontrará temprano en el proceso y se trascenderá con humildad y buen humor.

En virtud de la autoexploración persistente, el análisis de proyecciones y las tareas de equilibrio de la primera orden, el ego ha encontrado su lugar correcto en relación con el Ángel y con el Yo más profundo, el enlace entre ruáj y neshamá se ha forjado y estabilizado. Sin embargo, es precisamente en este punto de estabilidad aparente donde el ego se enfrenta al mayor desafío que jamás encontrará. Debe hacer las paces con la inutilidad de aferrarse a su sentido de existencia espiritual. Como se dijo anteriormente, no es que el ego deba ser realmente destruido, el adepto aún lo necesitará para funcionar en el mundo exterior; más bien, el adepto debe estar *dispuesto* a destruirlo, a perder todo sentido de identidad al nivel de la personalidad individual. ¿Por qué? Porque sólo un ego/ruáj completamente desarrollado está también dispuesto a abandonarse a sí mismo como ofrenda adecuada al grial de Babalón, y sólo una ofrenda tan absoluta dará derecho al adepto de cruzar el Abismo y lograr la maestría.

Para obtener más información sobre este material, puedes consultar el libro de Robert Moore, *King, Warrior, Magician, Lover*.[32] Él explora estos cuatro arquetipos, tanto en su plenitud como en sus lados sombríos. Habla del arquetipo del mago como uno de poder interno: secreto, sutil y no físico. Obviamente, esta es una herramienta para vivir; pero en el lado sombrío, representa un control y manipulación aferrados, un deseo degradado e inseguro de poder personal. Esto nos remite a la polaridad del Adeptus Exemptus en su plenitud, dispuesto a seguir adelante y abandonar las concepciones del ego, en oposición al Hermano Negro en sus torres de ego, una fortaleza que se rehúsa a abandonar por miedo a perder su poder personal. En la historia de *Parsival*, esta es la dicotomía entre *Parsival* (en su logro final como el Rey del Grial) contra el mago Klingsor, quien simplemente ha robado la lanza sagrada y se ha encerrado en su torre, siempre temeroso de perder los adornos del poder, un epítome de las alturas trágicas de la inflación del ego.

Conclusión

Todas las partes del alma son sagradas y ningún elemento de la constitución humana es "malvado". El ego es una parte integral de una vida efectiva como ser humano y debemos esforzarnos por entender su

---

[32] Moore, R. and D. Gillette. (1991). *King, Warrior, Magician, Lover: Rediscovering the Archetypes of the Mature Masculine*. San Francisco: Harper San Francisco.

funcionamiento y permitirle servir su papel legítimo. Si abordas esta tarea con valentía, honestidad y humildad, tu logro se acelerará y enriquecerá enormemente.

20
LAS FÓRMULAS DE L.V.X. Y N.O.X.

Las "fórmulas" mágicas de L.V.X. y N.O.X. se discuten frecuentemente en el contexto del camino mágico thelémico. Es posible que sepas que estos términos se traducen como "luz" y "noche", respectivamente. Ha habido bastante malentendidos, al menos énfasis fuera de lugar, cuando se trata de estos términos. Este capítulo busca aclarar el panorama. Las opiniones que ofrezco están basadas en mi propia experiencia y la de mis colegas y estudiantes a través de los años. Nada aquí debe tomarse como doctrina, sino simplemente las opiniones informadas de alguien que ha recorrido el camino. Animo tu escepticismo y tu investigación personal, como siempre.

De alguna manera, es más fácil de explicar y entender L.V.X. y N.O.X. comenzando al final del camino del logro y trabajando hacia atrás hacia el principio. Empecemos preguntándonos, ¿cuál es la meta última del camino? La mayoría de nosotros probablemente está de acuerdo que es la unión con Dios, la unión con el Todo, la inmersión en el infinito, el logro de la consciencia cósmica superna o algún concepto similar. En el sistema de la A∴A∴, uno de los marcos simbólicos que de manera más conmovedora y visceral transmite la esencia de este logro es la disolución de uno mismo en el grial de Babalón, el gran santo grial de la esfera de Biná. Esta disolución constituye el logro del adepto del grado 8=3 de la A∴A∴, conocido como Magister Templi. Ahora bien, si vamos a ofrecer todo nuestro ser, nuestro sentido de identidad y consciencia enteras, en el grial, se deduce que tenemos que conocernos *por completo*. Es un prerrequisito a este logro que nos hayamos *actualizado por completo*, de lo contrario, la ofrenda no tiene sentido. Como está escrito en *Liber Jet*, "Mezclarás tu vida con la vida universal. No retendrás ni una gota." Para que esta autocomprensión esté completa, debemos haber logrado la esfera de Jesed y el grado de Adeptus Exemptus 7=4 en la A∴A∴. Este grado significa el ruáj plenamente realizado y que funciona al máximo.

Ahora, aun retrocediendo: para actualizar este ruáj/ego perfeccionado, debemos haber obtenido C & C del SAG, vislumbrando así esa estrella en nuestro centro y obteniendo el conocimiento de la Verdadera Voluntad. El C & C comienza el proceso de profundizar nuestra relación con el Ángel, de manera que podamos realizar plenamente nuestras vidas como expresiones externas de nuestra Verdadera Voluntad (Adeptus Major 6=5) y, por lo tanto, alcanzado Adeptus Exemptus.

Y retrocediendo aún más: para lograr C & C del SAG, debemos habernos equilibrado previamente en términos de los elementos de nuestro ser, en virtud de haber pasado por los grados elementales y las pruebas de equilibro correspondientes de la Primera Orden de la A∴A∴. Debemos habernos movido a través de Maljut, Yesod, Hod, Netsaj al grado de Dominus Liminis, logrando una síntesis y armonización de todos estos elementos en un recipiente adecuado para la luz del Santo Ángel Guardián.

Así que nos hemos movido desde el logro supremo de la consciencia superna hacia atrás al comienzo mismo del camino. Ahora invirtamos la dirección, empezando al inicio y discutiendo cómo es probable que experimentemos estas etapas transformativas a medida que las atravesamos, comenzando con la fórmula de L.V.X.

Probablemente has escuchado sobre L.V.X. principalmente en el contexto de la vieja Orden Hermética de la Aurora Dorada, donde esta es la fórmula de su logro en Tiféret. Si revisas el "Análisis de la palabra clave" original, que es parte del Ritual Menor del Hexagrama publicado en *Liber O* y otros lugares, verás que la fórmula de L.V.X. está entrelazada con la llamada fórmula del "dios moribundo" que en su mayoría ha sido asociada al viejo eón de Osiris. En la Aurora Dorada original, la fórmula de L.V.X. estaba conectada con Tiféret y era el símbolo del logro supremo de la Primera Orden- Simbolizaba cierto despertar de consciencia en el nuevo adepto, pero de ninguna manera reflejaba el logro completo del C & C del SAG como se entiende en el sistema de la A∴A∴. Diré más acerca de esta importante distinción más adelante en el capítulo.

En la A∴A∴ la fórmula de L.V.X. es el proceso de buscar la luz del Santo Ángel Guardián, una formula completamente válida a la que se le sobrepuso la fórmula del dios moribundo en su manifestación del viejo eón, pero no es *necesariamente* idéntica a ella. Esa "única estrella a la vista" del inicio del camino, la luz del Ángel, es la L.V.X. que buscamos, junto con el autoconocimiento y autoempoderamiento resultantes. A medida que movemos a través de los grados de la Primera Orden de la A∴A∴, la fórmula de L.V.X. se manifiesta en un proceso similar a la fórmula alquímica de *solve et coagula*, que es la disolución de cada uno de nuestros componentes para después sintetizarlos. En consecuencia, la experiencia cotidiana de un iniciado de estos grados es a menudo necesariamente una de consciencia parcial, que corresponde a su etapa particular de crecimiento. Por ejemplo, en Maljut en el grado de Neófito hay un gran énfasis en el cuerpo físico y el universo material. Más tarde, en Zelator/Yesod vemos un enfoque en los procesos subconscientes; en el grado de Hod trabajamos extensamente con el intelecto; y en el grado de Netsaj con nuestros deseo, emoción y aspiración. Estas son simplemente partes de un yo holístico, por supuesto, pero es a veces útil vernos en términos de nuestras partes componentes, con el fin de purificar y consagrar estos aspectos del yo para estar cada vez más de acuerdo con nuestra Verdadera Voluntad, reformulando así la totalidad del yo para que sea un recipiente del Ángel.

Cuando estamos en un grado particular y estamos por tanto enfocados en estas realidades *parciales*, puede que nos sintamos desbalanceados, especialmente cuando nos separamos de los grados del pilar medio. Sin embargo, este desequilibrio temporal es una parte necesaria de nuestra eventual armonización. Si simplemente trabajamos para mejorar esas partes que nos hacen sentir más cómodos y balanceados, dejamos grandes porciones de nosotros sin desarrollar tanto psicológica como mágicamente. Crowley aborda esto con varias advertencias acerca del peligro de simplemente complacer las preferencias de uno, en lugar de desarrollar aquellos aspectos del yo que son más sombríos: repudiados o desagradables. Debemos compensar estos prejuicios entrenando estos aspectos menos desarrollados y menos deseables del yo.

Recordarás nuestra metáfora de un capítulo anterior, que nos construimos como un grial para la luz del SAG. También recordarás los peligros potenciales de este proceso: un grial con un agujero goteará; un grial torcido se derrumbará; un grial hecho del material incorrecto puede disolverse con la luz o contaminarla. Eventualmente, cuando este grial se completa con el pasaje por los grados elementales, nos ofrecemos en un estado receptivo al Ángel. Como leemos en *Liber LXV*, "esperarte es el fin, no el principio". De hecho, la fórmula de L.V.X. es central a el paso a través de los grados elementales y está íntimamente conectado con el logro del C & C del SAG.

Si los grados de la Primera Orden son cortejo, entonces el C & C es la boda, entonces los grados de Adeptus Major (6=5) y Adeptus Exemptus (7=4) encarnan la tarea de fortalecer y profundizar la relación matrimonial. Aquí, la intimidad del adepto con el SAG se solidifica y su vida se conforma en un recipiente cada vez más perfecto para la Verdadera Voluntad. A partir de esta etapa, hay una transición gradual a la fórmula de N.O.X., aunque la fórmula de L.V.X. permanece vigente también; después de todo es la fórmula del logro de Tiféret y el recién creado adepto está fresco del C & C. La transición de 5=6 a 6=5 requiere una transformación de la vida externa el adepto en un recipiente para la Verdadera Voluntad. Las relaciones, la carrera y potencialmente todo lo demás en la vida exterior, así como las personalidades que conocemos son el campo de operación de la luz del Ángel; y veremos mucho de esto reconfigurado y reconstruido e incluso destruido y reconstituido en formas especialmente interesantes a medida que avanzamos.

En esta etapa, tiende a haber una conciencia cada vez mayor de un punto final para este desarrollo personal; esto es, la consciencia individual que continuamos construyendo —la consciencia-ruáj que interactúa con el Ángel— sólo es finitamente expandible. Para ir más allá de las limitaciones del ruáj no hay nada más, literalmente, para el adepto fuera de la transición a la fórmula de N.O.X.

El logro del 7=4 significa esta consciencia ruáj plenamente realizada, la psique humana (como la entendemos normalmente) en su manifestación más exaltada. Es sólo en esta etapa cuando hemos final y plenamente llegado a conocernos en todos nuestros aspectos, cuando finalmente podemos *ofrecer* todo lo que somos al grial. ¿Cómo podríamos haber hecho esto antes? Habría sido una ofrenda parcial. Sería como cortarnos un dedo y ofrecerlo al grial diciendo "¡Aquí, Babalón, te doy todo!", cuando en realidad apenas hemos empezado a saber cómo ofrecer todo lo que somos.

Más allá, el logro de la Noche de Pan, el Todo, la disolución en el grial, requiere que nos reconozcamos como nada más que un recipiente para la voluntad universal. Esta es una de las razones de la asociación del nombre Nemo ("Ningún Hombre") con el grado de Magister Templi en Biná. No hay lugar para un ser humano ahí, porque *todo lo que uno es* ha sido entregado. Cabe señalar que *no podemos* saber qué está "más allá de nosotros" en esta etapa. Simplemente sabemos que somos un ser finito que debe ser ofrecido. Por lo tanto, cualquier consciencia (esto es "luz") más allá de esto parecerá oscura. Entonces, en cierto sentido, N.O.X. es luz que brilla demasiado, es demasiado refinada para ser percibida por el ruáj en su estado. Normal. Esta oscuridad no es, de hecho, ausencia de luz, pero una diferencia cualitativa en la *naturaleza* de la luz como la percibimos. El nombre Pan, que significa "todo", enumera 210, que es también el valor de las letras N.O.X. Así que la Noche de Pan es la noche de Todo y el Todo es lo transracional y transpersonal, la noche estrellada más allá del Sol (esto es, nuestro logro de Tiféret). La percepción de nuestra propia estrella interior ha evolucionado; la estrella que ha estado a la vista desde el principio ahora es simplemente una estrella en la compañía de estrellas en los cielos, y la ofrecemos libre y gozosamente en el grial.

Mencioné antes en el capítulo que suele haber un énfasis fuera de lugar en la interpretación de L.V.X. y N.O.X. La primera de estos conceptos erróneos es la idea de que L.V.X. es un camino de "bien" y servicio a otros, mientras que N.O.X. es "maligno" o centrado en el yo, básicamente las atribuciones dualistas tradicionales de la luz y la oscuridad como bien y mal. Si consideras todo lo que he dicho hasta ahora acerca de estas fórmulas y la manera en la que se repliegan en el camino del logro, debe estar claro que no estamos hablando del bien y el mal aquí. Estamos hablando acerca de etapas de logro y fórmulas específicas que desbloquean estas etapas de logro.

Otro error que encuentro con frecuencia es la combinación de la fórmula de L.V.X. con la fórmula del viejo eón del dios moribundo. La fórmula de L.V.X. simplemente implica buscar la luz dentro de nosotros. En el viejo eón, este proceso era proyectado sobre la idea de un redentor externo, el dios que muere por nosotros y encarna (por proyección) el Neshamá o superconsciencia. En el nuevo eón, sin embargo, podemos entender esto como una extensión del yo. No hay razón por la que la fórmula de L.V.X. deba estar ligada al mito del dios moribundo en su forma del viejo eón. En el nuevo eón, vemos que podemos redimirnos *a nosotros mismos*, con cada momento hay una muerte de lo viejo y un renacimiento en lo nuevo. Somos como un niño que nace de nuevo en cada momento, mediante la transformación de nuestra consciencia. Esta redención no es del pecado, sino del engaño de la mortalidad. Es la redención de la absorción en el mundo físico y de la aparente finitud de la muerte; una conciencia de la inmortalidad, el principio de inmortalidad que reside en cada uno de nosotros; ese ser divino solar en nuestro núcleo, nuestra estrella o *khabs*. Es una redención que nos permite tener una capacidad siempre mayor de identificarnos con la estrella en nuestro centro en lugar de con la limitada personalidad-ego en la que nos hemos aprisionado a través de nuestra falta de autoconsciencia plena. Nos permite colocar conscientemente el neshamá en su trono como gobernante tanto del ruáj como del nefésh, sin necesidad de ayuda divina "externa".

La fórmula de L.V.X. aún tiene un poder inmenso cuando se entiende y aplica bajo la luz de estas verdades del nuevo eón. Por ejemplo, hay varias órdenes basadas en thelema con el patrón de la Aurora Dorada (incluyendo el Templo de la Estrella de Plata) que han renovado su presentación del viejo ritual de Adeptus Minor de la Aurora Dorada para reflejar estas verdades del nuevo eón con resultados muy poderosos. En algunas de estas adaptaciones, la lección simbólica es que no estamos atados a la cruz del viejo eón del autosacrificio pasivo, sino a la cruz e los elementos, mostrando nuestro dominio sobre la fórmula del pentagrama. Además, creo que es importante enfatizar que la fórmula de L.V.X. alcanza su clímax con el logro de Tiféret, pero lo hace sin denigrar el logro posterior de Biná. Simplemente reconoce que Tiféret es el pináculo de una etapa de desarrollo.

Para terminar, es importante notar que en la A∴A∴, la fórmula de L.V.X. funciona en un nivel diferente que en las órdenes externas basadas en la Aurora Dorada. En estos sistemas, el logro de Tiféret está en el mundo de Yetzirá, indicado por un conocimiento cada vez más profundo de la Verdadera Voluntad y una conexión más intensa con el centro solar en nuestro núcleo, pero aún hay mucho trabajo por hacer. Esto no es equivalente al Conocimiento y Conversación del Santo Ángel Guardián, que es la naturaleza del logro de Tiféret en la A∴A∴. En la A∴A∴, el C & C actualiza el logro de Tiféret en el mundo de Briá, esto marca el inicio de la conexión consciente, voluntaria y plena entre los mundos briático y yetzirático. Aquí el adepto experimenta conscientemente la realidad espiritual superna que incide en el ruáj. Esto contrasta notablemente con las etapas preadepto donde la superconsciencia se comunica principalmente a través del nefésh: a través de intuiciones, sueños y otros contenidos simbólicos, filtrados a través del inconsciente personal. Del mismo modo el logro posterior de Biná representa nuestra ascensión a la conciencia de Biná de Atziluth. Hay un progreso hacia adentro y hacia arriba a través de los cuatro mundos, así como las sefirás del Árbol de la Vida.

Reconozco que gran parte del material de este capítulo ha estado más cargado de teoría que la mayoría del libro. Sin embargo, espero que puedas usar esta teoría para informar tu propia práctica. Lo más importante es que he intentado darte un vistazo de la naturaleza de los cambios en la consciencia que te esperan a lo largo del camino hacia la maestría. Con este fin, cerraré con una breve meditación guiada que resume estas transformaciones de consciencia.

EJERCICIO:

Realiza prácticas preliminares de relajación y regulariza la respiración. Después, permite que las siguientes frases surjan en tu mente y dedica unos momentos a meditar en la doctrina de cada sefirá antes de pasar a la siguiente. Es deseable que te grabes leyendo estas frases y realices la meditación mientras reproduces la grabación, o simplemente consulta la versión que grabé como parte del segmento del podcast *Living Thelema* llamado "Consejos del árbol de la vida" (Advice from the Tree of Life).

Maljut
Vivo en el mundo físico. Tengo un cuerpo con el que puedo experimentar este mundo y todas sus maravillas y placeres sensoriales. Mis sentidos son los ojos y oídos del Universo y, a través de mi vida, el Universo se observa y se experimenta a sí mismo. Sin embargo, no soy mi cuerpo.

Yesod
Veo más allá del velo de la materia para percibir los patrones astrales subyacentes al mundo físico. El poder de la vida fluye a través de mí, como la fuerza de mi Voluntad que se expresa en los patrones ilimitados y siempre cambiantes de la Mente inconsciente. Manejo el poder de la vida al servicio de mi propia evolución y al servicio de la evolución de la humanidad. Sin embargo, no soy mi Mente; y no soy mi cuerpo astral.

Hod
Poseo un intelecto con el que construyo pensamientos conscientes como Copas de Forma, para dar forma al líquido de la Fuerza mágica. Utilizo la razón y la disciplina mental para organizarme y organizar mi vida al servicio de la Voluntad. Sin embargo, no soy mi Intelecto.

Netsaj
Poseo las emociones como combustible para la aspiración y como medio para el amor. Mi alma anhela lo Divino, y ardo en oración

mientras aspiro a la Unión con Aquello que está más allá. Sin embargo, no soy mis emociones y no soy mi aspiración.

Tiféret

La Luz del Santo Ángel Guardián brilla en el centro de mi ser, desde el cual instruyo y dirijo todas mis partes hacia su Función Correcta. Este Centro de Conciencia sirve como el Profeta del Santo Ángel Guardián, cuya Voz es la Verdadera Voluntad. Sin embargo, soy más que este Centro de Conciencia.

Guevurá

Mi Voluntad es una extensión de la Voluntad Universal, y construyo mi vida interior y exterior para que sea una Forma perfecta para su expresión. El Poder de toda la Vida está disponible para mí en todo momento. Sin embargo, soy más que mi Voluntad.

Jesed

Tengo conciencia del camino de mi alma, en las muchas vidas que he vivido antes de esta, y gobierno mi conciencia a la luz de este conocimiento. Me esfuerzo, en todas las cosas, por vivir plenamente como una expresión de la Luz Más Alta. Sin embargo, soy más que esto.

Biná

Tengo plena conciencia del Grial de la Santa Sangre, en el que han caído las gotas de mis vidas individuales, porque yo soy ese Grial. He mezclado mi vida individual con la Vida Universal y he dejado ir todos los apegos del pequeño ego. Cuido el jardín de mi yo inferior, con amor y cuidado. Recibo la Palabra y la doy a luz. Sin embargo, estoy más allá del Grial.

Jojmá

Porto la Palabra, el impulso primordial de toda la vida de la humanidad. Soy la Voluntad Universal, todopoderosa e infalible, la Lanza que se sumerge en el Grial de Todo. Sin embargo, estoy más allá de la Lanza y más allá de la Palabra.

Kéter

Yo soy la Fuente Única de la que proceden todas las cosas y a la que todas regresan. No soy Ninguna-Cosa, pero en mí está el potencial de todas las cosas que pueden existir. Yo soy el Punto Primordial que Ve todas las posibilidades, pero Conoce la Unidad de Todo. YO SOY.

21
El Uso Correcto del Poder Mágico[33]

El camino mágico es inherentemente un camino hacia el poder. La naturaleza de este poder, sus potencias y peligros, han sido el tema de mucho debate y discusión, aun así creo que por lo menos un principio es fundamental: la aplicación efectiva, constructiva y humana de este poder requiere un mago equilibrado. El mago aspirante se enfrenta con nociones de poder conflictivas y potencialmente descarrilantes desde el principio. El camino mágico mismo desafía al aspirante a armonizar estos impulsos de poder con una consciencia cada vez mayor, arraigada en la voluntad; una consciencia que guía al mago hacia el uso correcto de su poder. Sin restar valor de la visión correcta de la Gran Obra como la unión del microcosmos con el macrocosmos, podemos expresar alternativamente su '5 unido con '6 como una unión de poder (5, el pentagrama, la fuerza de Marte, Guevurá) con el emblema central de la armonía y la belleza (6, el hexagrama, el ruáj divinamente inspirado, Tiféret).

---

[33] Originalmente publicado en *Cheth*, Vol. II.

En este capítulo, exploraré las claves para usar este poder mágico. En particular, me enfocaré en el entrenamiento que lleva al aspirante al logro de Tiféret y el trabajo subsecuente del nuevo adepto conforme trabaja los caminos superiores a Tiféret, estableciendo el balance de belleza y fuerza tan esencial para la ejecución de la Verdadera Voluntad.

{NB: Mi discusión sobre las sefirás y los caminos se refiere principalmente al progreso de un aspirante de A∴A∴, pero sería igualmente aplicable, en un nivel diferente de intensidad, a aquellos que trabajan en los grados correspondientes del Templo de la Estrella de Plata u órdenes similares modeladas en el Árbol de la Vida, o incluso un camino completamente solitario formulado a lo largo de estas líneas.}

Cualquier discusión de poder mágico probablemente llamará nuestra atención sobre la energía llamada "la fuerza de Marte", también llamada kundalini, fuerza vital y varios otros nombres en tradiciones análogas. En el Árbol de la Vida, la fuerza de Marte está representada principalmente por la sefirá Guevurá. Esta sefirá es la quinta en secuencia desde Kéter, formulando así el pentagrama, en sí mismo un símbolo del poder mágico. Además de su atribución a Marte, Guevurá es el asiento de la voluntad personal y el punto de enlace a esa voluntad universal que incide desde los supernos, específicamente Jojmá. Al contemplar el Árbol de la Vida, esta es la clave más visible a la fuente y correcto uso del poder mágico: la totalidad de la voluntad personal, ese aspecto del ruáj que el mago ha (con razón) considerado ser individual y único, es simplemente una expresión individualizada de la voluntad universal a la que **sirve**. Con esta verdad en mente, podemos examinar el acercamiento del mago a Guevurá desde la sefirá de abajo.

> Ciertamente la destrucción es el fundamento de la existencia.
> Y el derrumbamiento que ves
> No es más que el ensamblaje de material
> Para una estructura más grandiosa.
> (*The Book of Tokens*, de "La meditación sobre pei")

> Derriba la fortaleza de tu Yo Individual,
> para que tu Verdad brote libre de las ruinas.
> (*El Libro de Thoth*, de la discusión sobre el Atu la Torre)

Mucho antes de que el mago alcance todo el poder mágico de Guevurá, el/la habrá de enfrentar las pruebas de las sefirás y los caminos bajo Tiféret, balanceando los cuatro elementos dentro de sí mismo. La piedra angular de este entrenamiento pretiféret, en términos de la relación con el poder mágico, es el trabajo del camino de *pei*. Aquí el primer encuentro del mago con la fuerza planetaria de Marte es también su primer cruce de un camino "recíproco" en el Árbol, ya que el camino de *pei* conecta el intelecto de Hod con el deseo y la aspiración de Netsaj. Otra implicación de esta disposición es que el intelecto está siendo aplicado de manera consciente para elegir y definir el objeto del Deseo de Netsaj. El uso apropiado de la aspiración y deseo puro (Netsaj) se logra a través de la aprehensión intelectual (Hod) de la meta adecuada. El trabajo completo de Maljut, Yesod y sus caminos relacionados está ahora equilibrado por *pei*, al igual que la fuerza mágica se "intensifica" simultáneamente con la actividad aumentada del chakra Svadisthana, al que se atribuye *pei*. De hecho, el creciente poder del mago es automáticamente controlado por el balance inherente al Árbol. Aún en esta etapa temprana de desarrollo, el equilibrio es la clave del poder.

Además, el paso del camino de *pei* es una salvaguarda contra que el impulso de poder tome un rol predominante en el avance hacia Tiféret. Aquel que busca al Ángel con el objetivo principal de aumentar su poder egoico personal es bloqueado del verdadero dominio de este camino. Pues la naturaleza del camino mismo (vista en el Atu la Torre) es el derrocamiento de dichas ideas, las cuales atan, confunden y subvierten la aprehensión directa del verdadero orden del universo. El paso por el camino de *pei* purifica y consagra el poder mágico del aspirante a nivel microcósmico, preparándolo para el eventual logro del poder incrementado en Tiféret de una manera segura y constructiva. Los numerosos ejemplos de comportamiento tiránico en la historia sociopolítica y en nuestros tiempos actuales parecen ser evidencia de los peligros del poder personal mal percibido y mal aplicado. En estos casos, vemos que el impulso de poder se utiliza como un ejercicio de dominio personal o, alternativamente, los impulsos agresivos y destructivos son proyectados al "otro" (persona, país, grupo racial/étnico, "enemigo") como una racionalización de nuestra propia intolerancia y agresión.

Una vez cumplida la prueba del camino de *pei*, el mago se esfuerza por alcanzar Tiféret, la única meta visible en esta etapa de la obra. El acercamiento a Tiféret está resguardado por otros dos caminos, ambos relacionados con Marte, que inciden en el desarrollo del poder mágico del aspirante: *ayin* (el Diablo) y *nun* (Muerte). La prueba del camino de *ayin* (Capricornio, donde Marte está exaltado) incluye el desarrollo de la consciencia de las realidades divinas trascendentes detrás de la apariencia del "mal". Mientras continuemos proyectando las ideas dualistas del bien y el mal sobre el mundo, seremos incapaces de desarrollar las herramientas para el uso **responsable** de nuestro poder.

Estas herramientas incluyen la habilidad de refinar nuestra consciencia de acuerdo con la Verdadera Voluntad, de forma que nuestro ejercicio el poder sea realmente en servicio al mundo que nos rodea. Los juicios instintivos de otros y los resultantes pensamientos dualistas y patrones de comportamiento, tienden a conducirnos al uso unilateral del poder, ¡típicamente para disminuir nuestra incomodidad egoica con esas cosas que hemos etiquetado como malvadas!

La prueba del camino de *nun* (Escorpio, gobernado por Marte) requiere una tarea igualmente incómoda, desde la perspectiva de la personalidad-ego: rendirse a una "autoridad" superior y dejar ir la ilusión del dominio del ego. En otras palabras, nos enfrentamos a la muerte del "yo" que hemos trabajado tan duro por cultivar a lo largo de nuestras vidas hasta este momento. Aquí de nuevo están las claves para el uso del poder, mientras nos aferremos al ego, nuestras acciones estarán impulsadas por el miedo (*pajad*, un nombre de Guevurá/Marte) de perder nuestra identidad y autonomía. Atacamos aquellas cosas que nos amenazan de esta manera, gastando valiosa energía en el proceso.

Tras el logro completo de Tiféret con el Conocimiento y Conversación del Santo Ángel Guardián, el adepto está centrado y balanceado en esta iluminación superior; el Rey está bañado por la luz que desciende de la corona. La relación entre el adepto y el Ángel ha empezado, sin embargo, toma esfuerzo y tiempo hacerla crecer. La tarea central del nuevo adepto son esforzarse por profundizar la comunión con el Ángel, para refinar aún más su habilidad para recibir e interpretar sus instrucciones y para lograr un equilibrio correcto en la psique entre el ego humano y su nuevo punto de contacto superconsciente. Es decir, el Adepto debe adaptar su ruáj para operar de una manera fluida, dado el avance de la conciencia briática (neshamá). Afortunadamente, este camino ya ha sido abierto para nosotros: los métodos están detallados claramente en las tareas de los caminos de *mem* y *lamed*, y llevan a la consecución completo del poder mágico de Guevurá.

> Porque, así como Él habita en la densa oscuridad y la luz cegadora, en los elementos, en los planetas y en el poderoso círculo de los Cielos, así permaneceré yo...
> (*Liber Siloam sub figura CDLI*)

> Absórbete en este Gran Mar de las Aguas de la Vida.
> Sumérgete hasta que pierdas a ti mismo.
> Y habiéndote perdido,
> Entonces te encontrarás a ti mismo de nuevo,

Y serás uno conmigo,
Tu Señor y Rey.
Entonces aprenderás el secreto
De la restauración del Rey a su trono.
(*The Book of Tokens*, de "La meditacion sobre mem")

El sendero de *mem* representa el influjo de la fuerza de Guevurá en las aguas reflectantes del intelecto humano de Hod. Si bien el aspirante encontró la **influencia** de este camino en Hod, es sólo después del logro de Tiféret que el camino se trabaja en su totalidad. En el plan de estudios de la A∴A∴, la tarea de este camino es alcanzar el estado conocido como el "Sueño de Siloam", una unión dichosa y pacífica del adepto con el Ángel. Este logro refuerza la lección central del camino de *mem*: el adepto ahora sabe, sin duda alguna, que su verdadero maestro es el Santo Ángel Guardián. Su ego está ahora en la posición de la figura del Atu el Colgado: volteado y receptivo a la influencia de la luz del maestro. Parece apropiadamente paradójico que el primer camino que conduce directamente al poder de Guevurá desde "abajo" sea uno de humildad y receptividad del ego, los mismos rasgos que permitirán al adepto ejercer su poder recién descubierto con una consciencia y visión profundas. Es decir, estas potencias recién descubiertas servirán a la voluntad universal, particularizadas como la Verdadera Voluntad entendida conscientemente del Adepto, en lugar de los impulsos nefésicos o los caprichos del pequeño ego.

Este es un jeroglífico de "El amor es la ley, el amor bajo la voluntad". Toda forma de energía debe ser dirigida, debe aplicarse con integridad, a la plena satisfacción de su destino.
(*El Libro de Thoth*, de la discusión del Atu del Ajuste)

Yo soy el poder del balance
Que mantiene a Ruáj en equilibrio
Entre formación y destrucción,
Como un arreador con su aguijada
Impide que su buey se desvíe del camino.
Aun así es este poder directivo inherente al Ruáj mismo,
Pues yo soy el gran Aliento de Vida...

"¿No tengo libre albedrío?" dice el necio;
Pero los sabios saben que en todas las cadenas de los mundos

No hay creatura
que tenga voluntad aparte de mi Única Voluntad.

Mi Voluntad es verdaderamente libre,
Y el que la conoce es como la fuente de su voluntad
Permanece libre de errores.

(The Book of Tokens, de "La meditación sobre Lámed")

El camino de *lámed*, atribuido a Libra y simbolizado en el Tarot como el Atu del Ajuste, es el segundo y último de los dos caminos recorridos conforme el adepto se mueve de Tiféret a Guevurá. Este camino refleja una verdad con la que el adepto de Tiféret sin duda está cada vez más familiarizado: cada pensamiento, palabra y acto suyo ejercen consecuencias precisas e inquebrantables. Es un dicho de la Gran Obra que cuanto más avanza el aspirante a lo largo del camino, menos "elasticidad" encuentra cuando se desvía de él. En Maljut, el aspirante puede nunca notar dichas desviaciones, pero un progreso mayor en el trabajo trae recordatorios más inmediatos (¡y agudos!) del universo cada que da un paso en falso. Es un punto discutible si este mecanismo de retroalimentación se debe a algún principio universal (el llamado "karma" et al.), a sensibilidad aumentada a impulsos internos o a la combinación de ambos.

En cualquier caso, el camino de lámed, en la forma del Atu del Ajuste, retrata estas leyes kármicas en acción. Este camino, el vínculo directo del poder de Guevurá y la belleza y armonía de Tiféret, muestra el equilibrio de estas potencias que es necesario para su uso correcto. Su uso correcto es, por definición, de acuerdo con las leyes de la naturaleza y la Verdadera Voluntad del adepto, a la que le dio voz su Ángel.

Recuerda que la fuerza desequilibrada es malvada; que la severidad desequilibrada es crueldad y opresión; pero también que la misericordia desequilibrada no es más que debilidad que permitiría e incitaría al Mal.

(Liber Librae sub figura XXX)

Lecturas recomendadas:

Case, P. (1934). *The Book of Tokens: Tarot Meditations*. Los Angeles, CA: Builders of the Adytum, Ltd.

Crowley, A. (1992). Liber Librae. En I. Regardie (Ed.), *Gems from the Equinox*. Scottsdale, AZ: New Falcon Publications.

Crowley, A. *Liber Siloam sub figura CDLI*.

Crowley, A. (1993). *The Book of Thoth. A Short Essay on the Tarot of the Egyptians*. York Beach, ME: Weiser Books.

22

ALQUIMIA DEL SIGLO XXI:
LA CIENCIA Y ARTE DEL MISTERIO[34]

Las preguntas fundamentales son guías, estimulan a la gente. Una de las cualidades más creativas que puede tener un investigador científico es la habilidad de preguntar las preguntas correctas. Los mayores avances de la ciencia ocurren en las fronteras, en la interfaz entre la ignorancia y el conocimiento, donde las preguntas más profundas se plantean. No hay mejor manera de evaluar la situación actual de la ciencia que enumerando las preguntas que la ciencia no puede responder. A la ciencia le da forma la ignorancia.

— David Gross, premio Nobel de física en 2004[35]

---

[34] Publicado originalmente en *Neshamah*, vol. I, No. 3. (2010).

[35] Citado en "125 Questions: What We Don't Know," *Science*, Vol. 309. (2005). p.76.

Introducción

Alquimia. La palabra conjura imágenes de sabios medievales, trabajando en laboratorios oscuros llenos de aparatos científicos arcanos, esforzándose por transformar el plomo en oro. La literatura alquímica medieval discute los procesos de separación y combinación; la aplicación de calor y destilación; los principios de descomposición y regeneración. En muchos casos, estos textos parecen de naturaleza puramente práctica, expandiendo los límites de lo que era la ciencia de vanguardia de la época. Aun así, desde el punto de la psicología moderna profunda, podemos ver la transformación de sustancias físicas como una metáfora para el proceso de cambio interno. La simple contemplación de dicho proceso de cambio físico nos hace simpatizar con él, incluso si su objeto *aparente* está completamente fuera de nosotros. De acuerdo con esto, podemos concluir que los alquimistas medievales fueron ellos mismos la *materia prima* del trabajo.

Los experimentos metalúrgicos y químicos de los alquimistas medievales estaban en las fronteras de la exploración intelectual en Europa en ese entonces, en el fértil borde entre la luz del conocimiento y el oscuro misterio de lo desconocido. En esta encrucijada, todo parece posible y la mente se abre a lo que de otro modo estaría oculto o disfrazado. Las grandes preguntas y búsquedas de la humanidad se proyectan sobre la infinita extensión de posibilidades en el lugar de encuentro de lo conocido y lo desconocido. Están enmarcadas en el lenguaje de la ciencia que las ha llevado a ese punto.

Propongamos, entonces, una definición más específica de alquimia: la alquimia es la Ciencia y el Arte de transformar la conciencia. Su vocabulario nace de las teorías de vanguardia y las preguntas sin responder en las fronteras de la ciencia. Su método central es la extracción de significado del misterio, a través del lente de la proyección psicológica.

La ciencia ha avanzado desde el medioevo, para bien o para mal. La purificación, transformación y producción de metales ahora se realiza a gran escala en miles de fábricas. La ciencia ahora se enfrenta a lo desconocido en una multitud de campos modernos, como la física, biología, informática y psicología. Si aceptamos que los antiguos alquimistas estaban realizando transformaciones internas usando herramientas contemporáneas de última generación como una pantalla de proyección metafórica, ¿no tendría sentido que un verdadero alquimista *moderno* hiciera lo mismo? Si es así, debemos buscar en las fronteras de la ciencia actual estas herramientas alquímicas modernas. Si la alquimia es verdaderamente la ciencia y el arte de extraer significado del misterio a través de proyecciones psicológicas, sólo los misterios de las preguntas sin respuesta hoy nos dan una pantalla de proyección de tamaño suficiente.

Lawrence M. Principe es un químico e historiador de la ciencia en la Universidad John Hopkins. Hace algunos años, fue el coorganizador de una conferencia en la Chemical Heritage Foundation en Filadelfia, que recopila material de archivo relacionado con alquimia y otras ciencias químicas. El comentó:

> ¿Qué hacen los químicos? Les gusta hacer cosas. La mayoría de los químicos no están interesados tanto en la teoría como en fabricar sustancias con propiedades particulares. El énfasis en los productos era el mismo con algunos alquimistas en el siglo XVII.[36]

En consecuencia, podemos imaginar que los antiguos alquimistas estaban fascinados por el acto creativo y transformador en sí. La humanidad estaba a punto de descubrir los principios subyacentes de la materia, los hechos de su naturaleza y las leyes de su combinación y acción. Y, sin embargo, mientras buscaban este conocimiento fáctico, tocaron muchos principios rectores de la mente y el alma. Justo cuando la humanidad estaba llegando a un acuerdo con su capacidad para crear y definir la realidad, su derecho de nacimiento divino, estas verdades hicieron eco en las fronteras de su ciencia.

Mis proposiciones en esta discusión actual se aplican a la humanidad en su conjunto. Siempre ha sido el caso, a lo largo de la evolución humana, que los místicos y otros buscadores extraordinarios son las gotas en la cresta de la ola del progreso, y llegan a sus conclusiones mucho antes que la masa crítica de la humanidad. Lo que estoy discutiendo aquí, por el contrario, es un proceso mucho más amplio. Es la evolución de la conciencia humana colectiva, desarrollada en el campo de las proyecciones psicológicas en las fronteras de la investigación científica. Los misterios sin respuesta de la ciencia contemporánea se convierten en los ganchos en los que nuestra sociedad (generalmente inconscientemente) cuelga sus aspiraciones, ideales y temores, sus preguntas sobre los misterios de la vida y sus luchas por el significado y la comprensión. Según esta definición, todos somos alquimistas.

---

[36] "Transforming the Alchemists," *The New York Times*. 1 de agosto de 2006.

La naturaleza de las proyecciones psicológicas

Comencemos con una discusión del proceso de proyección en sí. El modelo de conciencia de Jung es fundamentalmente una psicología de la energía dinámica. La psique humana está compuesta de patrones de energía entrelazados, que tienden a agruparse alrededor de ciertas formas de pensamiento básicas. Estos incluyen los conceptos de "yo", "Dios", "otro", el ego, etc. La capacidad de la psique para mover y descargar energía entre estas partes constituyentes es esencial para su salud. Sin embargo, el ego tiende a ser un obstáculo para el libre flujo de esta energía. Busca mantener la ilusión de autonomía y soberanía y, en consecuencia, ciertas ideas, imágenes y emociones se reprimen o restringen, formando lo que se conoce como la sombra. Las ideas inaceptables se desvían hacia formas que son menos amenazantes para el ego. Por ejemplo: algún aspecto de nuestra conciencia profunda observa que a menudo somos crueles con los demás. Sin embargo, este hecho es inaceptable para el ego: no quiere ser desafiado por su mal comportamiento. Este aspecto de "juzgar" de nosotros mismos, este canal de energía todavía necesita *fluir a alguna parte*. El objetivo de este flujo a menudo resulta ser *otra persona* a la que se observa comportándose cruelmente. El "juez" llega a proclamar su culpabilidad y el ego llega a fingir que es solo un espectador en el juicio y se siente satisfecho con la condena del malhechor.

Sin embargo, estas emociones negativas no son las únicas candidatas a la proyección. Jung enfatizó deliberada y repetidamente que hay "oro" en la sombra. También proyectamos nuestros amores más profundos, nuestras más queridas esperanzas, nuestras más exquisitas ideas de belleza y trascendencia, en el mundo que nos rodea, porque a menudo somos incapaces de aceptar estas cualidades como aspectos de nosotros mismos. Todo lo que se requiere es el impulso hacia el flujo de energía y un objeto adecuado para la proyección. Si estamos alienados de nuestra propia fuerza, la proyectamos en un héroe de película. Si nos sentimos incompletos, proyectamos la idea de una pareja perfecta en un interés romántico deseado. Y… *si no podemos aceptar nuestra propia divinidad*, y nos sentimos perdidos en el camino de encontrarnos a nosotros mismos, proyectamos la totalidad del viaje espiritual y su destino, en un *mito*.

Algunos de estos mitos ahora los conocemos *como tales*, porque en gran medida, hemos evolucionado más allá de la necesidad de ellos o sus símbolos particulares han perdido su influencia sobre nosotros. Por ejemplo, podemos mirar hacia atrás a los grandes mitos griegos de

Hércules y sin mucho problema lo vemos como un mito creado por una sociedad que lucha por reconciliarse con su propia fuerza y el dominio de su entorno. Estos mitos son más perceptibles para nosotros precisamente porque tenemos una perspectiva distante de ellos: la distancia de eones de tiempo y la correspondiente evolución cultural. Por otro lado, rara vez percibimos los mitos que vivimos actualmente. Tendemos a ser conscientes solo de los mitos que han completado su trabajo transformador sobre nosotros. En consecuencia, si queremos comprender nuestros patrones de transformación actuales, debemos intentar descubrir los mitos vivientes del mundo actual, las cosas en las que *realmente creemos*, y los dioses que realmente adoramos. Sólo estos tienen la numinosidad, el poder espiritual, necesarios para nuestra alquimia. Para los alquimistas medievales, las herramientas y metodologías de las ciencias físicas tenían este poder. Es decir, proyectaron su camino de transformación en esta pantalla en particular, un mito sobre el poder de ciertas herramientas y procesos para crear cambios milagrosos en la materia. Esta proyección "funcionó" porque había suficiente ambigüedad acerca de las respuestas reales a sus preguntas para encender su imaginación creativa, para que siguieran buscando el próximo misterio.

La proyección misteriosa

El mundo invisible puede ser un lugar peligroso si se lo aborda de manera inadecuada, sin la preparación y el compromiso necesarios con el proceso. Aquellos que se embarquen en esta búsqueda serán probados para ver si tienen la fortaleza necesaria para quitar el velo entre lo visible y lo invisible. Esforzarse por alcanzar este objetivo traerá algunas consecuencias sorprendentes, entre las que destaca el reconocimiento de que el proceso mediante el cual llegamos a este nivel de conciencia es mucho más importante que cualquier conocimiento específico que podamos haber adquirido en el camino. –June Singer, *Ver a través del mundo visible*[37]

---

[37] Singer, J. (1990). *Seeing Through the Visible World: Jung, Gnosis and Chaos.* San Francisco, CA: Harper San Francisco.

El proceso al que se refiere Singer implica, entre otras cosas, el acto de proyección psicológica. Podemos volvernos conscientes de estas proyecciones, pero con mayor frecuencia nos involucramos en ellas a ciegas, porque no hemos encontrado un lenguaje mejor para abordar nuestro problema interno. La siguiente etapa de nuestra evolución interior aún no tiene un marco, un lenguaje, una ciencia propia. Necesita un "gancho" del que colgar para conocerse a sí mismo. Yo llamo a esto la *proyección misteriosa*.

Para nuestros propósitos aquí, no importa si los alquimistas medievales conocían la verdadera naturaleza de su trabajo. Quizás algunos lo hicieron; probablemente muchos no. Aquellos que no entendieron la verdadera naturaleza de su trabajo desarrollaron inconscientemente un lenguaje de transformación accesible para otros. Los pocos que sí lo entendieron estaban simplemente unos pasos por delante: se dieron cuenta del valor psicoespiritual del lenguaje y continuaron usándolo como un velo para el significado más profundo que habían descubierto.

La situación equivalente en el mundo científico moderno, por ejemplo, sería, por un lado, el físico cuántico cuyo interés consciente es explorar los patrones de probabilidad de que la luz pase a través de diminutas rendijas en una placa o, por otro lado, su colega, que va casa por la noche para reflexionar sobre el significado de las ondas de probabilidad como una cuestión existencial. Si estamos encerrados en un punto de vista materialista y reduccionista, simplemente estamos "haciendo ciencia física". Si, por el contrario, estamos preparados para una relación más profunda con el proceso, se presentará como tal.

Ilya Prigogine, premio Nobel de 1977, escribe:

> La base de la visión de la física clásica fue la convicción de que el futuro está determinado por el presente y, por tanto, un estudio cuidadoso del presente permite desvelar el futuro. Sin embargo, en ningún momento esto fue más que una posibilidad teórica. Sin embargo, en cierto sentido, esta previsibilidad ilimitada era un elemento esencial de la imagen científica del mundo físico. Quizás incluso podamos llamarlo el MITO FUNDACIONAL de la ciencia clásica. La situación ha cambiado mucho hoy... [38]

---

[38] Prigogine, I. (1980). *From Being to Becoming*. New York: W.H. Freeman and Co., p. 214.

Entonces, parece que nuestra tarea actual es descubrir los mitos fundacionales *de hoy*, el conjunto mitificado de suposiciones que caracterizan nuestro estado actual de comprensión científica y también, según mi tesis, el estado actual de nuestra evolución espiritual y psicológica. Los mitos son los sueños de una cultura, y estos mitos son el campo en el que proyectamos nuestras búsquedas de comprensión, nuestros esfuerzos por la comprensión espiritual y nuestros más profundos miedos a lo desconocido.

Mitos fundacionales y proyecciones misteriosas en la ciencia moderna

En mi investigación para este artículo me ayudó la serie del 125 aniversario de la revista *Science* titulada "125 preguntas: lo que no sabemos". Esta serie examinó las fronteras actuales del conocimiento científico en varios campos y destacó las preguntas sin respuesta que impulsan la investigación de vanguardia. Admito que mi investigación fue (intencionalmente) un estudio superficial por mi parte de las disciplinas científicas discutidas en *Science*. Mientras realizaba mi investigación inicial para este artículo, un amigo mío comentó que mi investigación podría requerir un conocimiento profundo de una gran cantidad de campos científicos diversos. Le respondí que usaría mi ingenuidad al servicio del proyecto, ya que el proceso de proyección en sí requiere precisamente esa actitud. Es decir, nos enfrentamos a lo desconocido e intentamos llenar los vacíos. Las brechas se convierten entonces en el lienzo proyectivo para que la psique (individual y colectiva) se revele. Un practicante sofisticado de cualquiera de estas ciencias, obviamente, tendría importantes conocimientos sobre estos temas. Sin embargo, nuestra actual vía de indagación requiere un "laico" más distanciado para percibir los patrones en funcionamiento. Un microscopio nos daría detalles sobre las manchas de pintura en una obra de Picasso, pero realmente no vemos la pintura hasta que retrocedemos unos pasos. Lo que falta en la "pericia" minuciosamente detallada del microscopio es una *ingenua imaginación creativa*. Un adulto mira al cielo y ve racimos de vapor de agua blanca, mientras que un niño ve dragones.

Trabajando en líneas similares, el músico Brian Eno usa la limitación intencional, el azar y la *ingenuidad* técnica para alentar cierta inocencia a ingresar a su música. Estos factores pueden obligarnos a adoptar un enfoque novedoso de las situaciones. Estamos desprevenidos, inseguros e incapaces de confiar en el hábito y la rutina. En otras palabras: estamos vivos y alerta, pensando y sintiendo nuestro camino a través de un problema, un laberinto o un misterio. Intenté mantener este tipo de mentalidad mientras investigaba y escribía este artículo, y animo al lector a hacer lo mismo mientras contempla su contenido.

Examinemos, entonces, una variedad de disciplinas científicas modernas a la luz de las tesis descritas anteriormente. Para cada ciencia, intentaré determinar los "mitos fundadores" que implica el estado de las fronteras de la ciencia particular, y extraer la proyección misteriosa operativa en el contexto de los mitos. Cuando revisaba el material de estas diversas disciplinas, solía utilizar una serie de "preguntas misteriosas" para estimular e identificar mis propias proyecciones. Por ejemplo:

• "Ojalá supiéramos la respuesta a esta pregunta, porque entonces podríamos..."
• "Si tan solo pudiéramos descubrir X, entonces..."
• "Ese hecho (un descubrimiento científico) es asombroso, porque..."
• "Nunca pensé que los humanos serían capaces de..."
• "No deberíamos meternos con X. Es peligroso porque..."

Es posible que desees hacer lo mismo al leer las siguientes secciones, para estimular tu propio proceso de proyección.

Es importante señalar que esta breve encuesta es puramente especulativa. Es decir, no afirmo que los hallazgos científicos aquí descritos sean válidos porque reflejen doctrinas esotéricas, ni intento validar las doctrinas esotéricas en virtud de descubrimientos científicos. Mi objetivo es simplemente dilucidar el proceso de proyección que está activo en cualquier cultura que explore sus fronteras científicas. Entonces, retrocedamos un poco, desenfoquemos nuestros ojos y tal vez, solo tal vez, podamos percibir el misterio detrás de la ciencia y contemplar los dragones en lugar de las nubes.

Biología/Genética

Uno de los ejemplos más simples y mejor conocidos de proyección sobre misterios biológicos es la teoría en evolución de la enfermedad humana. Cualquier estudio de historia o antropología revelará a los sacerdotes-chamanes-médicos de varias culturas y su creencia de que los demonios u otros espíritus malignos eran la causa de la enfermedad. Hoy, por supuesto, culpamos a las bacterias y los virus. Los umbrales del conocimiento son diferentes, al igual que las herramientas de la ciencia utilizadas y el lenguaje empleado, pero la proyección del misterio es la misma: fuerzas invisibles actúan. Nos atacan e intentan matarnos. Necesitamos ayuda especializada para deshacernos de ellos. ¿Cuáles son estas fuerzas? ¿Cómo podemos detenerlas? ¿A quién le pido ayuda?

Muchas de las grandes cuestiones biológicas modernas giran en torno a la potencia del ADN como creador, transformador y preservador de quiénes y qué somos como seres humanos. Aunque todavía se concibe *conscientemente* como una cuestión biológica con respecto a una sustancia física (es decir, el mito fundador de la genética moderna), la proyección del misterio revela un nivel más profundo de significado. A través de nuestras proyecciones de poder transformador sobre la sustancia física del ADN, contemplamos e investigamos nuestro propio poder creativo divino y, por extensión, nuestro papel en la transformación de la humanidad misma.

Nuestra creciente comprensión de los determinantes genéticos que subyacen a nuestra existencia revela inevitablemente las misteriosas preguntas de proyección: ¿Qué fuerzas nos moldean y cambian? ¿Qué podemos controlar conscientemente en nuestras vidas? ¿Cuáles son los límites de nuestro poder personal para afectar nuestras circunstancias? ¿Qué es predestinado e inmutable? Claramente, aunque buscamos comprender la influencia de los bloques de construcción físicos de la vida, nos hemos topado con una contemplación del destino contra el libre albedrío.

Al examinar nuestra relación con otros animales, la investigación genética moderna está investigando la cuestión de qué nos hace exclusivamente humanos. Aquí, nuestras proyecciones nos llevan a la contemplación del misterio existencial central de lo que significa ser humano y, por extensión, del sentido de la vida misma. Carl Jung comentó una vez que nunca sabremos qué es lo único de la conciencia humana hasta que encontremos conciencia no humana.[39] Se refería a la posibilidad de un eventual contacto con inteligencia extraterrestre, pero la lógica ciertamente puede aplicarse a la investigación genética comparativa que ya está en marcha.

Además del floreciente campo de la genética, la biología moderna está investigando cuestiones fascinantes sobre la base biológica de la conciencia. En nuestro intento de descubrir el "asiento del alma" dentro de nuestro cerebro físico, nos encontramos cara a cara con el misterio de la mente. La proyección misteriosa aquí: ¿Qué hay detrás del velo de la

---

[39] *Jung on Film* (entrevista videograbada). (2000). Homevision.

materia? No es raro, en nuestra vida diaria, notar que parece haber más "nosotros" que una mera colección de células y órganos. Pero ahora, con el advenimiento de las técnicas modernas de investigación biológica, parece que estamos en el umbral de descubrir realmente la base física de tales experiencias. El lector astuto probablemente notará que "umbrales de descubrimiento" similares siempre han caracterizado el progreso científico, ¡y ese es precisamente mi punto! La sensación de estar *casi allí*, esa sensación del misterio *apenas* fuera de su alcance, es el combustible fundamental para los fuegos de la proyección. Es el éxtasis anticipado del descubrimiento lo que mantiene viva la búsqueda, independientemente de las metodologías científicas empleadas. Los alquimistas medievales buscaban el "alma" de una sustancia en un destilado purificado o un residuo en polvo. Hoy, buscamos el alma en diminutas redes neuronales. De hecho, estas son "meras" proyecciones, pero proyecciones que están vivas con la promesa de magia y significado.

Algunos científicos parecen estirarse sobre el aparente abismo entre la ciencia y el misticismo de manera bastante abierta. El biólogo Rupert Sheldrake, por ejemplo, ha presentado su teoría de los "campos morfogenéticos". Esta teoría incluye algo parecido a un modelo de "transmisor de radio" del desarrollo de las especies a lo largo del tiempo, nada menos que una construcción biológica que explica la transmisión de arquetipos. Sheldrake postula que una especie se desarrolla no solo debido a su entorno actual y la codificación del ADN transmitida físicamente, sino también debido a los rastros de experiencias pasadas. A modo de ilustración, señala que, si ignoramos los principios electromecánicos de una radio, la oiríamos y llegaríamos a la conclusión de que no se le agrega nada cuando se reproduce música, la música no la hace más pesada, pero está de hecho recibiendo *algo*, y ese algo define su comportamiento y su naturaleza en un momento dado. En esta línea de pensamiento, Sheldrake busca hechos y lenguaje para expresar el misterio de los arquetipos de la conciencia. La verdad fisiológica de esta teoría no es de nuestro interés aquí. En cambio, estamos interesados en la gimnasia teórica que Sheldrake emprende en su intento de navegar por el umbral del misterio, en otras palabras, su alquimia. Su trabajo es una proyección sobre los misterios de nuestros orígenes y la pregunta de por qué una persona determinada toma la forma que toma. También es paralelo a las teorías de la física cuántica que postulan que los objetos no proximales se afectan entre sí a través del espacio-tiempo, el principio de no localidad.

Un último ejemplo de la alquimia moderna que se lleva a cabo en los campos biológicos es la ciencia del envejecimiento. Los investigadores en este campo exploran conscientemente el mito fundacional de que el cuerpo es una máquina que se descompone con el tiempo, un proceso que quizás pueda ralentizarse, detenerse o incluso revertirse. Claramente, estos investigadores son el equivalente moderno de los antiguos exploradores que buscaron la fuente de la juventud, una proyección de la búsqueda más profunda de la trascendencia de las limitaciones corporales y la vida física humana. Este ejemplo en particular es instructivo porque nos muestra cómo la misma proyección misteriosa se puede aplicar a diferentes ciencias en diferentes épocas; solo las herramientas han cambiado. En la Era de la Exploración, la proyección fue sobre la idea de una fuente física de los poderes de la inmortalidad, porque el proceso de descubrimiento geográfico estaba capturando la imaginación del mundo. Ahora, en la era del ADN y la nanotecnología, la proyección encuentra un nuevo hogar en estas herramientas y métodos muy diferentes, pero igualmente interesantes.

Física

> Ahora sabemos que cada partícula tiene una antipartícula con la que se puede aniquilar. Podría haber antimundos y antipersonas enteros hechos de antipartículas. Sin embargo, si te encuentras con tu antiyo, ¡no te des la mano! Ambos desaparecerían en un gran destello de luz.
> -Stephen Hawking[40]

El campo de la física teórica es quizás el dominio científico donde nuestro cuestionamiento investigador da el fruto más inmediato. Las preguntas planteadas por la física moderna, especialmente desde el advenimiento de la teoría cuántica, simplemente piden una interpretación esotérica. Es cierto que esto ha sido exagerado en los círculos editoriales de la Nueva Era en las últimas décadas. Sin embargo, es posible que se hayan pasado por alto algunas de las proyecciones misteriosas más sutiles, ya que se encuentran debajo de la superficie de las preguntas abiertas que se están investigando.

---

[40] Hawking, S. (1988). *A Brief History of Time*. New York: Bantam Dell.

La cita de Hawking anterior puede servir como un punto de partida adecuado para nuestra discusión. En su teoría, podemos ver a los físicos esforzándose por comprender la naturaleza misma de la materia y la existencia. Implica un (+1) y un (-1) inherentes a todas las cosas, así como la energía liberada por su unión exultante. Esto no es menos que una reformulación científica de la fórmula 0 = 2, pero también revela una proyección misteriosa sobre la naturaleza de la verdad y la realidad: *todo lo que es implica su opuesto*. Inmediatamente se nos recuerdan los comentarios de Crowley sobre la naturaleza de la Verdad y la Falsedad, y la energía que se vuelve disponible para nosotros cuando golpeamos estos polos filosóficos juntos, quemándolos en el crisol de nuestras mentes.

Teoría de la unificación y el 'Big Bang'

La búsqueda de la llamada "teoría de la unificación" en física revela una proyección misteriosa cósmica similar. Una teoría de unificación de este tipo, cuando se diseñe, explicaría todos los fenómenos universales, desde el nivel subatómico hasta el comportamiento de grandes cuerpos en el espacio. Esto, de manera bastante explícita, es una búsqueda basada en la ciencia de las mismas verdades básicas de la vida que han buscado todas las escuelas de misterios y religiones. Como qabalistas, reflexionamos sobre una teoría de la creación que explica los orígenes del mundo desde la nada antigua e infinita hasta los detalles de las realidades físicas manifiestas que nos rodean. El Árbol de la Vida es nuestra teoría de unificación qabalística. Sin embargo, la sociedad en general, que carece en gran medida de un lenguaje que describa simultáneamente la creación cósmica y su vínculo con la transformación de la conciencia, proyecta esto sobre el concepto de una teoría de la unificación basada en la física, que se ocupa únicamente del universo material.

Las teorías de la física newtoniana, la relatividad y la mecánica cuántica se derrumban al investigar el primer momento de la existencia del universo. La ciencia ha podido explicar estos procesos hasta cierto punto en el tiempo, pero a medida que se acercan al momento real del origen, todas las teorías fallan. Los misterios del llamado "big bang" forman un campo perfecto para las proyecciones, ya que nos provocan preguntas sin respuesta sobre nuestros orígenes últimos. Aquí encontramos una proyección misteriosa que recuerda al *ain* qabalístico: génesis de la nada, y un *absoluto* que es insensible e incognoscible. La qábala concibe este punto de origen transsuperno como algo más allá de la racionalidad, una verdad más allá de la razón. Parece totalmente posible que cualquier teoría de la unificación eventual requiera que su concebidor alcance un estado de conciencia que abarque tanto las concepciones intelectuales convencionales como una transracionalidad superna. De hecho, tales especulaciones parecen apuntarnos en la dirección de nuestra futura evolución como especie. Quizás los grandes científicos del futuro de la humanidad también necesiten ser grandes místicos. Esta superposición de ciencia y misticismo no tiene precedentes en nuestro *pasado*, pero sus objetos de estudio y sus fronteras tendrán que evolucionar continuamente, al igual que la mente humana misma.

Considera también cómo las descripciones populares de "Dios" varían con la terminología y las concepciones científicas disponibles en la ciencia contemporánea de cualquier era de la evolución de la humanidad. Durante el último Eón, Dios fue visto principalmente como una deidad paterna que tira de palancas y gobierna un universo mecanicista. Esto coincidía con la visión newtoniana del funcionamiento de todas las fuerzas y objetos en el mundo conocido. En el último siglo, en cambio, se ha descrito a Dios cada vez más como "energía", "luz" y una "fuerza" inmanente que conecta, incluso en la cultura popular no mística. Estas concepciones, por supuesto, reflejan el estado actual de la investigación científica sobre los orígenes y el funcionamiento del universo.

Espacio Absoluto

El físico Lee Smolin, al comentar las teorías de Newton, comenta: "Para Newton, el universo vivía en un espacio infinito y sin rasgos distintivos. No había límites ni posibilidad de concebir nada fuera de ellos. Esto no fue un problema para Dios, ya que estaba en todas partes. Para Newton, el espacio era el "sensorium" de Dios, el medio de su presencia y apego al mundo. La infinitud del espacio era entonces un reflejo necesario de la capacidad infinita de Dios ". Si alguna frontera científica pide una proyección misteriosa, es esta. El estudio de los misterios del espacio arroja a la mente a un estado exaltado. Contemplar con asombro la enormidad, el poder, la extensión, la complejidad de nuestro universo, es virtualmente una práctica de jnana yoga (compárese esto con el *Liber Batrachophrenobookosmomachia* de Crowley, asignado al Practicus de la A∴A∴, que se esfuerza por lograr esta misma tarea a través de la visualización detallada del cosmos físico).[41]

La naturaleza de la luz

Uno de los debates más acalorados en el campo de la física cuántica se ha referido a la naturaleza de la luz. Específicamente, los físicos han buscado determinar si la luz es una onda o una partícula. De manera convincente, han concluido que a veces se comporta como una onda y, a veces, como una partícula, dependiendo de las circunstancias específicas de la investigación. La proyección del misterio aquí se refiere a la naturaleza de la *conciencia humana* como fenómeno individual o colectivo; es decir, a veces nos comportamos como si tuviéramos existencia individual y voluntad independiente. En otras ocasiones, parece que somos solo una gota en una ola de mente masiva. A medida que los físicos dirigen sus ojos observadores hacia sujetos cada vez más microscópicos, su alquimia contempla la naturaleza de la mente misma.

Agujeros negros

El fenómeno de los llamados "agujeros negros" es una pantalla maravillosa para proyecciones misteriosas. Considera su naturaleza aparente: infinitamente pequeño y denso, y tan potente en su atracción gravitacional que ni siquiera la luz puede escapar de ellos. La proyección del misterio: nuestra mente intenta lidiar con el concepto del poder de la *nada*. La pequeñez infinita El punto adimensional de Kéter y su poder infinito.

Materia oscura

El autor Charles Seife señala: "Los cosmólogos ahora concluyen que las fuerzas gravitacionales ejercidas por ... la materia oscura, hecha de un tipo de partícula aún no descubierto, deben estar esculpiendo ... vastas estructuras cósmicas. Estiman que esta 'materia oscura exótica' constituye aproximadamente el 25% de la materia del universo, cinco veces más que la materia ordinaria". Además, los científicos nos dicen que la llamada "energía oscura", una fuerza antigravedad, constituye el 70% restante de toda la sustancia del universo. Las implicaciones de esto

---

[41] Smolin, L. (1997). *The Life of the Cosmos*. New York: Oxford University Press., p. 91.

son sorprendentes, incluso a un nivel puramente físico. La materia ordinaria tal como la conocemos comprende solo el 5% del universo conocido. La proyección del misterio también es profunda: hay mucho más en el mundo, y en la naturaleza misma de quienes somos, de lo que jamás hemos percibido o imaginado. Hay fuerzas invisibles e insensibles en todas partes, y aún hay mucho más por descubrir sobre la realidad.[42]

Principios de incertidumbre

Varios principios que involucran la incertidumbre y la probabilidad en los fenómenos físicos, prominentes en la física cuántica, se han vuelto bastante bien conocidos por el público lego en los últimos años. Esencialmente, estos principios afirman que no podemos medir algo a nivel subatómico sin afectar sus propiedades, y que es imposible medir con precisión el momento *y* la ubicación de una partícula subatómica simultáneamente. La proyección misteriosa: la mente afecta inevitablemente al universo. Nuestra propia conciencia es siempre un filtro a través del cual percibimos el mundo. Sin embargo, es interesante que una nueva investigación sugiere que puede ser posible medir algo sin afectarlo *si* la técnica de medición es relativamente "débil" o discreta. Paul Davies, físico de la Universidad Estatal de Arizona, comenta que "las mediciones débiles te permiten levantar el velo del secreto impuesto por el principio de incertidumbre". Una implicación potencial de esto, y otra proyección de misterio clave aquí, es bien conocida por los místicos: nuestras percepciones del universo son más precisas cuando aquietamos la mente, e imponemos menos de nuestra conciencia individual sobre el fenómeno observado.[43]

Realidades múltiples

La teoría de la física de supercuerdas, como la describen Brian Greene y otros, postula un universo lleno de múltiples dimensiones (once, para ser exactos) y una miríada de realidades compuestas de caminos alternativos para nuestras vidas. Una vez más, las implicaciones son asombrosas incluso en el plano físico, pero en esta teoría vemos una proyección misteriosa profunda: *la mente misma existe en múltiples*

---

[42] Seife, Charles. En '125 Questions: What We Don't Know', *Science*, Vol. 309. (2005). p. 78.

[43] Citado en 'Putting Time in a (Leaky) Bottle.' *Newsweek*, 30 de julio 2007.

realidades constantemente. Estamos simultáneamente en el pasado, presente y futuro, recordando logros pasados o arrepentimientos, soñando con metas futuras, preguntándonos sobre los diversos resultados que pueden traer nuestras elecciones diarias. La conciencia humana es indudablemente no lineal, y el pensamiento y la memoria son predeciblemente discontinuos, dejándonos con la sensación muy real de vivir en múltiples realidades dentro y fuera

Exploración espacial y la posibilidad de vida extraterrestre inteligente

En su último libro, *The Inner Reaches of Outer Space*, Joseph Campbell afirma que nuestro enfoque moderno en el espacio, y la exploración espacial, no es menos que la búsqueda interna de la identidad y el conocimiento, proyectada hacia el exterior en el universo físico. Además, parece que proyectamos la "soledad" básica de nuestro ego individual sobre la posibilidad de que la vida inteligente se encuentre en otra parte del universo. Es decir, la realidad exterior —"nosotros" buscándolos a "ellos"— es una proyección de nuestro estado existencial interior, conforme el "yo" se esfuerza por conocer aquello que está fuera de sí mismo. El misterio de la naturaleza de la existencia individual y consciente de sí mismo se proyecta sobre el concepto de "otros mundos". Además, recordarás la opinión de Jung, mencionada anteriormente, de que nunca entenderemos completamente la naturaleza de la mente humana hasta que no hayamos hecho contacto con una mente inteligente, no humana.

Ciencias de la Computación

Las ciencias de la computación, con su énfasis en la creación de máquinas pensantes inteligentes, complejas y autorreguladas, nos ofrece una pantalla receptiva para proyecciones misteriosas. La mera existencia de las ciencias de la computación nos obliga a postular modelos de "conciencia" tal como podrían aplicarse al mundo del silicio. Al hacerlo, nos encontramos en el mismo papel que la neshamá qabalística (superconciencia), construyendo pequeñas estructuras similares al ego (*ruáj*) con nuestro poder creativo divino. Esta identificación con la *fuente* del poder creativo no es diferente de la proyección misteriosa discutida anteriormente en referencia al ADN.

Además, revela lo que creo que es uno de los cambios centrales en la conciencia desde la época de los antiguos alquimistas hasta nuestra propia era. Los antiguos alquimistas estaban en la cúspide del descubrimiento de todo el poder del *ruáj*, prefigurando la fructificación vibrante de las artes y las ciencias en los siglos siguientes. Sin embargo, estamos preparados para el siguiente paso: llevar al *ruáj* a una relación consciente con el *neshamá* como un estado básico para la mayoría de la humanidad, y llegar a nuestro derecho de nacimiento como dioses en la tierra. Finalmente nos estamos dando cuenta de que no necesitamos limitarnos al papel de un sirviente, subyugado a la voluntad de un "Dios" supervisor en el cielo. Mientras que los antiguos alquimistas expresaron su búsqueda en el lenguaje de los adoradores identificados con el *ruáj*, los alquimistas modernos podemos vernos a nosotros mismos como seres divinos, capaces de increíbles hazañas de creación autodirigida, y nuestro lenguaje alquímico ha progresado en consecuencia. Suponiendo que tenemos la fortaleza para emprender el desarrollo interior requerido, ahora podemos identificarnos con la *neshamá*. Somos los dueños de nuestra propia voluntad, dirigiendo al *ruáj* desde ese trono secreto, la divinidad del Ser más íntimo.

Conclusión

Así como la alquimia antigua fue sistematizada dentro de las ciencias químicas de las que se inspiró, así también se sistematiza la alquimia del siglo XXI, en mayor o menor medida, en cada una de las disciplinas científicas aquí discutidas. Ciertamente, una tarea central de cualquier aspirante a alquimista moderno debe ser entrelazar las verdades disponibles para nosotros en estos campos dispares, y tejerlas juntas en un "sistema de misterio" potente e internamente consistente. Por supuesto, tan pronto como tal sistema esté en su lugar, nuevos descubrimientos y nuevas preguntas expandirán las fronteras científicas una vez más, y nuestra alquimia se transformará nuevamente.

Como alquimistas y magos modernos, tenemos la gran ventaja de varios siglos de mayor desarrollo de nuestras escuelas de misterios, además del campo relativamente nuevo de la ciencia psicológica, para ayudarnos en nuestra comprensión de estos procesos de cambio interno. Hemos aprendido mucho sobre nosotros desde la última vez que Paracelso encendió su atanor. Pero tenemos un nuevo problema. Mientras que los alquimistas medievales encontraron su vocabulario en los (entonces) procesos de vanguardia de combinación química controlada, destilación, etc., y se beneficiaron de su inevitable ingenuidad con estas nuevas ciencias, nosotros en la era moderna hemos integrado estas ciencias en nuestra comprensión consciente de cómo funciona el mundo. Han perdido su misterio y sus antiguas fronteras son ahora un terreno muy transitado. Parecen evidentes, especialmente para aquellos de nosotros que dedicamos nuestra vida al camino de la autotransformación. Incluso la sociedad en general ha integrado sustancialmente tanto las ciencias físicas que comprenden la alquimia antigua como sus contrapartes psicológicas, como simples hechos de la vida. Necesitamos un nuevo lenguaje: el lenguaje de la ciencia moderna, empoderado por la libertad y la energía del Nuevo Eón.

Sin embargo, el lenguaje de la alquimia, ampliamente entendido, es *en sí mismo* un velo, un intento de sus practicantes, consciente o inconscientemente, de revelar algo de la naturaleza del misterio. Este velo está tejido por nuestros intentos de comunicar sobre el misterio, intentos que, en la superficie, pueden parecer infructuosos. Sin embargo, cualquier aparente fracaso en este esfuerzo es de hecho un éxito si nos inspira a la búsqueda y nos impulsa a levantar el velo, para que podamos vislumbrar esa verdad que yace eternamente detrás de él.

Trabajos citados

Campbell, J. (2002). *The Inner Reaches of Outer Space: Metaphor as Myth and as Religion.* 3ra edición (revisada). Novato, CA: New World Library.

Crowley, A. (1913). "Liber Batrachophrenobookosmomachia" En *The Equinox.*

Gleick, J. (1988). Chaos: *The Making of a New Science.* New York, NY: Penguin Books.

Greene, B. (2000). *The Elegant Universe: Superstrings, Hidden Dimensions, and the Quest for the Ultimate Theory.* London, UK: Vintage Books.

Greene, B. (2005). *The Fabric of the Cosmos: Space, Time, and the Texture of Reality.* London, UK: Vintage Books.

Hawking, S. (1988). *A Brief History of Time.* New York, NY: Bantam Dell.

Jung, C. (2000). "*Jung on Film*" (entrevista grabada en video). Homevision.

Prigogine, I. (1980). *From Being to Becoming.* New York: W.H. Freeman and Co.

Sheldrake, R. (1995). *A New Science of Life.* Rochester, Vermont: Park Street Press.

Sheldrake, R. (1995). *The Presence of the Past*. Rochester, Vermont: Park Street Press.

Singer, J. (1990). *Seeing Through the Visible World: Jung, Gnosis and Chaos*. San Francisco, CA: Harper San Francisco.

Smolin, L. (1997*). The Life of the Cosmos*. New York: Oxford University Press. 'Putting Time in a (Leaky) Bottle'. Newsweek, 30 de julio de 2007.

'Transforming the Alchemists', *The New York Times*. 1 de agosto de 2006.

Varios autores. (2005) '125 Questions: What We Don't Know', *Science*, Vol. 309.

23

APLICACIONES PRÁCTICAS DES SIMBOLISMO ALQUÍMICO

En el último capítulo, revisamos algunas de las implicaciones psicológicas más amplias de la alquimia, tanto históricamente como en términos de nuestra comprensión científica actual. Dirijamos ahora nuestra atención a un asunto más práctico: ¿Cómo podría el mago usar los conceptos de la alquimia para comprender y enriquecer su trabajo personal? El campo de la alquimia es tan rico en contenido simbólico que se podrían escribir (y se han escrito) libros enteros sobre su aplicación práctica. Necesitaremos limitar nuestra exploración a tres "plantillas" simbólicas específicas para abordar nuestros propósitos actuales:

1. La fórmula *solve et coagula*
2. *Los procesos transformativos conocidos como la Obra Negra, la Obra Blanca y la Obra Roja*
3. La doctrina, "para hacer oro debes tener oro"

En su mayor parte, discutiremos estas plantillas en términos del camino hacia el Conocimiento y Conversación del Santo Ángel Guardián que, como he enfatizado muchas veces en este libro, es el único objetivo hacia el cual todos los aspirantes deben esforzarse desde el principio de su trabajo en A∴A∴.

Los procesos en discusión aquí son extremadamente sutiles, abarcando cambios graduales y de largo plazo en sus pensamientos, emociones, comportamientos y vida simbólica interior. Definitivamente tendrás ventajas si tu diario mágico diario es completo y detallado. Si bien puedes planificar con anticipo tu rumbo con estos marcos, hasta cierto punto, una de las maneras más efectivas de detectar estos patrones es retrospectivamente, conforme reflejas sobre las prácticas y resultados anotados en el diario. Cuanto más hayas integrado el autoanálisis y monitoreo de tu cuerpo físico, tu psique, tus emociones, etc., más información tendrás disponible para entender tu progreso cuando lo veas a través de la lente de estos marcos alquímicos. Para cada uno de estos modelos, discutiré primero su naturaleza básica y después daré algunas sugerencias prácticas de cómo monitorearlo o implementarlo en tu vida diaria y tu camino mágico en general.

Solve et Coagula

Solve et coagula se traduce aproximadamente como "disolver y coagular". Se refiere al proceso de descomponer algo en sus elementos individuales, para comprenderlos y transformarlos antes de volver a ensamblarlos en un todo recién perfeccionado. Uno de los ejemplos más claros de esto en la A∴A∴ es la progresión a través de los grados elementales desde Neófito hasta Adeptus Minor. Esencialmente, te estás mirando a ti mismo en términos de los componentes individuales de los que estás compuesto, basado en el simbolismo de los elementos y las sefirás (ver Capítulos 15 y 16). Visto desde la perspectiva de los niveles más altos de logro, los seres humanos no son una colección de partes, sino un todo indiviso; sin embargo, en el trabajo de la Primera Orden de la A∴A∴, actúas *como si* estuvieras compuesto de esas partes en aras de un autoanálisis completo. En cada paso, te enfocas en un elemento en particular e intentas entrar en una relación más profunda con esa parte de ti mismo. Primero debes purificarlo, es decir, limpiarlo de cualquier acumulación que no esté de acuerdo con su naturaleza básica. Por ejemplo, el Neófito de Maljut debe purificar el cuerpo físico, dejando a un lado cualquier hábito que pueda impedir el progreso de la Gran Obra. Una vez que el elemento ha sido purificado, debe ser consagrado; es decir, debe ponerse conscientemente al servicio del camino espiritual.

Eventualmente, después de pasar por los cuatro grados elementales y llegar a Dominus Liminis, estos "componentes" se vuelven a ensamblar en un microcosmos perfecto y se ofrecen al SAG. Has reconstruido tu propio ser de acuerdo con el patrón del Árbol de la Vida y, por lo tanto, con la estructura del universo mismo. Como he dicho en otra parte, la fuerza adecuada sólo es atraía a la forma adecuada y, en este caso, la mera existencia de la forma adecuada, tú mismo como un microcosmos perfeccionado, es una poderosa invocación del SAG. Idealmente, toda tu vida se convierte en una invocación viva y continua que se adapta perfectamente a la morada del Ángel. ¡Sé el pararrayos y el rayo caerá! El método por excelencia para perseguir este resultado es, por supuesto, el trabajo formal de A∴A∴, pero encontrarás que el uso concienzudo del monitoreo elemental diario discutido en el Capítulo 4 es una disciplina preliminar útil.

La Obra Negra, la Obra Blanca y la Obra Roja

Igual que antes, trazaremos esto a través de las sefirás y caminos debajo de Tiféret. La Obra Negra se relaciona principalmente con Maljut y el camino de *tav*. Aquí debes diferenciar lo fino de lo burdo: descubrir la realidad del espíritu y del yo que está velada por la materia. Exploras la relación entre cuerpo y psique, y fortaleces tu visión en el mundo astral incrementando la sensibilidad a sus impresiones sutiles. En la práctica, esto se logra mediante el seguimiento de la dieta, el ejercicio y la salud física en general. Las prácticas de yoga fortalecen aún más tu vehículo físico y las exploraciones astrales, como las del *Liber O*, aportan el dominio del cuerpo de luz (Ver el capítulo 11).

Una vez que hayas visto más allá del velo de la materia y hayas comenzado a asomarte en los reinos del espíritu fortaleciendo tu visión astral, estás listo para avanzar a la Obra Blanca, atribuida a las sefirás Yesod, Hod y Netsaj. En términos generales, esta es una etapa de intensa autoexploración psicológica. Aquí examinas el mundo de Yetzirá en sus diversas formas —las facultades emocionales, intelectuales e intuitivas que residen en la personalidad humana— y las reformulas para operar con la máxima eficiencia y cooperación.

¿Cómo se ve esto en la práctica? En Yesod, logras un trabajo astral más avanzado, emprendes prácticas de pranayama que estimulan la kundalini y trabajas intensamente para desenterrar los impulsos, las agendas ocultas y los obstáculos que bloquean la energía de tu mente inconsciente. Monitorear las proyecciones psicológicas para comprender cómo ves el mundo a través del lente de tu propia mente es un paso esencial, y la psicoterapia formal suele ser un complemento útil. En Hod, refuerzas tu perspicacia intelectual a través del estudio de la qabalá; esto es esencialmente *jnana yoga*, el yoga del conocimiento. Una mente aguda, perfeccionada mediante el desarrollo de las habilidades de pensamiento crítico, el escepticismo y la calistenia mental de la qabalá, es un elemento vital que poner al servicio de su Gran Obra. Finalmente, en Netsaj, fortaleces tu comprensión y habilidad para controlar las fuerzas de tu deseo y aspiración a través del bhakti yoga y prácticas devocionales relacionadas.

Habiendo completado así la Obra Blanca, te encuentras en el umbral de la Obra Roja: el Velo de Paroketh (Dominus Liminis) y el eventual logro de Tiféret mismo (Adeptus Minor). Aquí, la tarea es la confección de la piedra alquímica, el oro solar en el centro del Yo plenamente realizado. Es similar en muchos aspectos a la fase de *coagula* descrita anteriormente: la tarea es llevar todo tu trabajo anterior a un clímax. Habiendo llegado a un lugar de equilibrio e integración, aspiras al SAG y esperas su luz. En esta etapa estás "cociendo en tus propios jugos", espiritual y psicológicamente. El resto no se trata tanto de un esfuerzo externo como de esperar el trabajo transformador del propio SAG. Mucho de lo que es necesario que suceda en esta etapa estará más allá de los esfuerzos conscientes del aspirante.

Esta etapa en particular es, francamente, una de las cosas más misteriosas y maravillosas para contemplar en toda la Gran Obra. Nunca deja de sorprenderme cómo cada aspirante parece obtener exactamente lo que necesita, exactamente cuando lo necesita, ni demasiado ni muy poco, ni un momento demasiado pronto o demasiado tarde. Hay algo excepcionalmente poderoso en construirte a ti mismo hasta esta etapa, y luego ofrecerte al SAG libremente y sin apego egoico para una mayor transformación. El SAG responde inevitablemente con la fuerza necesaria para convertirte, a través de esta culminante Obra Roja, en un adepto. Habiendo alcanzado este Conocimiento y Conversación y la consciencia que lo acompaña de la Verdadera Voluntad, entonces estarás preparado para avanzar y promulgar la voluntad en tu vida.

"... para hacer oro debes tener oro ..."

Considera las palabras de Crowley en *Liber Alef*, Cap. 159, "Sobre la balanza en la que las cuatro virtudes tienen el mismo poder":

> Por Gñana Yoga, tu Hombre llega al Conocimiento; por Karma Yoga tu Toro a la Voluntad; por Raja Yoga es tu León llevado a su Luz; y para perfeccionar tu Dragón, tienes Bhakti Yoga para el Águila y Hatha Yoga para la Serpiente. Sin embargo, fíjate bien cómo todos estos se entremezclan, para que no puedas realizar ninguna de las Obras por separado.

Como para hacer Oro, debes tener Oro (es la Palabra de los Alquimistas), así que, para convertirte en la Esfinge, primero debes ser una Esfinge. Porque nada puede crecer salvo en la Norma de su propia Naturaleza y en la Ley de su propia Ley, o no es más que un artificio y no perdura. Por lo tanto, es una Locura y una Violación contra la Verdad apuntar a otra cosa que no sea la realización de tu propia naturaleza verdadera. Ordena entonces tus Obras de acuerdo con tu Conocimiento de esa Norma lo mejor que puedas, sin prestar atención a la Importunidad de aquellos que parlotean del Ideal. Porque esta Regla, esta Uniformidad, es propia sólo de una Prisión, y el Hombre Vive de Elasticidad, no soporta Rigor salvo en la Muerte. Pero quien crece corporalmente por una Ley ajena a su propia Naturaleza, tiene un Cáncer, y toda su Economía será destruida por esa pequeña desobediencia.[44]

En este pasaje, Crowley toca varias de las doctrinas y conceptos presentados en otras partes de este libro, como la idea de estar equilibrado en los cuatro elementos, la importancia de vivir de acuerdo con la Verdadera Voluntad; sin embargo, nuestro enfoque aquí está en la idea de que se necesita oro para hacer oro. Como describe Crowley, esto se relaciona con la adopción de metas transformadoras que están en línea con nuestra verdadera naturaleza, pero también se aplica al cuerpo más grande de aspirantes a la Gran Obra y sus interacciones. Probablemente puedas recordar algunos ejemplos de personas sobresalientes que has conocido en tu vida, personas que parecen brillar en su personalidad, que viven con voluntad y poder, pero que también exhiben gracia y dignidad en todo lo que hacen. Estas son algunas de las características que podemos reconocer como signos de un verdadero adepto, cualquiera que sea su camino espiritual particular. Su misma energía es contagiosa de una manera maravillosa y estar cerca de ellos es una lección inspiradora para vivir una vida vigorosa de voluntad. El "oro" de su logro es reconocido por alguna semilla de oro correspondiente dentro de nosotros, y comienza a resonar en simpatía, llamándonos de *nuestra propia y única manera* al camino del logro.

Como aplicación práctica de este principio, te sugiero que busques a varias personas que te inspiren de esta manera. Pregúntales sobre su camino: ¿Cómo llegaron a donde están? ¿Qué los llamó o los inspiró? ¿Cuáles consideran sus mejores elecciones y sus peores fracasos?

---

[44] Crowley, A. (1991). *Liber Aleph*. York Beach, ME: Weiser Books.

Naturalmente, su camino no será el tuyo, pero es posible que te sorprenda al descubrir cuántas de las herramientas que utilizaron serán valiosas para ti en tu camino. Al igual que en el sistema de A∴A∴, nunca podemos conocer los giros y vueltas particulares que tomará el camino de cualquier aspirante, pero es posible establecer señales para aquellos que lo sigan. Como leemos en *Liber Causæ*:

> Cada hombre debe superar sus propios obstáculos, exponer sus propias ilusiones. Sin embargo, otros pueden ayudarlo a hacer ambas cosas, y pueden capacitarlo para evitar muchos de los caminos falsos, que no llevan a ningún lado, que tientan los pies cansados del peregrino no iniciado.[45]

¡Que *tu* vida brille como el oro de los alquimistas, inspirando a todos los que la contemplan!

[45] Crowley, A. (1992). Liber Causae. En I. Regardie (Ed.), *Gems from the Equinox*. Scottsdale, AZ: New Falcon Publications.

PARTE TRES:
VIDA FUERA DEL TEMPLO

24

PATRONES Y CICLOS EN LA PRÁCTICA MÁGICA

"Me siento tan desconectado de la Gran Obra."
"Simplemente no siento la energía como antes."
"Algunos días siento que ya no quiero hacerlo."

Declaraciones como estas son probablemente algunas de las quejas más comunes que escucho en mis diversas funciones docentes. Esto no es sorprendente, ya que estas trampas son más o menos inevitables en el camino del logro. No hay duda de que, sin importar quién seas o qué curso de capacitación realices, te encontrarás con tales obstáculos. E, inevitablemente, encontrarás patrones y ciclos en tu trabajo mágico, incluidos períodos secos, picos de éxtasis en los que te sentirás conectado y alineado vibrantemente con el trabajo, y todo lo demás.

Una de las claves reales para la perseverancia y la motivación sostenida y la conexión con el trabajo es comprender que estos ciclos son inevitables: no castigarse cuando ocurren y no dejarse caer en el abatimiento cuando las cosas no van como tú planeaste o esperabas. En este capítulo examinaremos algunos ángulos diferentes sobre esto, incluidas las formas de comprender y conceptualizar los ciclos, y cómo salir de los períodos de sequía cuando ocurren.

La fórmula IAO

Comencemos con una discusión sobre cómo entender estos ciclos, es decir, cómo darles un marco conceptual para que puedas darles sentido e incluso usarlos en tu beneficio. Crowley toca algunos de estos temas en *Magia en Teoría y Práctica* cuando analiza las diversas "fórmulas" mágicas. Un ejemplo importante se llama la fórmula de IAO.

La fórmula de IAO, entendida en este contexto, es un ciclo de tres etapas aplicable a cualquier esfuerzo, ya sea trabajo mágico o algo completamente distinto. Las tres etapas corresponden a las deidades de Isis, Apophis y Osiris. La etapa de Isis ("I") se caracteriza por una inocencia, una frescura de experiencia, que aportas a la empresa. Por ejemplo, digamos que has adoptado un nuevo procedimiento ritual y estás empezando a experimentar con él. Estás emocionado por ello y lo sientes como una nueva dirección estimulante en tu vida. Lo abordas con mucha pasión y compromiso.

Eventualmente, pasas a lo que llamamos la fase Apophis ("A") donde te desilusionas, comienzas a sentirte un poco perezoso y comienzas a decepcionarte de que tal vez no esté yendo tan bien como esperabas. Empiezas a cuestionar si fue la elección correcta. Te cansas de hacer lo mismo una y otra vez. Digamos que has decidido: "Está bien, ahora realmente voy a trabajar en asana. Me sentaré en esa postura y alargaré mi tiempo". Y luego, aproximadamente en la segunda semana de hacer esto todos los días, el aburrimiento comienza, comienzas a distraerte y comienzas a anhelar algo diferente. Entiendes la idea.

Y luego llegas a la etapa de Osiris ("O") en la que (al igual que el arquetipo de Osiris como el dios levantado que ha sido reformado de nuevo) obtienes nuevos conocimientos y perspectivas sobre los bloqueos que acabas de atravesar. Emerges de esa miserable oscuridad, la fase "A", con una claridad recién descubierta sobre todo el proceso.

Lo esencial aquí es comprender que no se puede llegar a una comprensión madura de ningún proceso *sin pasar* por esa fase intermedia. La Gran Obra no se trata sólo de la inocencia y la perfección, la novedad y la emoción, que conducen directamente a la iluminación. Requiere que te muevas a través de la desilusión y el cuestionamiento frustrantes, incluso dolorosos, que ocurren en la fase intermedia para comprender realmente de qué se trata e integrarlo.

Te animo a que tengas en cuenta la fórmula IAO cuando emprendas una nueva tarea, por ejemplo, un nuevo curso de entrenamiento. Deja que te ayude a evitar empantanarte, desilusionarte y, sobre todo, deja que te ayude a *persistir* en la fase "A", a través de la oscuridad de Apophis, y a emerger del otro lado para que puedas alcanzar el verdadero dominio de la tarea en mano.

Solve et Coagula

Otro modelo conceptual útil aplicable a estos ciclos mágicos es nuestro viejo amigo, *solve et coagula*. Recordarás que esto consiste en la fase de solve —en la que las cosas se rompen, analizan y fragmentan intencionalmente— seguida de la fase de *coagula* —donde las cosas se juntan, reintegran y sintetizan de una forma más refinada—. A través de este proceso, se logra una comprensión más profunda de la naturaleza básica de cada uno de los componentes analizados y la interconexión entre ellos. El todo se vuelve verdaderamente más que la suma de sus partes.

Cuando te encuentres en medio de una de estas etapas, cuando tu enfoque esté tan atraído hacia un solo aspecto de ti mismo, habrá una tendencia hacia la sequedad. O alternativamente, estarás tan inmerso en ese único punto de vista que será difícil verlo fuera de su marco conceptual actual. De cualquier manera, el peligro es perder de vista el patrón general. Por ejemplo, el Neófito puede olvidar que todo su trabajo en *asana* es simplemente abordar la tarea básica de hacer que su cuerpo esté quieto, y es solo una etapa en el proceso de *solve* en curso; o el Practicus (inmerso en la esfera intelectual de Hod) puede preocuparse por el aprendizaje de los libros y descuidar mantener encendidos los fuegos de la aspiración.

Lo que es más angustioso, el final de la ecuación de *solve* (el análisis y la fase de fragmentación del trabajo) puede ser muy desilusionante. Puede llevarnos a sentir que hay demasiados aspectos que atraen nuestra atención: una multiplicidad de hilos de vida individuales que no podemos tejer en un todo coherente o comprender de manera útil. Puede resultar bastante abrumador.

¿Cuál es el remedio a toda esta frustración? Cuando te sientas así, recuerda que simplemente te encuentras en un extremo del ciclo. Estás en una fase del camino en la que se *supone* que debe sentirse así, hasta que llegas a la siguiente fase: la fase de síntesis de *coagula*. Así que trata de no desanimarte en esos momentos. Para ser un poco cliché sobre esto, las cosas tienen que desmoronarse antes de que puedan volver a juntarse; y cuando vuelvan a juntarse, será en un patrón refinado y perfeccionado, en virtud del desmoronamiento y el autoconocimiento que se ha engendrado.

La espiral ascendente

Aquí hay otro principio general que puede resultarte útil. Cuando llegas a un lugar atascado, un período de sequía o un obstáculo que se siente como un bloqueo en tu trabajo, uno de los mayores regalos que puedes darte es verlo como una espiral ascendente en lugar de un regreso al punto de partida. En otras palabras, has regresado a un lugar que reconoces, uno que se siente seco, insatisfactorio y estancado. Pero si puedes ver cómo esta vez es ligeramente diferente a la última vez; si puedes encontrar una manera de comprender, dentro del contexto de su progreso general, que este lugar atascado en particular es el último ejemplo de una *categoría* de lugar atascado, pero no es el *mismo* lugar atascado que encontraste antes, esto puede ayudarte a mantenerte motivado y evitar la desilusión que conlleva sentir que no vas a ninguna parte.

Depresión posterior al logro

Veamos otras formas de comprender y experimentar puntos de estancamiento y obstáculos que encontramos en la Gran Obra. Uno de los más importantes es la experiencia de llegar a un nuevo entendimiento, un momento en el que sientes que finalmente has logrado superar las nubes. Has tenido una profunda experiencia mística de algún tipo o un gran avance en una línea de trabajo que estás persiguiendo. E inevitablemente (porque eres un ser humano) vuelves a bajar de ese estado exaltado a lo mundano. Ahora debes ir al trabajo, ocuparte de tu familia y reanudar tu vida exterior. Efectivamente, el mundo mundano no se ha dividido como el Mar Rojo frente a ti para ser un entorno libre de problemas. Te desilusionas. Has vislumbrado una verdad superior y es deprimente no poder permanecer en esa visión.

Una vez más, la clave es tener un poco de compasión contigo mismo y comprender que el ego, el ruáj, está tratando de adaptarse a la brecha entre la experiencia idealizada y la forma en que la mayor parte de la vida se desarrolla de una manera mundana. La clave para evitar la desesperación aquí es comprender la universalidad de esta experiencia entre los buscadores espirituales. Es completamente esperado y completamente normal. Y no es señal de nada malo. Has tenido la cabeza por encima de las nubes y volverás allí cuando sea el momento adecuado.

Encontrar lecciones

Otra forma de ver los obstáculos, los lugares atascados y los períodos de sequía es preguntando qué te está enseñando el obstáculo. ¿Por qué *tenías* que quedarte estancado ahora mismo? ¿Por qué necesitas que te retengan en el mismo lugar más tiempo del que tu ego quería? A menudo, será debido a un proceso de maduración particular al que debiste someterte. Necesitaba reducir la velocidad, mirar algo, sentir algo o luchar con algo. Y creo que, si reflexionas sobre los momentos de tu vida que han sido más transformadores, encontrarás que esos períodos de crecimiento a menudo iban acompañados de una intensa incomodidad y desafíos. El proceso de avanzar hacia el Conocimiento y la Conversación del SAG tiene muchos puntos en los que es necesario ralentizar, ser obstaculizado mientras crecemos de la manera que *necesitamos* para crecer y experimentar *exactamente* las pruebas que necesitamos para poder convertirnos en un recipiente más perfecto para la luz que nos espera.

Otra pregunta que debes hacerte cuando encuentres un obstáculo o un punto de atasque: ¿Tengo cierto grado de codicia de resultado aquí? ¿Cuánto apego al ego tengo con cualquier meta por la que estoy trabajando? ¿Eso me está haciendo tropezar? Todos nos encontramos en esta posición de vez en cuando y debemos esforzarnos por ser conscientes de esos impedimentos para el éxito.

Cuando el Espíritu entra

Es útil considerar el mecanismo por el cual estos tiempos oscuros se inmiscuyen en nuestro trabajo y nuestras vidas. El analista junguiano Robert Johnson ha dado numerosas conferencias sobre este proceso. Habla de los diversos portales a través de los cuales el Espíritu (su término) entra en nuestras vidas. Uno de ellos es a través del encuentro con situaciones paradójicas. Cuando nos encontramos con un punto de elección en la vida, un dilema que parece no tener una solución racional, estamos atrapados entre la proverbial piedra y la pared. No sabemos qué hacer y ninguna elección parece correcta.

En estas situaciones, el ego se ve obstaculizado por la situación y no tiene a dónde acudir. No puede *pensarse* para salir del problema. Y en esta ruptura del ego, se crea un espacio para que entre la superconciencia. Hay una apertura para la inspiración y la intuición. Si confías en este proceso, si abandonas el apego habitual a pensar para salir de estos dilemas, dejará espacio para que su propia conciencia espiritualmente informada lo guíe.

Otra forma en que el espíritu entra en nuestras vidas, según Johnson, es a través de confrontaciones con la sombra. Cuando nos tropezamos con algo no reconocido o no deseado en nosotros mismos, nos enfrentamos a nuestra sombra. Por ejemplo, podemos tener una tendencia hacia un apego emocional excesivo a personas o cosas, una adicción, un conflicto entre nuestras metas mágicas y la vida externa que nos hemos creado, etc. Estas son cosas que probablemente queremos dejar de lado y no pensar en ellas, sin embargo, al enfrentarlas, abrimos algunas de las oportunidades más verdaderas que tendremos para el crecimiento y la transformación.

Si abrazamos la sombra podemos permitir que se escuche la voz del espíritu. Esta voz profunda dentro de nosotros nos insta a no ignorar la totalidad de quienes somos; no arrancarnos una parte de nosotros mismos, demonizarla y negarnos a mirarla. Si hemos estado haciendo eso, vendrá a buscarnos. Y cuanto antes aceptemos el aspecto repudiado del yo, en lugar de huir de él, comenzaremos a crecer.

Sugerencias practicas

Aquí hay algunas sugerencias prácticas finales para dejar de estar atorados. Uno de ellos es tanto un principio de terapia cognitivo-conductual como un principio mágico: simplemente haz *cualquier* cosa. Cuando te sientas atascado, perdido o abrumado, simplemente *actúa* para que puedas ver que no estás realmente inmovilizado. No hay forma de que puedas decirte a ti mismo "Estoy atascado, no puedo hacer nada" cuando acabas de levantarte para hacer un destierro, unos minutos de meditación u otra tarea. Escribe en tu diario. Sal para caminar. Elige un libro al azar del librero y léelo por unos minutos. No te preocupes por lo que elijas. Sólo haz *algo*.

Una de las grandes trampas en las que la gente cae es pensar demasiado o volverse perfeccionista con sus elecciones mágicas. Sienten que, si no hacen justo la cosa correcta, debe ser la cosa incorrecta que hacer. Temen elegir el ritual "equivocado" obstaculizará drásticamente su progreso en el camino. En casi todos los casos, estas elecciones no son tan críticas, así que no te lo hagas más difícil pensando de esta manera. Solemos aprender más de nuestros errores mágicos que de nuestros éxitos fáciles.

Otra manera de desatascarse es realizar una adivinación. Considera tu situación y haz una decisión consciente de *no* depender únicamente en el ego para encontrar una solución. Haz una tirada de Tarot, lanza el I Ching o haz un volado. Es una buena manera de aflojar el control del ego y agitar tu proceso mental.

Conclusión

Sin importar qué métodos elijas para superar los desafíos del camino mágico, inevitablemente obtendrás conocimiento de tus patrones de problemas más comunes. Tu experiencia que tanto te ha costado con meteduras de pata vergonzosas, frustrantes atascamientos y deprimentes "noches oscuras del alma" serán el combustible de tus logros futuros. Y cada vez que des otra vuelta en la espiral ascendente, estarás más empoderado para encontrar soluciones efectivas a los desafíos que encuentres ahí.

25
TRABAJO CON SUEÑOS

Como psicoanalista junguiano, el trabajo con sueños ha sido una parte importante de mi trabajo y práctica personal por muchos años. Fue una de las cosas que más me intrigó sobre el acercamiento de Jung desde el principio de mi carrera. Al igual que la psicoterapia, el trabajo con sueños puede ser una herramienta importante para el desarrollo personal del mago, mejorando el autoconocimiento y el poder mágico que conlleva. Recomiendo encarecido el trabajo con sueños como una práctica diaria para el mago en cada etapa del camino.

Carl Jung llamó a los sueños "el camino real hacia el inconsciente". Su teoría enfatiza la importancia de balancear la mente consciente e inconsciente, y postula que los sueños son enviados por el Yo como un mensaje destinado a traer equilibrio y plenitud. Los sueños están diseñados para ser escuchados por el Ego, la mente consciente, y la intención es siempre promover la plenitud y crecimiento. Los sueños intentan comunicar información que el ego necesita saber para ser más consciente de sí mismo y para balancear las predisposiciones de la mente consciente, para integrar el material de sombra y otros aspectos no reconocidos o reprimidos de la psique. Podemos ver fácilmente mucha superposición aquí con los otros procesos simbólicos usados por el mago, como el escrutinio, trabajo de caminos en el Árbol de la Vida, el trabajo con elementos simbólicos en rituales y técnicas similares. Los sueños son contenedores listos para usarse de estos mismos conjuntos de símbolos. Cuanto más rico y diverso hagamos nuestro repertorio simbólico a través de la memorización de correspondencias mágicas, la exploración mitológica y la comprensión de sistemas religiosos comparativos, más significado podremos extraer de nuestros sueños.

Sin embargo, debemos ser apropiadamente escépticos acerca de la naturaleza de los sueños. Como se señaló anteriormente, los junguianos tienden a argumentar que los sueños son un intento por parte del inconsciente de transmitir mensajes específicos. En contraste, muchos científicos cognitivos contemporáneos creen que los sueños son simplemente encendidos aleatorios de neuronas, sin significado particular. Independientemente, incluso si los sueños son fuegos artificiales neuronales aleatorios, incluso si la mera existencia de una sabiduría onírica subconsciente con propósito es una falacia, encuentro el trabajo con sueños una herramienta importante para salir del pensamiento racional cotidiano, al lidiar con estos conjuntos de símbolos más o menos racionales. El trabajo con sueños nos obliga a explorar ciertos aspectos de nosotros mismos, a través de estos contenidos simbólicos, que podríamos no haber atinado si solamente vivimos en el mundo racional de nuestras mentes cotidianas. Por lo menos, al igual que con la adivinación o el escrutinio, obtendremos vistas únicas de nosotros mismos y algunos ejercicios mentales vigorizantes.

Al trabajar con sueños, es muy importante usar *tus propios* conjuntos de símbolos. Evita a toda cosa esos recetarios de símbolos oníricos que ofrecen interpretaciones predigeridas de símbolos comunes. Hay un momento y un lugar para ir más allá de tus interpretaciones personales hacia temas más mitológicos y arquetípicos, pero en su mayor parte, debes confiar en tus propias asociaciones. Otra consideración muy importante es que, en el enfoque de Jung, todo en el sueño es un aspecto tuyo. Si sueñas con tener una conversación con tu madre, no es un sueño de tu relación con tu verdadera madre. Más bien, se refiere a la interacción entre tu ego y esa parte tuya que está mejor simbolizada por tu madre. Una casa puede referirse a una "ubicación" o a un estado de ser dentro de ti; una tormenta puede simbolizar un proceso tempestuoso dentro de ti y así sucesivamente. No caigas en la tentación de concretar y exteriorizar demasiado los personajes, lugares y procesos en un sueño.

En su libro seminal *Inner Work*, el analista junguiano Robert Johnson describe el acercamiento básico de Jung al análisis de sueños en un proceso conciso de cuatro puntos.[46]

Paso Uno: escribe todo lo que puedas recordar acerca del contenido del sueño en sí: la historia, ubicación, personajes, emociones que sentiste, etc. El siguiente paso es hacer asociaciones para cada elemento específico del contenido del sueño. Digamos que soñaste con una casa en la que viviste cuando tenías 14 años y en el sueño conversabas con un amigo de la infancia. En el paso uno, simplemente asocia con esa casa. ¿Qué edad tenías cuando vivías allí? ¿Cómo era tu vida entonces? ¿Cuál era tu estado emocional? ¿Cuáles son las cosas buenas y malas que recuerdas de vivir en esa casa? Haz asociaciones con el amigo de la infancia también. ¿Cuáles eran las características de personalidad del amigo? ¿Cómo describirías al amigo a alguien que no lo conoce?

Ten cuidado de no hacer "asociaciones en cadena" donde pensar en el amigo te recuerda una bicicleta que tenías y la bicicleta te recuerda a un coche que compraste después y así. Más bien, debes seguir vinculando tus asociaciones a los símbolos básicos como aparecieron en el sueño. Para los principales símbolos del sueño, puede ayudar hacerlo de manera gráfica. Escribe la palabra, dibuja un círculo alrededor de ella y entonces haz líneas para señalar las diferentes asociaciones del símbolo, de modo que termines con un "mapa" de asociaciones simbólicas.

Paso Dos: conecta el sueño a imágenes de tus dinámicas internas y "amplifica" las imágenes y símbolos mediante fuentes tradicionales. De vez en cuando, los contenidos de sueños pueden parecerte lo que Jung llamaba *numinosos*; esto es, tienen cierta cualidad que parece resonar más allá de contenido específico que *personalmente* asocias con los diversos símbolos. Por ejemplo, recuerdo una vez haber tenido un sueño de que estaba viviendo en una especie de cultura que vivía en las laderas de un volcán activo. ¡Obviamente, esto no es algo de mi vida personal! Los junguianos podrían referirse a esto como un "gran sueño", un sueño que prácticamente grita, "¡Hay más en esto que tu pequeña existencia individual!" Al amplificar este sueño, encontré útil investigar mitos que involucraran volcanes y temas similares. La mayor parte del tiempo, sin embargo, conectarás las imágenes de tus sueños con tus dinámicas internas de extraídas más directamente de tu vida e identidad normales de vigilia. Así que, en nuestro ejemplo del amigo de infancia, quizás

---

[46] Johnson, R. (2009). *Inner Work*. New York: HarperCollins.

habrías identificado que este amigo era cariñoso, buen escucha y leal en el Paso uno. Tal vez la casa te trajo recuerdos agradables y placenteros de tu familia durante el tiempo que viviste ahí. Aquí en el Paso Dos, cuando estás conectando las imágenes de sueños con las dinámicas internas, ese amigo es tu parte cariñosa y leal, y la casa puede que represente el estado mental en el que te nutres y cuando disminuyes la velocidad y disfrutas tu tiempo con personas y así sucesivamente.

Paso Tres: entreteje estas dinámicas internas para crear una interpretación de todo el sueño. El objetivo es contar una historia basada en lo que has determinado que son los aspectos internos de ti mismo a los que hace referencia el sueño. Estás buscando un "clic", como lo llamaría Johnson. Cuando "pruebas" distintas interpretaciones, algunas podrían no resonar contigo, pero algunas harán clic. Enciende tu detector de mierda. ¿Aprendiste algo que no sabías conscientemente? Si no has aprendido algo nuevo, es probable que no sea el mensaje más profundo del sueño. Después de todo, en la teoría junguiana de la psique, si el ego ya sabe algo, el inconsciente no necesita decírnoslo, no hay ningún desequilibrio que corregir. ¿Estás al menos *un poco* incómodo con la interpretación? ¿Duele un poco? ¿Te sientes energizado por la interpretación, como si liberaras alguna energía que estaba ligada a mantener ciertas cosas inconscientes? Todas estas experiencias pueden ser indicios de que has dado con la interpretación correcta.

En nuestro ejemplo con el amigo en la casa, el sueño puede sugerir que necesitas tomar más tiempo contigo mismo acerca de tus emociones y tu bienestar general; que necesitas crear el equivalente interno de esa casa familiar recordada positivamente donde puedas escucharte más profundamente. Esencialmente, el inconsciente te pide que actúes la historia del sueño, que es la de tu propio amigo cariñoso y leal, y ocupes tu propia casa simbólica de comodidad y autocuidado.

Paso Cuatro: realiza un ritual para honrar el sueño y hacerlo concreto. La teoría aquí es que cuanto más concreto hagas el mensaje del sueño —entre más actúes algún tipo de comportamiento que indique a tu inconsciente que lo estás tomando en serio y que realmente entendiste el mensaje del sueño— más curativo puede ser. En nuestro ejemplo de sueño, podrías visitar alguna casa familiar en el sueño. Toma un poco de tierra del jardín, ponla en un frasco y haz un ritual con ella. Coloca el frasco sobre el mantel y mantenlo contigo como recordatorio de la verdad que descubriste del sueño. Las posibilidades son infinitas y, como con cualquier ritual, entre más lo personalices con tus propios símbolos y las especificidades de tu situación interior, más eficaz será.

Curiosamente, y quizá no sorprendentemente, este proceso de cuatro pasos refleja la doctrina qabalística de los Cuatro Mundos. El Paso Uno, donde estás haciendo asociaciones específicas con el contenido del sueño, estás identificando las semillas básicas de las que todo lo demás brota (Atziluth). En el Paso Dos, estamos dando forma primaria a esas semillas desarrollándolas con nuestras asociaciones y conectándolas a las formas arquetípicas mediante la amplificación de símbolos. Esto es muy parecido al mundo de Briá, donde la *forma* superconsciente toma forma. En el Paso Tres, traducimos estos arquetipos y dinámicas superiores a formas de pensamiento aprehensibles y completamente conscientes, trayendo el contenido al mundo de Yetzirá. Finalmente, en el Paso Cuatro, hacemos el ritual honrando el sueño. Es fácil ver cómo esto se relaciona con el mundo de Assiá, donde todo lo anterior se manifiesta en el mundo físico, en este caso, mediante nuestra representación conductual del mensaje del sueño.

Una técnica relacionada que puedes encontrar útil es la *imaginación activa*, que Jung describió como "seguir soñando el sueño". En esta técnica, entras en un estado cuasimeditativo (despierto) y vuelves a interactuar con los personajes del sueño para obtener más información para la interpretación. Puedes establecer un espacio ritual, haz un destierro, llama a un personaje de un sueño vívido reciente —especialmente de un sueño confuso o muy vívido o importante— y entonces interactúa con el ser del sueño. Pide más información; pregúntale cuál es su mensaje para ti; pregunta si hay otras cosas que debas saber del contenido del sueño. Un método sencillo para registrar esto es sentarte frente a una computadora y escribir tus preguntas en minúsculas, luego cambia a mayúsculas para la respuesta del personaje con el que estás interactuando. Una vez que hayas obtenido una cantidad satisfactoria de información adicional, vuelve a insertarla en el contexto del sueño original y regresa a los distintos pasos del proceso interpretativo descrito anteriormente.

Permítanme cerrar con algunas sugerencias generales:

1.Mantén buen diario de sueños. El mismo principio que se aplica a tu diario mágico o implementos rituales se aplica aquí. Es decir, si tienes un libro en blanco bellamente construido que atesoras, tenderá a potenciar su trabajo.

2.Cuando vayas a dormir, repíte a ti mismo que vas a recordar tus sueños al despertar; entonces escríbelos o díctalos en un dispositivo de grabación tan pronto despiertes. Una ventaja de dictar tus sueños es que podrás transmitir el tono emocional del sueño y tu respuesta al mismo, lo que ayudará más tarde cuando intentes analizarlos. Además, tiendes a obtener más detalles cuando estás dictando, en oposición a tropezar con tu bloc para escribirlo todo en tu estupor matutino precafé.

3.Probablemente notarás que entre más intensa y regularmente te involucres con tus sueños, es más fácil recordarlos en detalle y notarás más una continuidad narrativa de sueño a sueño.

4.Puede que notes patrones interesantes en la vividez e intensidad de tu actiividad de sueños en general. Por ejemplo, puedes encontrar que cuando estás involucrado activamente con una serie de trabajos rituales, y estás por lo tanto lidiando con material simbólico de maneras directas, no recordarás tanto de tus sueños. Lo contrario también suele ser cierto; es decir, cuando estás menos involucrado en un trabajo simbólico tan intenso, los sueños parecen estar bajo mayor "presión" para convertirlos en conocimiento consciente, haciéndolo así más probable que los recuerdes al despertar.

26

RELACIONES

Este capítulo explorará algunas perspectivas sobre las relaciones interpersonales en la vida de un mago thelémico. El enfoque principal será en las relaciones románticas, pero mucho de este material aplica igualmente a otros tipos de relaciones. Es decir, procuramos mantener un máximo de respeto mutuo por nuestro amigo o pareja, incluyendo (y especialmente) respeto por la divinidad inherente de la otra persona, por la estrella que es. Hacemos nuestro mejor esfuerzo por no interferir con su Verdadera Voluntad como mejor la entendemos y defendemos nuestra propia autonomía cuando y sí es amenazada. Esto es cierto para cualquier relación, pero las relaciones románticas presentan consideraciones particulares que revisaré aquí con cierto detalle.

Como es de esperar, mucho de lo que diré aquí está informado por mi propia práctica clínica en psicología, y hago bastante terapia de pareja. Hace algunos años, encontré un maravilloso libro por el Dr. David Schanarsch llamado *Passionate Marriage*.[47] Este libro, más que cualquier otro libro sobre relaciones que haya visto, encarna un conjunto

---

[47] Schnarch, D. (1997). *Passionate Marriage*. New York: Henry Holt.

de valores que se aproximan a los principios de thelema. Mucho de lo que voy a decir en este capítulo proviene de mi propia experiencia, pero también voy a presentar algunas de las ideas de Schnarsch. Al igual que con toda la información en este libro, siéntete libre de experimentar con estas ideas e ignorarlas si consideras que no están de acuerdo con tu propia voluntad.

"Valores" thelémicos en las relaciones

¿Cuáles *son* exactamente los valores thelémicos que podemos aplicar en nuestras relaciones? El primer principio que propondría es el concepto de *responsabilidad individual*. En nuestra sociedad en general, parece que gran parte de la atención está en la importancia de hacer *al otro* feliz. Aquí es donde realmente nos desviamos. Nos obsesionamos con hacer a la otra persona feliz o con cómo le va a la otra persona en *hacernos* felices, y medimos nuestro éxito como pareja por qué tan bien nos va en ese sentido. Te animo a que examines con cuidado tus propias suposiciones y expectativas en esta área. Siempre le digo a mis pacientes que cuando surgen problemas, conflictos u obstáculos en una relación, no deberíamos preguntarnos "¿por qué la otra persona no hace lo que yo quiero que haga?" "¿qué puede hacer la otra persona para hacerme más feliz?" Más bien, deberíamos preguntarnos "¿qué estoy haciendo hacerme a *mí* feliz?"

Si nos sentimos solos o descuidados en una relación, nuestra primera línea de exploración debería ser "¿Me he nutrido a *mí mismo*?" "¿He asumido la responsabilidad de mi propio nivel de satisfacción hoy?" Si sentimos que nuestras propias necesidades no se satisfacen en la relación, debemos preguntarnos sobre nuestras propias prioridades *antes* de acudir a nuestra pareja e insistir en que haga un mejor trabajo al priorizar lo que necesitamos. Como puedes haber detectado, esta es un área que es propensa a las proyecciones, cuando nuestras propias limitaciones y debilidades se proyectan sobre nuestra pareja. Esencialmente, los tomamos como chivo expiatorio, tratándolos como la causa de cualquier problema que podamos tener, en lugar de reconocer nuestro propio papel en el asunto.

El segundo principio que considerar es que *la unidad básica en una relación, contrariamente a la sabiduría convencional en nuestra sociedad, es el individuo.* Idealmente, las relaciones existen para el crecimiento y desarrollo de los individuos que las integran. Es a través del crecimiento y desarrollo del individuo que se mantiene la salud de la relación. Esto va en contra de la forma en que la cultura dominante ve las relaciones y, francamente, ¡anula la forma en que muchos terapeutas de parejas contemporáneos también ven las relaciones! Debo enfatizar que el libre albedrío y la autonomía de cada miembro de la pareja es de suma importancia. Esto no significa que no haya compromisos o que no existan metas compartidas, y esto ciertamente no significa que las personas en la relación no deban buscar fomentar la salud y la felicidad de su pareja. ¡Sería terriblemente aburrido y deprimente si las relaciones no tuvieran nada de esto! Pero ambos miembros de la pareja tienden a avanzar hacia una mejor salud de forma bastante natural cuando entablan una relación con el propósito de trabajar *en sí mismos* como individuos y con la intención de respetar los esfuerzos del otro en el mismo sentido. En este sentido, una relación romántica es simplemente una de las muchas oportunidades que tenemos en la vida para unirnos con otros en beneficio de nosotros mismos, nuestras parejas, nuestra comunidad, nuestra familia extendida o cualquier otra unidad de la sociedad.

Otro principio importante que tener en cuenta es que *los problemas de relación son buenos para ti.* (¡Sí, de verdad!) Cuando estás físicamente herido, el dolor atrae tu atención hacia el lugar que necesita curación. De manera similar, en una relación, cuando la pareja está en conflicto, causando fricción contra las zonas de comodidad del otro, hay malestar o dolor. Las parejas tienen el desafío de estirarse de alguna manera, y donde hay estiramiento, hay crecimiento. La respuesta adecuada es permitirnos estirarnos, relajarnos en ello en lugar de luchar. Debemos reconocer que tenemos rigidez en algún aspecto del yo y que somos reacios a relajar los músculos emocionales que lo rodean. Deberíamos decir, "este problema me está mostrando de alguna manera que necesito crecer", no "este problema se debe a algo mal con mi pareja que necesita cambiar". Si tu enfoque principal es tu propio crecimiento y aprendizaje, también estás apoyando el crecimiento y el autoconocimiento de tu pareja. Esto es esencialmente thelémico. Asumir la responsabilidad de nosotros mismos promueve la salud y la curación de todos los interesados.

Enfrentando desafíos

Dirijamos nuestra atención a algunos tipos específicos de desafíos que pueden ocurrir en las relaciones. Un tipo de desafío se relaciona con la práctica mágica en sí: ¿cuándo debería una pareja trabajar junta en rituales mágicos y cuándo deberían trabajar por separado? El equilibrio es el factor más importante. Por ejemplo, si solo realizaras *Liber Resh* con una pareja actual, perderías parte de la experiencia de hacer el ritual en solitario. Del mismo modo, si nunca has experimentado con otra persona, puedes perder algo de esa experiencia. Cualquiera de ustedes que haya estado en una habitación llena de thelemitas haciendo *Liber Resh* juntos puede dar fe de que, si bien pierde algo de la intensidad específica de tu propia práctica en solitario, hay algo más que ganar al abordarlo como un ritual grupal: el sentido de la comunión con los espíritus afines, la amplificación de la intensidad de la adoración debido a que todas esas voluntades apuntan a la meta singular y así sucesivamente. Por lo tanto, mantén un equilibrio entre realizar estos rituales individualmente y realizarlos con parejas o amigos.

Otra categoría de problema que puede surgir en una relación thelémica es cuando los miembros de la pareja se encuentran en diferentes lugares de su camino mágico personal. Por ejemplo, si ambos están trabajando en un orden particular, pero uno tiene un grado más avanzado que el otro, entonces es muy probable que tengan diferentes prácticas, diferentes materiales de referencia, quizás diferentes implementos mágicos y cosas similares que no pueden ser compartidas con la pareja. Esta es una oportunidad para que surjan problemas de secretos y confianza. Si sientes que estás en el extremo que no confía en este tipo de situación, molestándote de que tu pareja está haciendo algo de lo que no te pueden hablar, creo que tus primeras preguntas a ti mismo deberían ser: ¿Qué inseguridad me está haciendo esto afrontar? ¿Qué tengo miedo de perder? ¿Qué significaría si mi pareja no pudiera compartir todo conmigo?" Si realizas un autoexamen minucioso con preguntas como estas, es posible que obtengas algunas ideas importantes sobre ti mismo; y para cuando lo hayas hecho, probablemente encontrará que tu preocupación por toda esta situación se ha disipado un poco. Si estás del otro lado de esta ecuación (no puedes compartir algo con tu pareja) querrás ser lo más paciente y compasivo posible. Aclara que hay muchas cosas que compartes con ellos, pero que este conjunto de prácticas en particular puede no estar entre ellas por el momento. Y por supuesto, ambos deben tener en cuenta que el punto principal de tener prácticas personales es para el crecimiento y desarrollo espiritual de cada individuo, ¡no para brindar entretenimiento a la pareja!

Una situación aún más delicada es una relación en la que una persona está en el camino thelémico y la otra no; o cuando una persona es thelemita practicante y la otra persona no tiene inclinaciones mágicas. Quizás incluso se oponen activamente a las prácticas mágicas. Suponiendo que la pareja decida permanecer junta, el tema central es la comunicación efectiva. El miembro de la pareja que no está involucrado debe recibir una comprensión clara de los objetivos básicos del camino mágico. Puede tomar bastante tiempo ayudar al no mago a comprender las razones fundamentales para realizar estas prácticas, para que puedan percibir que es fundamentalmente un camino de autodesarrollo y crecimiento espiritual.

Por supuesto, hay ocasiones en las que puede descubrir que tu camino realmente se aleja del de tu pareja. Este puede ser un despertar doloroso. No pasa mucho tiempo en la obra antes de encontrar alguna relación rota entre tus amigos y compañeros thelemitas. En el proceso de sintonizar con tu Verdadera Voluntad, puedes descubrir que la voluntad te ha alejado de poder estar en pareja armoniosamente con una persona en particular. Esto también es cierto en empleos, alienación de miembros de familia, etc. Pero antes de concluir que debes dejar esta relación, espero que te detengas y te preguntes: ¿Cómo estas obstaculizando tu propio progreso? ¿Cómo podrías estar proyectando tus propios obstáculos, tu propia procrastinación, tu propia autonegatividad y tu propia falta de fe en lo que estás haciendo? Cualquier cosa que creas que la otra persona hace para obstaculizar tu progreso, detente y pregunta cómo estás haciéndotelo a ti mismo. Ten cuidado con estas proyecciones, créeme que, si no lo haces, y terminas de manera preventiva una relación por estos motivos sin autoexamen, hay una gran posibilidad de que termines arrepintiéndote.

Consejo de relaciones del Profeta

Para concluir este capítulo, no podría hacer nada mejor que ofrecer algunos pasajes del ensayo de Aleister Crowley titulado "Deber", que es un examen maravilloso de las implicaciones de la Ley de Thelema aplicada a nuestras relaciones con otros seres humanos, la sociedad y la Tierra misma.[48] Aquí hay algunas selecciones que parecen especialmente relevantes a nuestra discusión en este capítulo.

Tu deber para con otros hombres y mujeres individuales.
Señalar de manera destacada las diferencias entre dos puntos de vista es útil para ambos a la hora de medir la posición de cada uno en el todo. El combate estimula la energía viril o creativa; y, como el amor, del cual es una forma, excita la mente a un orgasmo que permite trascender su torpeza racional.

---

[48] Crowley, A. (1992). Duty. En I. Regardie (Ed.), *Gems from the Equinox*. Scottsdale, AZ: New Falcon Publications.

Abstente de todas las interferencias con otras voluntades.

([...] el amor y la guerra [...] tienen la naturaleza del deporte, donde uno respeta y aprende del oponente, pero nunca interfiere con él fuera del juego real.) Buscar dominar o influenciar a otro es buscar deformar o destruirlo; y él es una parte necesaria del propio Universo, es decir, de uno mismo.

Busca, si es tu voluntad, iluminar a otro cuando la necesidad surja.

Esto ha de hacerse, siempre, con el estricto respeto por la actitud del buen deportista, cuando se encuentra en apuros por no comprenderse con claridad, especialmente cuando pide ayuda; pues su oscuridad puede obstaculizar la percepción que uno tiene de su perfección. (Aunque también su oscuridad puede servir como advertencia o despertar el interés de uno.) También es lícito cuando su ignorancia lo ha llevado a interferir con la voluntad de uno. Toda interferencia es, en cualquier caso, peligrosa y exige el ejercicio de una habilidad extrema y buen juicio, fortificados por la experiencia. Influir en otro es dejar la ciudadela de uno sin guardias; y el intento suele terminar en la pérdida de la supremacía de uno mismo.

Usa a otros hombres y mujeres, por lo tanto, con el absoluto respeto a los inviolables estándares de medida; verifica tus propias observaciones comparándolas con juicios similares hechos por ellos; y, estudiando los métodos que determinan su fracaso o éxito, adquiere el ingenio y habilidad necesarios para enfrentar tus propios problemas.

27

HABILIDADES QABALÍSTICAS DE AFRONTAMIENTO

En este capítulo revisaremos un conjunto de herramientas basadas en los principios qabalísticos, que puedes utilizar para afrontar cualquier número de desafíos cotidianos, incluyendo dificultades físicas, emocionales, mentales o espirituales, al igual que conflictos interpersonales. Puedes incluso usar algunas de estas herramientas si te encuentras en la posición de mediar en una disputa entre amigos o hermanos. Antes de seguir leyendo este capítulo, asegúrate de revisar los Capítulos 1 y 19, donde discuto las "partes del alma" qabalísticas. La comprensión de estas doctrinas será esencial si deseas comprender completamente el material de este capítulo.

El modelo de afrontamiento que presento aquí, que está basado en el Árbol de la Vida, tiene una característica particularmente interesante: el proceso que debemos emprender para hacer frente a cualquier desafío dado refleja el camino de la evolución. Es decir, implica un movimiento *hacia arriba del Árbol*, simbólicamente hablando. Todas las acciones que examinaremos aquí se dirigen *hacia* Kéter, ¿y por qué esperaríamos o contrario? Cualquier momento de la vida puede ser un microcosmos del camino del retorno completo si nos acercamos a él con la intención de crecer. En cualquier caso particular de dificultad, se nos da la oportunidad de extendernos hacia un punto de vista más evolucionado desde el cual atacar el problema. Así como el Árbol de la Vida representa el microcosmos de la conciencia humana, el macrocosmos de la creación universal y el camino de evolución desde la materia básica hasta el logro total; también es un mapa de cómo afrontar *cualquier momento de la vida* de una manera constructiva y orientada al crecimiento. El modelo de afrontamiento que discutiremos aquí se basa en esta característica "holográfica" de la evolución hacia Kéter.

Usemos la siguiente situación como ejemplo. Has tenido un tiempo muy difícil en el trabajo. Has tenido conflictos con un compañero de trabajo y te sientes abrumado. El primer paso del modelo de afrontamiento es comenzar en la parte inferior del Árbol. Fíjate en el *guf*: el cuerpo físico en Maljut. La salud y el bienestar del cuerpo físico son la base de todo lo demás que está experimentando, y si algo anda mal con el cuerpo físico, su percepción y experiencia estarán muy influenciadas por este estado. ¿Estás enfermo, cansado, hambriento, sin dormir o con resaca? Mira todas estas posibilidades y comprende que, si no las abordas primero, será difícil pasar más allá de un nivel de funcionamiento físicamente reactivo. Como Abraham Maslow nos enseñó con su modelo de la "jerarquía de necesidades", si no se satisfacen las necesidades físicas básicas, es muy difícil poner una atención constructiva en necesidades psicológicas más refinadas, por no hablar de las necesidades espirituales aún más enrarecidas.

Una vez que hayas revisado el nivel físico, subimos en el Árbol hacia Kéter, a Yesod. Aquí, revisamos todos los posibles puntos de atasque y otros problemas en el *nefésh*. Busca proyecciones psicológicas, bloqueos inconscientes y mareas emocionales que se manifiestan en la forma en la que percibes el mundo en un nivel primario. Es posible que estés pasando tu día de trabajo golpeado por los vientos de tu inconsciente y tus emociones sin darte cuenta de que se está derramando en cómo percibiste las palabras o acciones de tu compañero de trabajo. En términos de proyecciones, pregúntate: ¿mostraban un rasgo que realmente no me gusta de mí, por lo que me molestó particularmente? ¿Estaban haciendo algo que intento no hacer, entonces yo "vigilaba" su comportamiento? Y así.

También en términos de problemas subconscientes, busca por una "ganancia secundaria" de los patrones de fallas. ¿Hay algún beneficio psicológico a estar atascado? Por ejemplo, en nuestra situación hipotética, puedes descubrir que te mantienes en un papel de víctima. ¿Hay algún beneficio de tu sensación de impotencia? ¿Te permite *no* cambiar o crecer, para evitar enfrentar algún desafío interno que es incómodo? ¿Es más fácil culpar a otros que asumir la responsabilidad uno mismo?

La laxitud en la práctica mágica también puede ser perjudicial al nivel nefésico. Es importante mantenerse al día con tus prácticas higiénicas mágicas, como el ritual del pentagrama, al igual que ejercicios para elevar la energía como *Liber Resh* y los ejercicios tipo Pilar Medio. Muchos iniciados han descubierto que el descuido en los detalles del ritual y el trabajo astral pueden ser igualmente disruptivos. Ejemplos de esto incluyen pentagramas dibujados descuidadamente o la falta de consciencia al reintegrar toda la sustancia astral exteriorizada al cuerpo físico. Si estos problemas son crónicos, pueden experimentarse como una pérdida de energía o una sensación general de estar "desconectado".

La meta es, como siempre, *hacer lo inconsciente consciente*, elevar nuestro nivel de consciencia de la influencia nefésica en nuestra percepción y reactividad emocional. Al emprender este autoexamen, evolucionamos, en ese mismo momento, a un nivel de consciencia que trasciende los patrones animales de respuesta del nefésh.

Una vez que hayas examinado la condición del guf y del nefésh, es hora de subir al árbol al *ruáj*. Aquí buscamos trampas del ego, puntos ciegos y modos habituales de pensamiento que reducen nuestra percepción de la situación y nuestra consciencia de la gama de respuestas emocionales y conductuales a ella. Regresando a nuestra situación hipotética: tal vez te guían impulsos cognitivos y el conflicto laboral se debe a algún tipo de rivalidad con el compañero de trabajo. Tal vez tienes miedo de sentirte avergonzado o humillado, o tienes un sentido de miedo al estigma social relacionado con el resultado de la situación. Cualquier cosa que involucra los deseos y necesidades del ego puede volverse una fuente de obstáculos. Esto usualmente involucra cuestiones de confort personal, superioridad, estabilidad de circunstancias, autoestima, posición social, etc.

Una vez que hayas identificado la fuente del problema, ¿qué vas a hacer al respecto? Una opción es usar rituales cuidadosamente elaborados para invocar las fuerzas complementarias que balancean las energías de las que tienes un exceso y viceversa; no intentes "desterrar" las características que sientes tienes en exceso; en su lugar, invoca la fuerza complementaria. Por ejemplo, si tienes mucha agresión e ira, invoca a Jesed en lugar de desterrar a Guevurá. Si te sientes confundido al ver la situación, haz un ritual de Hod para invocar las fuerzas de la claridad y estabilidad mentales. Si te sientes espiritualmente seco y desmotivado, como si tus "pilas" espirituales no estuvieran completamente cargadas, invoca a Netsaj para encender tu aspiración y devoción a la Gran Obra. Si estás pensando demasiado y deseas una guía más intuitiva, invoca a Yesod. Si simplemente quieres invocar a la fuerza espiritual misma o inspirarte con respecto a tus metas mágicas o la aspiración al SAG, invoca a Tiféret o Kéter. Hay una variedad infinita de opciones, limitadas únicamente por tu creatividad y el alcance de tu conocimiento de las correspondencias y formas rituales.

Fuera de estos enfoques rituales para atacar el problema al nivel del ego, hay algunas cosas de sentido común que intentar también. Revisa tus diarios mágicos y ve si hay pistas sobre qué podría estar haciéndote tropezar. ¿Cuáles son las tendencias recientes en tus pensamientos y emociones día a día? ¿Puedes detectar un patrón de malestar emocional, fricción interpersonal y cosas por el estilo que te indiquen la fuente del problema? Puede ser útil hablar con una o más personas para obtener información al nivel del ruáj desde fuera de tu propia cabeza. Pregúntale a un amigo. Además, pregúntale a alguien a quien sepas o sospeches que *no* le agradas. Como ejercicio mental, quédate con su consejo por un tiempo, como si fuera 100% cierto, y reúne tus propios argumentos en apoyo de sus aportes. Luego deja que el péndulo del escepticismo oscile al otro lado y revisa los contraargumentos. Ninguno de estos consejos es algo que debas seguir servilmente si no te parece correcto, pero será una buena fuente de información.

Hay un principio rector importante subyacente a todo esto. Una vez que hayas identificado el nivel al que ocurre el conflicto, tus intentos por descubrir la solución implicarán una operación intencional de uno u otro *de los niveles superiores al del conflicto*. Por ejemplo, obviamente, si estás lidiando con problemas físicos o conflictos emocionales o complejos, debes subirlos un nivel e involucrar a tu ego. Tu ego tiene que entrar para recordarte dormir o comer o dejar de preocuparte tanto acerca de lo que piensa tu compañero de trabajo, y examinar tus proyecciones. Debes subirlo a un nivel superior para que una parte más iluminada de ti pueda tener ver la situación. De la misma manera, si tienes un conflicto al nivel del ego, la solución usualmente involucra subirlo a un nivel superior de *conexión espiritual* (neshamá/superconsciencia). En dichas circunstancias debes aspirar a e identificarte conscientemente con, el yo superior en la medida de lo posible.

Aquí hay algunos consejos prácticos para este nivel de trabajo. Realiza una invocación del SAG, o una oración apelando al SAG para aclarar la situación. Usualmente, cuando nos sentimos estancados conscientemente —como si estuviéramos entre la espada y la pared o una paradoja que parece irresoluble— es porque *no es tarea del ego arreglarlo.* Necesitamos algo más, algo transracional y transpersonal, y en esos momentos de conflicto, bloqueo y estancamiento del ego, reestablecer la conexión a la sabiduría divina superconsciente dentro de nosotros es un paso esencial.

Además de lidiar con tus propios problemas, también puedes usar estas herramientas para lidiar con conflictos de otros. El mismo principio rector aplica aquí: determina el nivel del conflicto y abórdalo desde por lo menos un nivel arriba del mismo. Digamos que tienes dos amigos que tienen un conflicto de naturaleza muy emocional. Están revolcándose en el fango de la ira, quizá avivados por sus proyecciones inconscientes, y eso está claramente en el nivel nefésico. Tu tarea, entonces, es venir a la situación como un solucionador de problemas al nivel del *ego*, ¡para reemplazar los lóbulos frontales que no están usando mucho en este momento! Estás ayudándolos a elevarse sobre el nivel nefésico de funcionamiento. Un ejemplo aún más primordial es cuando las personas están peleando físicamente. Claramente, no suele ser constructivo apresurarse y luchar físicamente con ellos, ¡eso simplemente resulta en más gente peleando! Debes pasar a un punto de vista superior basado en el ego, para inyectar algo de sentido a la situación.

Supón que tus amigos están en un conflicto al nivel del ego, debido a los esfuerzos competitivos que se manifiestan en tu comunidad thelémica local. Tal vez no estén de acuerdo en cómo resolver un problema o cada uno no quiere admitir algún error de juicio o comportamiento. Ya que este conflicto ya está al nivel del ego, debes subirlo al nivel espiritual. Si están todos en la misma orden mágica, por ejemplo, tal vez quieras apelar a sus lazos fraternales. Recuérdales que son magos en el camino y que puedes ver desde fuera que están atorados en un conflicto basado en el ego. ¿Quizá ambos tengan razón a su manera o quizá haya otra solución disponible que respete las perspectivas de ambas partes? Esencialmente, aportas una perspectiva más matizada e iluminada a la situación al llevarla deliberada y conscientemente por encima del nivel del conflicto del ego.

Cuando se logra un contacto completamente consciente con el SAG y se estabiliza en el grado de Adeptus Minor de la A∴A∴, hay muchos otros recursos disponibles. Tu SAG te enseñará todo lo que realmente necesitas saber. De hecho, a lo largo del camino hacia el C & C habrás desarrollado muchas herramientas para hacer mucho de lo que he descrito en este capítulo a tu manera única. Un efecto importante del desarrollo de estas herramientas es que su progreso hacia el logro del C & C se acelerará porque tu energía no estará ligada en los niveles más bajos del funcionamiento psicológico. Si la energía está atorada ahí, no está disponible para dedicarla a la aspiración de propósitos superiores. Además, incluso tras el logro del C & C, cada etapa sucesiva después de Tiféret trae consigo una comprensión más amplia y matizada de quién eres, qué estás aquí para hacer y qué poderes y potencias son las soluciones más adecuadas para cualquier dificultad que encuentres.

La qabalá es mucho más que una fuente de sabiduría arcana y técnicas mágicas. Si usas concienzudamente las herramientas presentadas en este capítulo, encontrarás que la qabalá es igualmente benéfica como fuente de guía para enfrentar los desafíos de la vida diaria fuera de tu templo.

28

PSICOTERAPIA

Cuando pensé por primera vez escribir este libro, sabía que quería abordar el tema de la psicoterapia y su relación con el camino mágico. Como es de esperar, tengo algunos prejuicios a este respecto. Tengo una opinión muy favorable sobre la utilidad de la psicoterapia a media que avanzamos en el trabajo mágico, pero no estoy solo en esto. No tenemos que profundizar mucho en los escritos de algunos de nuestros estimados predecesores, como Israel Regardie, Soror Meral y otros, para ver que hay un gran precedente para recomendar la psicoterapia como prerequisito o complemento al camino mágico.

El mismo Aleister Crowley parece haber sido bastante leído respecto a las técnicas psicoterapéuticas contemporáneas, pero, naturalmente, su perspectiva sobre la naturaleza y utilidad de la psicoterapia era necesariamente limitada por esas formas de terapia que estaban disponibles durante su vida: el psicoanálisis clásico freudiano y sus derivados, como el trabajo de Carl Jung. Uno de los escritos más interesantes de Crowley al respecto es su ensayo "Una mejora al psicoanálisis", que fue recientemente publicado en *The Revival of*

Magick.[49] En este ensayo, Crowley opina que las teorías de Jung se acercan más a la esencia de thelema en un sentido muy importante: mientras que Freud conceptualizó la voluntad del individuo como surgiendo del impulso sexual, Jung teorizó lo contrario, que el impulso sexual surge de la voluntad. Este impulso intrínseco (voluntad) de la psique humana hacia la salud e integridad es, según Jung, la fuerza motriz principal, y no es difícil ver cómo esta perspectiva habría impresionado a Crowley. Dicho esto, parece que la exposición de Crowley al trabajo más maduro de Jung, como sus tratados avanzados sobre la psicología de la alquimia y otros temas esotéricos, fue mínima. Es una pena, porque en mi opinión el trabajo de estos dos hombres continuó convergiendo a medida que maduraban, y creo que es muy probable que Crowley hubiera apreciado la dirección que tomó Jung en su trabajo posterior.

¿Por qué querrías someterte a psicoterapia como preliminar o como complemento del camino mágico? Creo que hay varias buenas respuestas a esto, dependiendo de tu situación particular y composición psicológica. En primer lugar, es posible que tengas síntomas específicos que deben abordarse, como problemas de depresión o ansiedad que interfieren con tu funcionamiento diario en la vida, o al menos impiden su felicidad y paz mental. Los avances en psicoterapia en las últimas décadas nos han enseñado cómo tratar muchos de estos problemas de manera rápida y efectiva, y esta es ciertamente una razón válida para buscar psicoterapia antes de comenzar los estudios mágicos o al comienzo de su carrera mágica. No deseas que estos síntomas sean una distracción o que debiliten la energía que de otro modo podría dedicarse a tu trabajo espiritual.

Además de aliviar síntomas específicos, la psicoterapia es muy útil como medio de autoexploración. La mayoría de los magos le dan un gran valor a la autocomprensión, por lo que no debería sorprendernos que realizar tal trabajo en terapia pueda ser de gran ayuda. Esto va más allá del tipo de comprensión que surge del autoanálisis. Simplemente, hay algo valioso en sentarse en una habitación con alguien que no está entrelazado en su vida personal y hacer que lo ayuden a identificar sus fortalezas y debilidades, sus puntos ciegos y otros problemas de personalidad y patrones de comportamiento que podrían eludirte. Incluso si tienes una habilidad muy desarrollada para la introspección y descubrir tus propias peculiaridades, te recomiendo encarecidamente que pases al

---

[49] Crowley. A. (1998). *The Revival of Magick and Other Essays*. Scottsdale, AZ: New Falcon Publications.

menos unos meses en psicoterapia con un terapeuta competente en el que confíes.

Cuando "cargas al frente" tu trabajo mágico de esta manera, fortalecido por el autoconocimiento derivado de la terapia, reduces la probabilidad de patrones de personalidad verdaderamente debilitantes que minen tu camino espiritual más adelante. Todos tenemos una tendencia a jugar con nuestras propias fortalezas y evitar enfrentarnos (o incluso tomar conciencia de) nuestras debilidades. La terapia es una herramienta para ayudar a garantizar que hayamos realizado este trabajo de manera consciente y con la debida diligencia. No eliminará los obstáculos de tu camino espiritual, pero aumentará las posibilidades de que estés armado con suficiente autoconocimiento para trabajar a través de ellos con eficacia. La terapia es una herramienta, muy parecida a la educación y la nutrición adecuadas, y sería una tontería evitar el uso de tales herramientas a nuestra disposición.

En la misma línea, Crowley, en su análisis de la obra de la A∴A∴, enfatiza la importancia de equilibrar las predisposiciones naturales de la personalidad, no permitiéndonos simplemente satisfacer nuestras propias preferencias, eligiendo solo aquellas prácticas que naturalmente atraen a nos. Hacemos cumplir esta política en la A∴A∴ insistiendo en que los aspirantes se involucren rigurosamente en los diversos aspectos del plan de estudios, *especialmente* en aquellos en los que no tienen dotes naturales. La psicoterapia puede ayudar a descubrir estas predilecciones de la personalidad en preparación para el trabajo más profundo del mago avanzado.

Supongamos que has decidido buscar psicoterapia. ¿Cómo puedes encontrar un terapeuta que sea adecuado para ti? Es fundamental investigar un poco. No querrás perder el tiempo con alguien que no es un buen complemento para ti. Llama a varios terapeutas y pídeles que te cuenten sobre su enfoque de la terapia, lo que a menudo se denomina *orientación teórica*. Pregunta por su formación y experiencia. Si estás buscando un trabajo exploratorio más profundo, en lugar de una mera reducción de síntomas, probablemente querrás buscar a alguien que se identifique como junguiano, transpersonal o humanístico. Es más probable que estos terapeutas tengan una visión holística de la psique humana e integren temas de temática espiritual en el proceso de terapia. Pregúntales si se sienten cómodos discutiendo enfoques espirituales no convencionales y explícales que estás buscando integrar tu exploración psicológica y espiritual. Naturalmente, esto no significa que dependa de ellos para obtener consejos mágicos; ¡pocos terapeutas estarán equipados para sugerir un incienso apropiado para tu próximo ritual de Jesed! Sin embargo, querrás un terapeuta que pueda apoyarte cuando te encuentres en una etapa de exploración donde la meditación, pranayama o alguna otra practica sea especialmente importante en tu rutina diaria, y que pueda ayudarte a integrar esto con tu otro trabajo terapéutico.

Si lo que buscas principalmente es la reducción de síntomas, o si tienes síntomas más molestos e intrusivos, tal vez querrás buscar un terapeuta cognitivo-conductual. Las investigaciones han mostrado que este acercamiento es muy eficaz para aliviar muchos de los síntomas comunes de la depresión, ansiedad y problemas relacionados. El libro del psiquiatra David Burns, *The Feeling Good Handbook*, es un excelente recurso de autoayuda basado en los principios de la terapia cognitivo-conductual.[50] Las herramientas de autocontrol mental descritas en el libro son absolutamente fundamentales y las recomiendo encarecidamente como un componente de tu biblioteca, ya sea que busques o no psicoterapia formal. Consulta el Capítulo 30 para obtener más información sobre los enfoques de la terapia cognitiva que pueden ser útiles para los magos practicantes.

Los thelemitas a menudo me preguntan, en el contexto de mi experiencia en psicología, sobre la diferencia entre un estado visionario o una experiencia mágica que podría implicar una interacción con un espíritu o alguna otra entidad, y un estado psicótico patológico. Joseph Campbell ofreció una visión icónica sobre este tema en su libro *Myths to Live By*: "El místico, dotado de talentos nativos ... y siguiendo ... las instrucciones de un maestro, entra en las aguas y descubre que sabe nadar; mientras que el esquizofrénico, sin preparación, sin guía y sin talento, se ha caído o se ha hundido intencionalmente y se está ahogando".[51] ¿Cómo los diferenciamos y le transmitimos al terapeuta que no has perdido tus canicas? ¿No va a concluir el terapeuta que estás "escuchando voces" y debes ser psicótico? *Probablemente* no, siempre y cuando seas juicioso al hablar de estas cosas. Un verdadero trastorno psicótico implica una gran cantidad de disfunción y desorganización mental, y cualquier terapeuta competente está capacitado para buscar esto. Si vas a una sesión de terapia y explicas que realizaste una evocación en la que un espíritu te habló, pero que también te estás presentando como un adulto competente, funcional y basado en la realidad que está integrando tales experiencias en su camino espiritual, es

---

[50] Burns, D. (1999). *The Feeling Good Handbook*. New York, NY: Penguin Group.

[51] Campbell, J. (1972). *Myths to Live By*. New York, NY: Penguin Group.

poco probable que tu terapeuta se alarmará demasiado. Por supuesto, es importante trabajar con un terapeuta que no se deje intimidar por el uso del lenguaje de la magia ceremonial, como las referencias a la invocación de arcángeles o llamar espíritus en triángulos. Ayúdales a comprender que estás intentando describir ciertas experiencias en términos poéticos y algo arcaicos, como un medio para profundizar tu autoconsciencia. Ahora, hay algunos terapeutas que simplemente no van a responder con una mente abierta a discusiones sobre este tipo de cosas, de ahí la importancia de la selección inicial.

Los magos también expresan con frecuencia preocupaciones sobre cómo hablar con su terapeuta sobre su camino mágico sin romper los juramentos de secrecía. A menudo, estas personas simplemente están pensando demasiado en la situación o racionalizando una resistencia subyacente a la participación en psicoterapia. No es tan difícil "traducir" tus experiencias limitadas por juramentos en diferentes términos. Para dar un ejemplo intencionalmente ridículo: en lugar de decir que obtuviste tal o cual título en cierta orden mágica y tuviste que prometer que no comerías avena, simplemente puedes decir que has decidido que es muy importante para ti no comer avena y deseas la ayuda del terapeuta a este respecto. En otras ocasiones, es posible que puedas reducir la cantidad de detalles discutidos con el terapeuta y evitar fácilmente infringir tus juramentos de secrecía.

Otro problema que surge inevitablemente cada vez que buscamos un médico de cualquier tipo es cómo pagarlo. Si tienes la suerte de tener un seguro médico, ese es el lugar para comenzar. Obtén una lista de proveedores que se encuentran en tu área y en tu panel de seguros, y luego comienza a llamarlos y a entrevistarlos como se describe anteriormente. Si no tienes seguro, es posible que tengas disponibles opciones financiadas con fondos públicos. Esto varía mucho de un lugar al otro, pero puedes comenzar consultando con tu ciudad o país para ver qué servicios pueden ofrecer. Además, algunos terapeutas en la práctica privada pueden tener tarifas móviles o estar dispuestos a ver a algunos clientes de forma gratuita, así que asegúrate de preguntar sobre esto cuando realices tu ronda inicial de llamadas telefónicas. Créeme, la mayoría de los magos son el tipo de clientes con los que los terapeutas disfrutan trabajar —inteligentes, creativos, perspicaces— por lo que tienes muchas posibilidades de persuadir a un terapeuta para que te acepte, incluso si tienes limitaciones financieras.

Aparte de las opciones de terapia, nuestras comunidades thelémicas están cada vez más compuestas por líderes que han recibido una formación al menos rudimentaria en técnicas de orientación personal, a través de talleres como el que desarrollé con el Gremio de Psicología de la O.T.O. No dudes en acercarte a los líderes de tu cuerpo local y al clero para obtener ayuda; ellos están ahí para ayudarte como puntos de contacto para discutir asuntos de interés. Si bien esto no es psicoterapia y no debe interpretarse como un reemplazo para la ayuda profesional, es un recurso importante dentro de nuestras comunidades en crecimiento. Muchos de nuestros líderes también tratan de conocer los recursos locales para el cuidado de la salud mental y es posible que puedan ayudarte a conectarte con estos recursos.

El problema de la medicación psiquiátrica a menudo surge cuando los síntomas son graves. Es comprensible que a muchas personas les preocupe el potencial de dependencia excesiva de estos medicamentos dentro del establecimiento médico. Otros tienen escrúpulos morales sobre el concepto mismo de tomar medicamentos recetados para cambiar nuestro estado mental. No puedo negar que la prescripción excesiva de medicamentos como los antidepresivos está muy extendida en nuestra sociedad. Sin embargo, he visto que muchos de mis pacientes se benefician enormemente del uso juicioso de estos medicamentos, especialmente cuando sus síntomas afectan gravemente su funcionamiento diario. Si es realmente necesario, es poco probable que la medicación adecuada, en la dosis adecuada, afecte la capacidad de un mago para realizar su Gran Obra con la mente despejada y el corazón abierto. De hecho, para quienes padecen un verdadero trastorno psiquiátrico, puede ser una de las herramientas que hace que el Trabajo sea más alcanzable.

En el análisis final, debes asumir la responsabilidad de tus propias decisiones a este respecto, como con cualquier atención médica. Tu psicoterapeuta tendrá información valiosa sobre los posibles beneficios de la medicación psiquiátrica, basándose en tu historial y síntomas reales. Si decides que deseas realizar una evaluación para medicamentos, tu terapeuta puede ayudarte y coordinar la atención con el médico de tu elección. Para la mayoría de las personas que padecen ansiedad o depresión, a menudo se trata de un médico de atención primaria, aunque algunos clientes buscan a un psiquiatra para recibir atención especializada.

Lecturas recomendadas:

Assagioli, R. (2000). *Psychosynthesis: A Collection of Basic Writings.* Amherst, MA: Synthesis Center.

Bourne, E. (2005). *The Anxiety and Phobia Workbook*. Oakland, CA: New Harbinger Publications.

Brenner, C. (1974). *An Elementary Textbook of Psychoanalysis*. New York, NY: Anchor Books.

Burns, D. (1999). *The Feeling Good Handbook*. New York, NY: Penguin Group.

Campbell, J. (1971). *The Portable Jung*. New York, NY: Penguin Group.

Frager, R. (1999). *Heart, Self and Soul*. Wheaton, IL: Quest Books.

Gendlin, E. (1982). *Focusing*. New York, NY: Bantam Dell.

Hillman, J. (1996). *The Soul's Code: In Search of Character and Calling*. New York, NY: Random House.

Johnson, R. (1986). *Inner Work*. New York, NY: HarperCollins Publishers.

Johnson, R. (1991). *Owning your own Shadow*. New York, NY: HarperCollins Publishers.

Jung, C.G. (1964). *Man and His Symbols*. New York, NY: Dell Publishing.

Rogers, C. (2004). *On Becoming a Person*. London, UK: Robinson Publishing.

Kubler-Ross, E. (1969). *On Death and Dying*. New York, NY: Scribner.

Lerner, H. (2005). *The Dance of Anger*. New York, NY: Harper Perennial.

Lemesurier, P. (1993). Healing of the Gods. New York, NY: HarperCollins Publishers.

Moore, T. (1994). *Care of the Soul*. New York, NY: Harper Perennial.

Palmer, P. (2000). *Let Your Life Speak: Listening for the Voice of Vocation*. San Francisco, CA: Jossey-Bass, Inc.

Schnarch, D. (2009). *Passionate Marriage*. New York, NY: W.W. Norton & Company.

Sherman, C. (2001). *How to Go to Therapy*. New York, NY: AtRandom.

29

EL ANIMA Y ANIMUS

El éxito en la Gran Obra depende del autoconocimiento profundo. Después de todo, ¿cómo podemos transformarnos si no entendemos la materia prima? ¿Cómo podemos juzgar nuestro propio trabajo, si no tenemos las herramientas adecuadas para su inspección? En consecuencia, cualquier herramienta que pueda ayudarnos en el autoconocimiento es una valiosa herramienta para el mago. Los conceptos y procesos psicológicos descritos por Carl Jung son uno de esos conjuntos de herramientas y en este capítulo nos centraremos en un aspecto particular de su sistema, conocido como el complejo *anima* o *animus*. En pocas palabras, anima es el aspecto femenino inconsciente de alguien que se identifica conscientemente como masculino. A la inversa, animus es el aspecto masculino inconsciente de alguien que se identifica conscientemente como femenino.

El modelo de la psique de Jung está enraizado en muchos sentidos en el concepto de unión de opuestos; lo más importante es la unión de las mentes consciente e inconsciente. Jung sintió que la lucha por que el ego se una al anima/animus era una expresión particularmente importante de un impulso subyacente hacia el equilibrio intrapsíquico. Este es esencialmente un modelo "hidráulico" de la psique. Es decir, cuando empujamos los contenidos hacia el inconsciente (es decir, la represión),

271

esto da como resultado un *rechazo* igual y opuesto desde el inconsciente. El impulso viene en forma de sueños, intuiciones y otras formas de retroalimentación. Cuando atendemos concienzudamente a estos mensajes del inconsciente, nos movemos hacia el equilibrio y la plenitud; cuando ignoramos o continuamos reprimiendo estos mensajes, el inconsciente se esfuerza cada vez más por llamar nuestra atención, lo que resulta en obsesiones e impulsos mal dirigidos.

Podemos encontrar doctrinas similares expresadas como principios mágicos en nuestros Libros Sagrados de Thelema, confirmando que debemos unir lo superior y lo inferior, la luz y la oscuridad, lo consciente y lo inconsciente, para estar sanos y completos. Como leemos en *Liber Tzaddi:*

33. Te revelo un gran misterio. Estás entre el abismo de la altura y el abismo de la profundidad.

34. En cualquiera te espera un Compañero; y ese Compañero eres Tú Mismo.

35. No puedes tener otro Compañero.

36. Muchos se han levantado, siendo sabios. Han dicho: "Busquen la Imagen reluciente en el lugar siempre dorado, y únanse a Ella".

37. Muchos se han levantado, siendo estúpidos. Ellos han dicho: "Inclínense hacia el espléndido mundo oscuro y cásense con esa Criatura Ciega del Cieno".

38. Yo, que estoy más allá de la Sabiduría y la Estupidez, me levanto y les digo: ¡hagan ambas bodas! ¡Únanse con ambos!

39. ¡Cuidado, cuidado, digo, no sea que busquen a una y pierdan la otra!

40. Mis adeptos se mantienen erguidos; su cabeza sobre los cielos, sus pies bajo los infiernos.

41. Pero como uno se siente naturalmente atraído por el ángel y otro por el demonio, que el primero fortalezca el vínculo inferior, el último se adhiera más firmemente al superior.

42. Así el equilibrio se volverá perfecto. Ayudaré a mis discípulos; tan rápido como adquieran este poder equilibrado y alegría, más rápido los empujaré.

43. Ellos a su vez hablarán desde este Trono Invisible; sus palabras iluminarán los mundos.

44. Serán maestros de majestad y poder; serán hermosos y alegres; estarán vestidos de victoria y esplendor; estarán sobre un fundamento firme; el reino será de ellos; sí, el reino será de ellos.[52]

La teoría básica del anima/animus es que una persona cuya identificación externa y consciente es principalmente de un género tendrá un aspecto menos expresado, en su mayoría inconsciente, que encarna las características del otro género. Jung describió el ánima y el animus como arquetipos del inconsciente colectivo, que existen independientemente de la experiencia individual de una persona. Ciertamente, existe el peligro de que los estereotipos de género sociales entren en juego cada vez que tratamos de hablar sobre rasgos masculinos y femeninos universales, y el propio Jung probablemente cayó en esta trampa basado en las opiniones de género que prevalecían en su época. Sin embargo, podemos entender esto de manera más flexible como una expresión de un hecho bastante obvio: *cualquiera* que sea la identificación de género consciente de una persona, los aspectos complementarios con los que él o ella *no* se identifica tanto encarnarán un aspecto no expresado y en gran parte inexplorado del yo.

Jung sintió que el desarrollo del anima/animus reflejaba niveles sucesivos y específicos de crecimiento psicológico para el hombre o la mujer. Para el hombre, se dice que los niveles reflejan una conexión cada vez más profunda con la emoción, la intuición y la espiritualidad. Para la mujer, muestran una relación de maduración con varias formas de poder. Una vez más, existe el peligro de caer en estereotipos de género, pero la teoría subyacente puede ser útil como una forma de entender nuestra relación cada vez más profunda con aspectos no expresados del yo. La razón por la que el anima/animus es tan importante para la autoexploración psicológica y el crecimiento es que la polaridad de la identidad de género es una experiencia fácilmente accesible y prácticamente universal en la vida humana. Podemos identificarnos con bastante facilidad con un esfuerzo por actualizar los aspectos subdesarrollados del yo a través de las características de género, mientras que otras áreas de exploración pueden ser más difíciles de comprender al principio. Serán tan extraños que estarán casi completamente inconscientes; sin embargo, somos conscientes del género, por lo que

---

[52] Crowley, A. (1983). *The Holy Books of Thelema*. San Francisco, CA: Weiser Books.

anima/animus es un "agarre" más sencillo cuando comenzamos esta exploración.

En consecuencia, podemos entender el anima/animus como una expresión del clásico "psicopompo", la guía de nuestro propio inframundo personal, el inconsciente, que nos ayuda a comenzar a tender un puente entre los mundos consciente e inconsciente y, en última instancia, ayudarnos a construir el vínculo consciente entre el ego y el Yo, que es tan importante para la integridad y la salud. El principio correspondiente de este eje ego-Yo, expresado en términos del camino mágico, es el C & C del SAG. Es muy importante entender que no estoy diciendo que el SAG sea lo mismo que el anima/animus. Lo que estoy diciendo es que la SAG sirve en última instancia como nuestra guía principal para los reinos inexplorados de nuestro yo psicoespiritual. El SAG está íntimamente entrelazado con el núcleo mismo de nuestro ser y cualquier influencia que ejerza sobre el ego cotidiano tiene el potencial de brindar una visión vibrante de quiénes somos realmente. De esta manera, el SAG cumple muchas de las mismas funciones que el anima/animus, pero en un nivel más elevado. Una vez firmemente establecido y estabilizado, el C & C es un canal directo y abierto al inconsciente, tanto en sus manifestaciones personales como colectivas. Dada la polaridad de género del complejo anima/animus, quizás también sea importante señalar que el SAG puede o no ser percibido como del sexo opuesto o de cualquier género definido en absoluto. La experiencia de los adeptos varía ampliamente a este respecto.

Entonces, ¿cuál es la relación entre el anima/animus y el SAG, exactamente? ¿Y cómo tienden a funcionar estos en el camino del iniciado? En cierto sentido, podemos ver el anima/animus como residiendo en Yesod. Aquí, la "guía" hacia el inconsciente son esas migas de pan intuitivas y simbólicas iniciales que de hecho son elementos prefigurados de la eventual comunión consciente con el SAG. La llamada "visión" del SAG atribuida a Maljut nos despierta a la realidad espiritual detrás del velo de la naturaleza. Más importante aún, este es el velo que nos ha cegado a *nuestra propia* realidad espiritual, debajo de la capa opaca del cuerpo y la personalidad en la que ponemos tanto énfasis en la vida mundana. En Yesod, comenzamos a recibir instrucción del SAG en cuanto a la *naturaleza* de esta realidad espiritual, velada en el lenguaje de los símbolos, los sueños, las experiencias astrales y la intuición. En este lugar, el anima/animus es, en un sentido muy completo, nuestra guía para logros posteriores. Jung sintió que el anima/animus a menudo aparecería en los sueños como guía o amigo, y también tenemos puntos de referencia literarios y mitológicos para esto. Por ejemplo, el poeta

Virgilio guiando a Dante a través del inframundo en el *Infierno*; y el papel del dios Hermes como el llamado "mensajero de los dioses", uno que une los mundos humano y divino, otra metáfora de los reinos consciente e inconsciente. (En particular, Hermes a menudo se representa como andrógino, una conexión más con la naturaleza contrasexual del anima/animus).

Una de las formas más comunes en las que el anima/animus es visible y potente en nuestra vida diaria es a través de la proyección en nuestra pareja amorosa, ya sea real o simplemente deseada. El anhelo por la otra persona; la sensación de que de alguna manera nos completan o curan; la intensidad de nuestro deseo de poseerlos; todos estos son síntomas de proyección anima/animus. La otra persona simboliza un aspecto no expresado de uno mismo, y si no somos lo suficientemente conscientes de este *déficit* percibido en nosotros mismos, ¡la intensidad de nuestro deseo por ellos será generalmente directamente proporcional a nuestra ceguera! Estas situaciones conducen inevitablemente a la desilusión, porque el objeto de nuestro deseo, un simple ser humano, nunca puede estar a la altura de nuestras expectativas de amor divino perfecto.

EJERCICIOS SUGERIDOS:

1. Enumera tus creencias sobre las características de personalidad de la masculinidad y la feminidad. No lo que crees que cree la sociedad, sino lo que **tú** realmente crees. Si tienes problemas para elaborar una lista de este tipo, puedes recurrir a enumerar lo que crees de las creencias de la sociedad.

2. Ahora compara tus propias características de personalidad con las de tus listas, en función de tu género identificado. Encierra en un círculo los que sientes que encarnas y tacha los que sientes que **no** encarnas.

3. Ahora mira los elementos que ha tachado. Cada día, elije una de estas características y haz un esfuerzo consciente para **vivir** esa característica a lo largo del día, tanto en las interacciones interpersonales como en sus pensamientos privados. Adopta una "personalidad mágica" que encarne plenamente el rasgo en cuestión. Anota los resultados en tu diario.

4. Ahora mira los elementos que has marcado con un círculo. Cada día, elije una de estas características y haz un esfuerzo consciente para **no** vivirla ese día. Anota los resultados en tu diario.

5. Presta atención a las formas menos obvias en las que cambia tu comportamiento diario y tu experiencia de ti mismo y del mundo. Al

vivir esos aspectos del yo a los que rara vez se les da voz, abrimos un canal para que afloren otras características reprimidas o inexploradas.

6.Es posible que desees preguntarle a un amigo o pareja qué han notado sobre tu comportamiento al final del día, como una forma de verificar la expresión externa de la característica elegida en un día determinado.

7.Estate atento a las proyecciones del anima/animus a las parejas (o parejas deseadas). Haz una lista de las características de tu pareja y reflexiona sobre cómo podrías beneficiarte de aumentar su expresión en tu vida.

8.Registra tus sueños durante al menos unos meses, prestando especial atención a aquellas figuras que aparecen como guías. Inicia una lista de las características de estas guías, agregando cada vez que aparezca una nueva guía en un sueño posterior. Después de unas semanas, tendrás una lista que puede ser bastante sugerente en términos de instrucciones para la exploración personal. ¿Cómo podrías parecerte más a estas guías? ¿De qué manera esto representaría un crecimiento o un cambio para ti?

30
TERAPIA COGNITIVA PARA MAGOS

Como hemos discutido en capítulos anteriores, el ego humano es una de las herramientas más importantes en la caja de herramientas del mago. El ego es la lente a través de la cual percibimos y organizamos nuestras experiencias; si este lente está distorsionado, nublado, desequilibrado o torcido indebidamente por sesgos, prejuicios o puntos ciegos, no funcionaremos de manera óptima. Obviamente, como magos, tratamos con mucho material simbólico, arquetípico e inconsciente que no tiene mucho que ver con el ego. Este material se trata en su propio plano a través del ritual, el trabajo astral y otras prácticas ocultas. De manera similar, cuando se trata del ego, debemos abordarlo en su propio plano.

Desafortunadamente, este es un obstáculo para muchos magos. Hay una tendencia a pasar por alto los hábitos de pensamiento comunes y disfuncionales y pasar a trabajos más esotéricos. En el proceso, muchos magos pasan por alto la importancia de una psique equilibrada, lo que socava la eficacia de su trabajo mágico. Es una manifestación particular de la inflación del ego: "He alcanzado estos elevados estados de conciencia, por lo tanto, mi personalidad no necesita ninguna atención". Sin embargo, en realidad, *todos* tenemos un mayor crecimiento y desarrollo que lograr, independientemente de nuestro logro mágico; y ninguno de nosotros es inmune a tener algunos puntos ciegos en nuestro día a día. La terapia cognitiva es simplemente una tecnología de higiene mental y mágica diaria al nivel del ego que, creo, es un arma importante en el arsenal de cualquier mago.

La terapia cognitiva, a veces llamada terapia cognitivo-conductual, se deriva principalmente del trabajo del psiquiatra Aaron Beck. En las décadas de 1960 y 1970, Beck desarrolló su teoría fundamental sobre este enfoque, y sus ideas han pasado a remodelar radicalmente la técnica psicoterapéutica moderna tal como la conocemos. Esencialmente, la teoría dice que las emociones perturbadoras como la ansiedad, la depresión y la ira, están fundamentalmente arraigadas en patrones habituales de pensamiento negativo que se enraízan en nosotros a través de nuestra educación y a través de nuestro proceso diario de asimilar información del entorno y tomar decisiones sobre lo que significa. Tendemos a caer en hábitos que se inclinan indebidamente hacia el lado negativo en nuestra visión de nosotros mismos, de otras personas y del mundo en general. Si nos atascamos en una rutina en términos de estos patrones de pensamiento, es más probable que suframos depresión, ansiedad, ira, problemas de control y todo tipo de emociones y patrones de comportamiento disfuncionales.

La terapia cognitiva está diseñada para romper con estos hábitos destructivos. Examinamos nuestros pensamientos y emociones, prestando atención a los patrones de pensamiento distorsionados, irracionales y desadaptativos. Luego, los reemplazamos de manera gradual y progresiva con pensamientos más realistas, positivos y constructivos, reprogramándonos realmente para pensar de manera diferente. Si se hace correctamente, esto da como resultado mejoras permanentes y sustanciales en las emociones y el comportamiento. Actualmente existen varias décadas de investigación para respaldar la eficacia de este enfoque, y casi todos los psicoterapeutas en la práctica actual han sido influenciados, de una forma u otra, por esta escuela de pensamiento.

Debo enfatizar que la terapia cognitiva no se trata de fingir que no han sucedido cosas malas o de convencernos de que no nos sentimos mal por algo que legítimamente *debería* hacernos sentir mal. Más bien, la terapia cognitiva se ocupa de los diversos pensamientos y esquemas interpretativos que ponemos por encima de estos eventos negativos, lo que exacerba nuestra emoción negativa. A veces ha sucedido algo realmente malo, como la pérdida de un trabajo. Si te sientes deprimido, enojado y frustrado en esta situación, eso no es una distorsión cognitiva, es la realidad. A menudo, sin embargo, agregamos capas de interpretaciones negativas: "Perdí mi trabajo y probablemente nunca conseguiré otro bueno. Probablemente nunca seré contratable en el campo en el que quiero trabajar ". Y así. Suceden cosas malas, pero este tipo de diálogo interno es *opcional* y muy probablemente poco realista.

Otra categoría de emoción negativa innecesaria ocurre cuando nos sentimos mal, no porque haya sucedido nada, sino por lo que está pasando en nuestra cabeza. Un ejemplo clásico de esto es cuando nos enojamos porque *pensamos* que sabemos lo que alguien está pensando sobre nosotros. Imaginamos que piensan que no les agradamos o que nos critican, etc. Entonces tendemos a enojarnos con ellos, pero el hecho es que no tenemos ninguna evidencia sobre lo que están pensando. Nos hemos movido a un lugar emocional con solo *imaginar* que sabemos lo que están pensando.

El psiquiatra David Burns, que estudió con Aaron Beck, es uno de los autores y conferencistas contemporáneos más importantes sobre terapia cognitiva. En su excelente libro *The Feeling Good Handbook*, clasifica los patrones de distorsión cognitiva más comunes en diez categorías. Repasemos estas diez distorsiones cognitivas comunes y entremos un poco en detalle sobre cada una, porque estas son las cosas con las que trabajará en el día a día si incorpora este enfoque en su caja de herramientas mágica. Para cada uno de estos patrones de pensamiento distorsionados, describiré su naturaleza básica y luego le daré algunas sugerencias sobre formas de revertir el patrón; es decir, hacer un agujero en el pensamiento distorsionado y cambiarlo a un conjunto de pensamientos más realista y constructivo.

1. **Pensamiento de todo o nada.** Una situación se ve en términos en blanco y negro. Si no obtienes una puntuación perfecta en una prueba, te dices a ti mismo que has fallado por completo. Si un amigo no te apoya en un tema en particular, es un amigo terrible. Para revertir esta distorsión cognitiva, pregúntate si existe un área gris, una forma más moderada de ver la situación, sin recurrir a los extremos. ¿La situación realmente tiene que verse en términos de extremos o simplemente he optado por pensarlo de esta manera?

2. **Saltar a conclusiones.** Imagina los peores escenarios sobre cómo es probable que se desarrolle un próximo evento, a pesar de la falta de evidencia del resultado negativo. El jefe te da una evaluación de desempeño regular y concluyes que *nunca* te ascenderán. Tu pareja ha estado callada y retraída últimamente, y concluyes que ya no te ama. Pasas de los hechos (o la falta de ellos) a los miedos sobre la situación (la

"lectura de la mente" mencionada anteriormente es una subcategoría de sacar conclusiones precipitadas). Para desafiar este patrón, pregúntate si existe alguna evidencia de que el resultado sea realmente probable. ¿Realmente ha sucedido con tanta frecuencia en el pasado? Una vez que seas consciente de la tendencia a sacar conclusiones precipitadas, puede ser más fácil evitar la ansiedad indebida si se da cuenta de que lo está haciendo.

3. **Aumento**. Esto también se conoce como *catastrofismo*. "Si mi cónyuge me dejara, la vida ya no valdría la pena. Bien podría acabar con todo." "Si no llego a ser diácono muy pronto, no podré contribuir a la logia y las cosas se irán cuesta abajo desde aquí". Subestimas tus propias fortalezas y exageras la gravedad de la situación. Para desafiar este patrón, pregúntate acerca de la evidencia de la probabilidad del resultado temido. Además, recuerda cómo te has adaptado a circunstancias adversas similares en el pasado. Por ejemplo, si temes la pérdida de una relación, recuerda cómo te has recuperado de relaciones fallidas anteriores. ¿Cómo te las arreglaría *realmente* si la relación terminara? Lo más probable es que te duela por un tiempo y luego pases a una mejor relación.

4. **Sobregeneralización**. El sello distintivo de este patrón es el uso de palabras como "siempre" y "nunca". Por ejemplo, estás trabajando en un proyecto en tu cuerpo local y alguien llega tarde. Piensas para ti mismo que siempre llegan tarde. Bueno, probablemente no *siempre* lleguen tarde. Quizás lleguen tarde *con frecuencia*, pero si te hablas a ti mismo usando palabras como "siempre", te sentirás más molesto que si usas una terminología más mesurada. Tu elección de palabras es importante, ¡incluso cuando sólo estás hablando contigo mismo! Otro ejemplo: cometes un error y te dices a ti mismo: "No puedo hacer nada bien". Es cierto que se cometió el error; pero te estás hablando a ti mismo como si el error fuera un defecto de carácter generalizado y es casi seguro que ese no es el caso. Con la terapia cognitiva, no solo se aprende a responder de manera más positiva, sino también de manera más realista y constructiva.

5. **Filtro mental**. Esta es una especie de visión de túnel en la que tienes una creencia negativa sobre ti mismo, otra persona o una situación y seleccionas detalles de tu experiencia que parecen confirmar la creencia negativa existente; no entra nada más. Recibes varios cumplidos en el trabajo, pero al final del día una persona tiene algo crítico que decirte y en eso te concentras toda la noche. No estás pensando en las quince

personas que te dijeron cosas agradables, estás pensando en la única persona que dijo algo negativo. Para lidiar con esa distorsión, pregúntate qué podrías estar pasando por alto. Desafíate a buscar contraejemplos que te ayuden a ver el panorama completo de una manera más equilibrada.

6. **Descontando lo positivo.** Esto es similar al filtro mental. Con este patrón, realmente tomas en cuenta los eventos positivos, pero los descartas. Alguien te felicita y, en lugar de tomarlo como una observación legítima, lo ignoras y piensas: "Sólo están tratando de obtener algo de mí" o "Se lo dice a todos". Encuentras alguna forma de hacer que no cuente. Una forma de desafiar este patrón es imaginar que un amigo se te acercó y te describió una situación similar. Probablemente le asegurarías a tu amigo que el cumplido que había recibido era genuino y merecido, y lo alentarías a aceptarlo en lugar de descartarlo. ¡Ahora sigue tu propio consejo! Otra forma de desafiar este patrón es recordarte a ti mismo que, lo más probable, la *evidencia real* frente a ti es el cumplido en sí y el lado negativo está solo en su cabeza.

7. **Razonamiento emocional.** Tratas los sentimientos como si fueran hechos. Tu cónyuge llega diez minutos tarde a casa y empiezas a preocuparte de que haya tenido un accidente. Hasta ahora, esto es simplemente llegar a una conclusión. Sin embargo, una vez que tu cuerpo escucha que tu mente dice que algo malo ha sucedido, tu cuerpo comienza a bombear adrenalina y comienzas a sentir una sensación corporal muy tangible que asocias con el miedo. Dado que los seres humanos han evolucionado para interpretar estas señales emocionales en el cuerpo como señales de peligro real, concluyes que, si se siente así, seguramente el verdadero peligro debe estar presente. Sin embargo, no hay absolutamente ninguna evidencia de que algo esté mal, solo un círculo vicioso de pensamientos negativos y excitación corporal de lucha o huida.

Una cosa que puedes hacer es desafiar este patrón es obligarte a basarte más en hechos en tus conclusiones. Una vez más, la solución mágica es preguntarte qué evidencia tienes que respalde tu miedo. Es casi seguro que no habrá ninguna. Busca contraejemplos positivos del pasado o explicaciones alternativas: tu cónyuge llegó tarde antes y no fue un accidente terrible; él o ella simplemente se retrasó por el tráfico o los mandados. Los sentimientos no son necesariamente hechos. Ahora, por supuesto, las emociones son un dato que nuestro ego usa para comprender y responder al entorno; pero cuando le damos un peso *indebido* a las respuestas emocionales, fácilmente podemos perder de vista percepciones más basadas en la realidad de nuestra situación.

8. **Declaraciones "Debería"**. Sientes que hay algo que estás obligado a hacer; o que alguien más está obligado a hacer. Tienes expectativas sobre la forma en que se supone que funciona el mundo o la forma en que se supone que se comporta la gente. Entonces, cuando algo no sale como crees que debería, reaccionas con ira, resentimiento o vergüenza. Las autoafirmaciones comunes en este sentido incluyen: "Las personas deberían ser más consideradas entre sí" o "Debería haberlo hecho mejor o saber mejor". El remedio básico aquí es recordar que solo porque creas que algo *debería* suceder, eso no significa que sea una ley de la naturaleza. Este puede ser un proceso de pensamiento bastante sutil. Construimos muchas expectativas en la vida diaria basándonos en lo que deseamos que suceda, reflejando creencias calcificadas sobre la forma en que el mundo debería funcionar. Se necesita coraje y perseverancia para arraigar nuestras ilusiones habituales en este sentido.

9. **Etiquetado**. El etiquetado es esencialmente una forma extrema de sobregeneralización. Basado en un conjunto limitado de comportamientos, te aplicas una etiqueta a ti mismo o a los demás que objetiva o deshumaniza injustamente. Por ejemplo, alguien te trata mal en una ocasión determinada y lo calificas de "idiota" o "perra"; o cometes un error y te dices a ti mismo que eres un "perdedor". Estas etiquetas limitan tu capacidad para ver las fortalezas y debilidades sutiles en ti mismo o en los demás, para apreciar la humanidad debajo de la etiqueta. También hacen que sea más difícil cambiar tu situación, porque has concebido tu mundo en términos de cajas conceptuales: una caja está llena de idiotas y la otra caja está llena de no idiotas. ¿Dónde está la oportunidad de crecimiento o cambio en tal cosmovisión? En lugar de aplicar una etiqueta, pregúntate: ¿Cuáles son los comportamientos específicos que no me gustan en mí o en los demás? Recuerda que tú, la otra persona y todos los demás en el mundo se comportan mal a veces. Tal vez no necesites ser tan blanco y negro en tu caracterización de la situación. ¿Puedes ponerte en su lugar y ver cómo podrían comportarse de manera problemática, sin merecer un sello intratable de defectos?

10. **Personalizar y culpa**. Ha ocurrido algo negativo y lo tomas personalmente (personalizar) o asumes que *debe* ser culpa de alguien (culpar). "Mi compañera de trabajo no sonrió cuando hablé con ella esta mañana. ¿Qué hice mal?" "Esa Misa tuvo muy baja energía. ¡Ese

estúpido diácono siempre arruina las cosas!" Existe un deseo natural de explicar el universo en términos de causa y efecto y, a veces, en el calor del momento, es más reconfortante concluir que alguien tiene la culpa, incluso si somos nosotros mismos. Pero, una vez más, las "cajas" conceptuales como esta nos hacen menos propensos a considerar otras explicaciones de por qué han ocurrido las cosas. Nos aleja de emprender acciones constructivas o para comprender las sutilezas del problema, y nos une a una visión estrecha de la situación. Para desafiar este patrón, busca explicaciones alternativas: tal vez ese compañero de trabajo que no te sonrió simplemente recibió una mala noticia y su respuesta no tuvo nada que ver contigo. Quizás la Misa fue menos que estelar porque todos estaban cansados de las iniciaciones del día anterior y no porque alguien tuviera la culpa.

Sugerencias practicas

¿Cómo puedes poner todos estos conceptos en uso constructivo como mago? Sugiero que cada vez que tengas una emoción perturbadora fuerte y significativa, y es probable que sea al menos una vez al día, hagas una entrada en un "registro de estado de ánimo". Esto simplemente podría incluirse en tu diario mágico. En el registro, escribe los pensamientos que están volando en tu cabeza, sin importar cuán irracionales puedan parecer. Esto probablemente incluirá un poco de pensamiento distorsionado. A continuación, identifica qué distorsiones cognitivas están presentes en los pensamientos y obtén una respuesta racional. Utiliza las preguntas desafiantes sugeridas en la discusión anterior. A través de la vigilancia y la repetición, aumentará tu capacidad para captar los patrones de pensamientos negativos poco después de que surjan y reemplazarlos con respuestas más constructivas, realistas y positivas. Con el tiempo, realmente te reprogramarás a ti mismo y los pensamientos racionales se convertirán en tu nuevo modo de operación "predeterminado". En mi opinión, todo mago, no importa cuán psicológicamente saludable se sienta, debería pasar al menos unos meses haciendo un diario de este tipo. Obtendrás información invaluable sobre tus patrones de pensamiento y la forma en que afectan sus emociones; y esto se convierte en una parte esencial de tu registro científico.

También puedes utilizar estas técnicas cuando estés planificando un trabajo mágico. Es muy importante considerar las condiciones psicológicas que te llevaron a la conclusión de que es necesario un trabajo. Si tu ego está excesivamente nublado con distorsiones cognitivas, tu decisión de emprender un trabajo mágico para cambiar tu situación también puede estar sesgada. Considera si existen razones puramente emocionales para desear la meta que tienes en mente. Pregúntate si hay emociones perturbadoras como ira, frustración o insatisfacción con tu vida que están impulsando tu deseo de hacer que la magia funcione. ¿Es posible abordarlos mejor directamente, en su propio plano, a través de la terapia cognitiva?

Por último, y quizás lo más importante, si utilizas estas técnicas para asegurarte de que tu mente esté lo más clara e imparcial posible, estarás en la máxima capacidad para permanecer sintonizado con la voz interior más importante: la voz de la Verdadera Voluntad y la conciencia profunda; la voz del SAG, que es la única guía infalible a lo largo de su camino mágico.

Conclusión

Es mi mayor esperanza que el material de este libro sea útil a medida que avanzas en el camino único de tu propia Gran Obra. Permíteme terminar recordándote el consejo dado anteriormente en el libro: sobre todo, debes *persistir* a través de los desafíos, peligros e incomodidades que enfrentan todos los buscadores serios al emprender el trabajo. En caso de duda, oscuridad o desesperación, sabe que el logro te aguarda si simplemente sigues aspirando a la Luz del Santo Ángel Guardián que arde para siempre en tu corazón. En consecuencia, te dejo con un poema de Soror Meral que expresa bellamente el éxtasis de la unión con el Ángel.

La Luz de la Vida (1982)

Te amo en todas las gracias de los cielos forjadas de estrellas,
En la Isis de la belleza que me rodea;
Esperando Tu toque de amor despierte en espléndida llama
El trueno incesante de Tu nombre.

Oh, espléndido, misterioso, inefable,
Corriendo por mis venas en una agonía insoportable:
Oh, Luz de Vida en espléndido arrebato de deleite
Que llena mis venas de vida con majestad de poder.

Como una mota en el fuerte rayo de luz danza
Así yo danzo como una creación de tus aficiones.
Estas palabras mías no son más que paja en el viento
Comparadas con la intensidad de Tu mirada y Tu mente.

Ata mi eterno pasaje y camino Contigo
De vida en vida, de eón en eón, por toda la eternidad.
Acércame a Tu Corazón para que pueda ser símbolo adecuado
De Tu amor envolvente y abrázame para que no tiemble.

Ay, Señor, estas son pobres palabras que caen ante Tu rostro,
Lléname y préstame de Tu gracia embriagadora
Para que ame y derrame mi corazón en Tu alabanza
Y unida para siempre Contigo permanezca una Estrella en
llamas.

--Phyllis Seckler (Soror Meral)

Sobre el Autor

El Dr. David Shoemaker es psicólogo clínico de práctica privada, especializado en psicoterapia junguiana y cognitivo-conductual. David es el Canciller y Prolocutor del Templo de la Estrella de Plata. Es miembro veterano de la O.T.O. y la A∴A∴, y tiene muchos años de experiencia entrenando iniciados en estas tradiciones.

Es el Maestre de 418 Lodge, O.T.O. en Sacramento, después de haber sucedido a Soror Meral (Phyllis Seckler), su amiga y maestra. También se desempeña como el Muy Sabio Soberano del Capítulo Alfa, O.T.O., y como Gran Inspector General Soberano de la orden. David fue el presidente fundador del Gremio de Psicología de la O.T.O. y es un orador frecuente en eventos nacionales y regionales También es miembro de los comités de Entrenamiento y Planeación de Iniciaciones de la Gran Logia de Estados Unidos y se desempeña como Entrenador de Iniciación Avanzado. Obispo consagrado de Ecclesia Gnostica Catholica, David dirigió el equipo que desarrolló los Talleres de Consejería Pastoral y los llevó a miembros de la O.T.O. a lo largo de EE.UU.

David es coeditor de las revistas *Neshamah* (Gremio de Psicología) y *Cheth* (418 Lodge). Además de sus ensayos en estas publicaciones, sus escritos se han publicado en las revistas *Mezlim* y *Black Pearl*, y su capítulo sobre Psicología Qabalística se incluyó en el Manual del Instructor de *Personality and Personal Growth* de Fadiman y Frager, un libro de texto de psicología de licenciatura. Fue el compilador de la publicación de T.D.L.E.D.P. Jane Wolfe: *The Cefalu Diaries 1920-1923*, y coeditor de las colecciones de T.D.L.E.D.P/Teitan Press de los escritos de Phyllis Seckler, *The Thoth Tarot, Astrology, & Other Selected Writings*, y *The Kabbalah, Magick y Thelema. Selected Writings Volume II*. Sus populares segmentos instructivos *Living Thelema* se presentan regularmente en el podcast del mismo nombre. Su registro de escrutar los Treinta Éteres Enoquianos, *The Winds of Wisdom*, se publicó a fines de 2016.

Además de su trabajo en magia y psicología, David es compositor y músico.

livingthelema.com

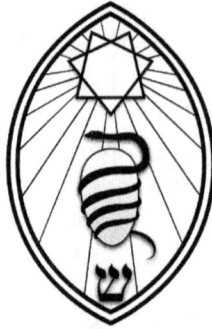

Templo de la Estrella de Plata
(Temple of the Silver Star)
Pista académica

El Templo de la Estrella de Plata es una corporación religiosa y educativa sin fines de lucro, basada en los principios de thelema. Fue fundado al servicio de la A∴A∴, bajo la autorización de Soror Meral (Phyllis Seckler), para proporcionar entrenamiento preparatorio en magia, misticismo, Qábala, Tarot, astrología y mucho más. En su pista académica, a cada estudiante se le asigna un maestro individual, que brinda instrucción individualizada y clases grupales. Hay disponibles clases en línea y otras opciones de aprendizaje a distancia.

Los criterios de admisión a la vía académica del Templo se explican en la propia solicitud, que puede enviarse en línea a través del sitio web de T.D.L.E.D.P El Templo tiene campus o grupos de estudio en Sacramento, Oakland, Los Ángeles, Seattle, North Carolina, New England, Brasil, Japón, y el Reino Unido. Las clases públicas se ofrecen regularmente; los horarios están disponibles en nuestro sitio web.

Templo de la Estrella de Plata
(Temple of the Silver Star)
Pista de iniciación

La pista de iniciación del Templo de la Estrella de Plata ofrece iniciación ceremonial, instrucción personalizada y un sistema completo de entrenamiento en los Misterios Thelemicos. Nuestro sistema de grados se basa en el Árbol de la Vida Qabalístico y las fórmulas de cifrado de la Aurora Dorada, de la cual somos descendientes directos.

Todo nuestro plan de estudios está construido para estar en conformidad con la Ley de Thelema, y nuestro objetivo central es guiar a cada aspirante hacia la realización de su propósito en la vida, o Verdadera Voluntad. Con el fin de capacitar a nuestros miembros para que descubran y lleven a cabo su Verdadera Voluntad, enseñamos Qabalá, Tarot, magia ceremonial, meditación, astrología y mucho más. Nuestros iniciados se reúnen en privado para el trabajo ceremonial y de sanación en grupo, las clases y otras instrucciones. Ocasionalmente ofrecemos clases y rituales públicos.

La participación activa en un Templo local o Pronaos es la mejor manera de maximizar los beneficios de nuestro sistema. Sin embargo, ofrecemos membresías sin límites para aquellos que viven a cierta distancia de uno de nuestros organismos locales.

Si estás interesado en conocer más sobre nuestro trabajo, te invitamos a descargar una solicitud de nuestro sitio web y enviarla a su cuerpo local más cercano o contactarnos con cualquier pregunta.

totss.org

Haz tu voluntad ha de ser el todo de la Ley.

La A∴A∴ es el sistema de logro espiritual establecido por Aleister Crowley y George Cecil Jones a principios del siglo XX, como una expresión moderna de la Escuela Interna de sabiduría que ha existido durante milenios. Su objetivo central es simplemente llevar a cada aspirante hacia su propio logro individual, para el mejoramiento de toda la humanidad. El curso de estudio incluye una diversidad de métodos de entrenamiento, como Qabalá, raja yoga, magia ceremonial y muchas otras tradiciones. A∴A∴ no está organizado en organizaciones sociales externas, fraternidades o escuelas; más bien, se basa en el poder comprobado por el tiempo de las relaciones individuales entre maestro y alumno, bajo la guía de los maestros de la Escuela Interior. Todo el entrenamiento y las pruebas se realizan estrictamente de acuerdo con *Liber 185* y otros documentos fundamecionales.

Los interesados en ser admitidos en A∴A∴ están invitados a iniciar el contacto a través de las siguientes direcciones:

A∴A∴
PO Box 215483
Sacramento, CA 95821
onestarinsight.org

La fase de preparación del alumno para el trabajo en A∴A∴ comienza con la adquisición de un conjunto específico de textos de referencia, notificando a A∴A∴ de los mismos y estudiando los textos durante al menos tres meses. El Estudiante puede entonces solicitar un Examen. Más información sobre este proceso está disponible a través de Cancellarius en las direcciones indicadas anteriormente. NOTA: Si bien nuestra dirección de contacto principal está en California, los neófitos supervisores están disponibles en muchos países de todo el mundo.

Si estás llamado a comenzar este viaje, te invitamos sinceramente a contactarnos. Independientemente de tu elección en este asunto, te deseamos lo mejor en la realización de su propia Gran Obra. ¡Que alcances tu Verdadera Voluntad!

El amor es la ley, el amor bajo la voluntad.

Ordo Templi Orientis
y
Ecclesia Gnostica Catholica

Secretary General
PO Box 2180
40313 Gothenburg
SWEDEN

O ponte en contacto con la Gran Logia de tu país u otro representante local a través del sitio web de la O.T.O. Internacional: oto.org

Mas Obras de David Shoemaker

Como autor

The Winds of Wisdom: Visions from the Thirty Enochian Aethyrs
Varios ensayos, publicados en las revistas *Mezlim*, *Agape*, *Black Pearl*, *Neshamah* y *Cheth*
Living Thelema (podcast)

Como editor

Llewellyn's Complete Book of Ceremonial Magick
Karl Germer: *Selected Letters 1928-1962*
Phyllis Seckler (Soror Meral): *The Thoth Tarot, Astrology, & Other Selected Writings*
Phyllis Seckler (Soror Meral): *Kabbalah, Magick, & Thelema. Selected Writings Vol. II*
Phyllis Seckler (Soror Meral): *Collected Poems 1946-1996*
Jane Wolfe: *The Cefalu Diaries 1920-1923*

Como músico y compositor

Elsa Letterseed Original Score
Workings (2000-2010)
Last Three Lives
Last Three Lives: Via